KB091319

자동차 소프트웨어 아키텍처 2/e

First published in English under the title
Automotive Software Architectures: An Introduction
by Miroslaw Staron, edition: 2
Copyright ⓒ Springer International Publishing AG, 2017, 2021
This edition has been translated and published under licence from Springer Nature Switzerland AG.
Springer Nature Switzerland AG takes no responsibility
and shall not be made liable for the accuracy of the translation.

자동차 소프트웨어 아키텍처 2/e

배창혁 옮김   미로슬로브 스타론 지음

에이콘출판의 기틀을 마련하신 故 정완재 선생님 (1935-2004)

내 가족, 실비아, 알렉산더, 빅토리아, 코넬리아에게

추천의 글

'실수에 대한 두려움은 오류 그 자체다.' 250번째 생일을 맞은 유명한 철학자 G. F. W. 헤겔Georg Wilhelm Friedrich Hegel은 혁신과 고정관념의 필요성을 역설했다. 혁신은 지침이 필요하지만 지나치게 구속해서는 안 된다. 엔지니어로서 중요한 규칙을 따라야 하지만 실수를 허용하고 교훈을 얻어야 한다. 과거를 관리하지 않고 앞으로 나아가기 위해서 말이다. 이 책은 헤겔의 관점에서 혁신적인 자동차 아키텍처와 서비스에 대한 지침을 제공할 것이다.

소프트웨어와 IT Information Technology는 마케팅 관점에서 최근 자동차의 주요 관심사다. 최근 자동차는 70개 이상의 전자 제어 장치ECU, Electronic ControlUnit를 갖추고 있으며, 프리미엄 자동차에는 100개 이상의 컴퓨터 시스템이 내장돼 있다. 엔진 제어 또는 구동과 같은 일부 기능은 반응 시간이 몇 밀리초까지 내려가는 경성 실시간hard real-time 기능이다. 인포테인먼트와 같은 다른 모든 기능은 최소한 연성 실시간soft real-time 동작을 요구한다.

자동차 시스템 및 서비스의 복잡성은 빠르게 증가하고 있다. 각 자동차 영역에는 계산 속도, 신뢰성, 보안, 안전, 유연성, 확장성에 대한 고유한 요구 사항이 있다. 자동차 전자 시스템은 제동, 파워트레인 또는 조명 제어와 같은 기능을 개별 소프트웨어 시스템 및 물리적 하드웨어에 매핑한다. 결과적으로 복잡성은 아키텍처를 다시 설계해야 하는 한계에 도달했다(그림 1). 동시에 외부 인프라와의 연결 및 차량 대 차량 통신과 같은 혁신적인 기능을 위해서는 IT 백본backbone 및 서비스 지향 아키텍처SOA, Service-Oriented Architecture가 포함된 클라우드 솔루션이 필요하다.

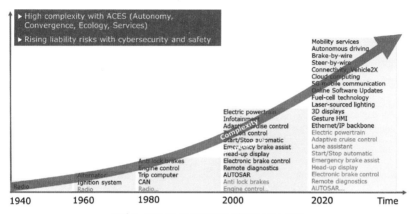

그림 1 IT와 EE의 융합으로 자동차 기술 발전

차량과 그 환경의 소프트웨어와 IT는 빠른 속도로 진화하고 있다. 멀티모달multimodal 이동성은 자동차 및 대중 교통과 같이 이전에 분리된 영역을 연결한다. 카 셰어링car sharing과 같은 이동성 지향 서비스는 기존의 '자체 자동차 구매' 접근 방식에서 완전히 새로운 생태계와 비즈니스 모델을 생성한다. 자율주행은 현재 배치된 기능적으로 격리된 제어 장치와 크게 다른 다중 센서 융합을 통한 고도로 상호 작용하는 서비스를 요구한다. 연결성과 인포테인먼트는 자동차를 클라우드 액세스, 무선 기능 업그레이드, 지도 서비스, 미디어 콘텐츠, 기타 차량 및 주변 인프라에 대한 고대역폭 액세스를 갖춘 분산형 IT 시스템으로 변모시켰다. 에너지 효율성은 고전적인 파워트레인을 고전압 하이브리드 및 전기 엔진으로 진화시킨다.

2020년대의 주요 관심사는 컨버전스convergence다. 이전에 분리된 IT 및 E/EElectrical Engineering 개념이 빠른 통합에 직면해 있다. 자동차 시스템을 위한 소프트웨어 엔지니어링은 현대적인 임베디드 및 클라우드 기술, 분산 컴퓨팅, 실시간 시스템, 복합적인 안전 및 보안 시스템, 무엇보다 장기적으로 지속 가능한 비즈니스 모델에 대한 모든 연결을 포함한다.

자동차 엔지니어는 기능 안전 및 사이버 보안과 함께 두 영역을 모두 마스터해야 한다. 오늘날 자동차 소프트웨어는 IT 혁신을 주도하고 있다. 소프트웨어 엔지니어와 자동차 소프트웨어의 일상적인 관련성은 높으며 이 메시지를 실무자에게 전달하는 것이 이 책의 초점이다.

기술 동향은 산업 전반에 걸쳐 수렴되고 있다(그림 2). 명확한 차별화가 오늘날에는 ACES$^{Autonomous\ systems,\ Convergence,\ Ecology,\ Service}$, 즉 자율 시스템, 융합, 생태학, 서비스에 대한 탐구로 요약될 수 있다. 비즈니스 동향은 선진국과 신흥 경제국이 유사하다. 10년 전만 해도 시가 총액 기준으로 가장 가치 있는 상장 기업 10곳 중 2곳만이 기술 기업이었다. 오늘날 거의 모든 것이 소프트웨어 기술을 고도로 주도하고 있다. 미래의 동향과 도전을 인식하지 못하는 것은 모든 것을 닫고 다음 10년을 시작하는 것과 같다.

그림 2 미래를 위한 준비: ACES는 디지털 승자가 된다

뉴 노멀$^{new\ normal}$로 수렴하면서 우선순위가 크게 바뀌고 있다. 최근까지 각광받고 과장됐던 자율주행의 인기는 사그라지고 있다. 동시에 생태학은 특히 우리의 미래와 지구의 지속 가능성에 대한 젊은 세대의 높은 관심으로 속도를 내고 있다. 융합은 기술 회사의 지속 가능한 비즈니스 전망을 향한 경쟁력과 혁신의 두 가지 힘을 활용한다. 서비스가 주요 관심사다. 서비스는 매우 매력적이며 수년 동안 이에 대해 이야기해 왔다. 평범한 제품에 대한 좋은 서비스가 진정한 관심을 일으킬 수 있기 때문에 Kano[1] 모델을 가장 잘 따른다. 연중무휴 온라인 지원을 제공하고 지원하면 큰 관심을 받을 수 있다.

---

1 카노 모델은 카노 노리아키(狩野紀昭)에 의해 1980년대에 연구된 제품 개발을 논하는 상품 기획 이론이다. 어떤 상품을 기획할 때 각각의 구성 요소에 대해 소비자가 기대하는 것의 충족, 불충족이라는 객관적 관계와 소비자의 만족, 불만족이라는 주관적 관계 사이의 상호 관계를 통해 다섯 가지 품질 요소로 구분해 설명한다.(출처: https://ko.wikipedia.org/wiki/카노_모델) - 옮긴이

이렇게 빠르게 증가하는 복잡성을 마스터하려면 자동차 소프트웨어에 명확한 아키텍처가 필요하다. 오늘날 아키텍처의 진화는 모든 회사의 주요 관심사이며, 따라서 지금이 이 책을 읽는 좋은 시기다. 아키텍처의 영향은 시스템 모델링, 테스트, 루프에 있는 모델을 사용한 시뮬레이션과 같이 다양하다. 즉 안전과 같은 여러 품질 요구 사항의 조합, 어댑티브adaptive 오토사 AUTOSAR, AUTomotive Open System Architecture와 같은 보안 통신 플랫폼을 갖춘 서비스 지향 고급 운영체제, 고급 운전자 지원 시스템ADAS, Advanced Driver-Assistance System, 자율주행을 위한 다중 센서 융합 및 사진 인식, 자동차 펌웨어에 직접 유연한 원격 소프트웨어 업데이트를 위한 분산형 종단간 보안 인포테인먼트, 온라인 앱, 원격 진단 및 긴급 통화 처리를 위한 수십억 대의 자동차 및 온보드 장치와 클라우드 기술 및 IT 백본의 연결 등과 같은 것이다.

자동차 소프트웨어에 대한 고전적인 입문서인 이 책은 자동차 소프트웨어 아키텍처를 포괄적으로 소개한다. 저명한 전문가 미로슬로브 스타론 Miroslaw Staron이 저술한 이 책은 자동차 소프트웨어 아키텍처의 방법론과 사용법을 안내한다. 소프트웨어 아키텍처 패러다임에 대한 간략한 소개로 시작해 오토사와 같은 현재 응용 프로그램application 도메인으로 빠르게 이동한다. SEISoftware Engineering Institute의 ATAMArchitecture Trade-off Analysis Method과 같은 방법을 사용한 아키텍처 분석은 기존의 네트워킹 컨트롤러에서 미래 자동차 IT의 3계층 모델로의 현재 패러다임 전환을 염두에 두고 실습 지침을 제공한다.

미로슬로브 스타론과 그의 공동 저자는 이 책을 자동차 전자 및 IT 영역의 엔지니어와 의사결정자를 대상으로 한다. IT와 임베디드 시스템, 두 가지 세계의 융합을 따라 엔지니어, 개발자, 관리자를 안내한다. 그러나 교육에는 이러한 통합 IT 및 임베디드 시스템 엔지니어링을 위한 전용 프로그램이 있는 경우가 거의 없다. 비즈니스 모델은 유연한 서비스 지향 아키텍처와 생태계로 진화할 것이다. 3계층 클라우드 아키텍처, 어댑티브 오토사, 이더넷 연결과 같은 산업 표준을 기반으로 하는 기준점은 기업과 산업 전반에서 재사용을 용이하게 한다. 기존의 기능 분할은 보다 서비스 지향적인 아키텍처 및 제공 모델로 대체된다. 미래의 개발은 소프트웨어 업그레이드에 의해 구동되는 기능에서 자동차의 다소 안정적인 하드웨어를 완전히 분리하는 지속적인 프로세스가 될 것이다. 시스템 관점에서 비즈니스 프로세스, 기능, 아키텍처의 계층적 모델링을 통해 견고성과 보안을 보장하면서 조기 시뮬레이션이 가능하다. 데브옵스DevOps 마이크로서비스, 클라우드 솔루션을 결합한 민첩한 서비스 제공 모델은 기존 V 접근 방식을 훨씬 뛰어넘는 기능적 변경을 허용한다.

이 책에서 제시하는 기술은 궁극적인 진리가 아니다. 그러나 빠르게 발전하는 이 분야에서 방향을 제시한다. 그것은 독자의 성숙도를 높이는 데 도움이 될 것이다. 이 사회는 원활한 이동성을 바라고 있어 이러한 기반 시설 및 차량 시스템도 신뢰해야 한다. 자동차 소프트웨어를 제어하고 기존 IT 시스템의 많은 함정을 피하는 데 필요한 기술, 방법, 역량을 긍정적인 방향으로 발전시키도록 하자. 이 문제에 대해 독자의 성공을 기원한다.

응용 프로그램 도메인과 독립적인 모든 아키텍처와 마찬가지로 시장에 가치와 결과를 제공하는 것을 잊지 말자. 미래는 기업과 개인의 경쟁력에 달려 있다. 이제 성공하는 사람들은 엔지니어링과 IT 혁신을 축소하는 것이 아닌 품질, 경쟁력, 혁신이라는 마법의 삼각형을 잘 헤쳐 나가는 사람들이다. 사상가이자 정치가이자 소설가인 괴테는 '아는 것만으로는 충분하지 않다. 적용해야 한다. 의지만으로는 충분하지 않다. 해야 한다'고 말했다. 이것은 빈약한 경제 전망 속에서도 경쟁력을 유지하려면 혁신과 배짱을 가져야 한다는 것을 이야기한다. 비즈니스 역사에는 소유권도 위험도 감수하지 않는 사람들의 시체가 널려 있다.

2020년 10월

독일 슈투트가르트Stuttgart

벡터 컨설팅 서비스Vector Consulting Service의 상무

크리스토프 에베르트 Christof Ebert

옮긴이 소개

배창혁(locust2001@gmail.com)

현재 독일에 있는 메르세데스 벤츠 이노베이션 랩MBition, Mercedes-Benz Innovation Lab에서 Principal Software Engineer로 근무하면서 벤츠의 인포테인먼트 소프트웨어를 개발하고 있다. 이전에는 LG전자 소프트웨어 플랫폼 연구소에서 시스템/SCM 관련 업무를 했다. 42wolfsburg의 자동차 소프트웨어 교육 프로그램인 SEA:ME의 follow, OpenUp에서 오픈소스 프론티어, 오픈임베디드 TSC 멤버 등 다양한 활동도 병행하고 있다. 번역서로는 에이콘출판사에서 출간한 『Yocto 프로젝트를 활용한 임베디드 리눅스 개발』(2014), 『BeagleBone Black을 사용한 Yocto 프로젝트』(2015), 『Embedded Linux Projects Using Yocto Project Cookbook』(2016), 『Yocto 프로젝트를 활용한 임베디드 리눅스 개발 2/e』(2018)이 있다.

옮긴이의 말

SDV$^{Software\ Defined\ Vehicle}$, 바퀴 달린 스마트폰 등 테슬라가 자동차 업계에 몰고 온 새로운 변화, 그중에서도 소프트웨어의 중요성은 커지고 있다. 인포테인먼트, 자율주행, 파워트레인, 섀시, 보디 등에 분산돼 있는 ECU$^{Electric\ Control\ Unit}$들은 통합돼 가고 있고 원격으로 자동차 소프트웨어를 업데이트를 하도록 하드웨어 및 소프트웨어 아키텍처 구조도 변하고 있다.

자동차 ECU 및 그 안에서 돌아가는 소프트웨어 구조는 엄청나게 다양하고 서로 다른 구조를 갖고 있어 한두 개의 표준으로 통합하기는 어렵다. 즉 소프트웨어 관리 및 아키텍처 설계의 복잡도가 크다는 이야기다. 하지만 앞으로는 비용적인 측면이나 OTA$^{Over\ The\ Air}$ 측면에서 대부분의 자동차 회사는 ECU를 통합하려 하고 있고, 이 중심에는 소프트웨어가 있다. 통합 ECU의 성능은 좋아지고 안전을 고려하면서 여러 가지 기능을 대응하려다 보니 소프트웨어 아키텍처의 설계가 점점 더 중요해지고 있는 것이다.

물론 이 책에서 모든 것을 다루지는 못하지만 최소한 기본이 되는 소프트웨어 아키텍처 구조, 상세 설계, 평가 방법, 평가 메트릭^{metric}을 제시한다. 그리고 많은 자동차 회사에서 사용하는 표준인 클래식과 어댑티브 오토사$^{Adaptive\ AUTOSAR}$에 대해서도 간략하게 설명한다. 자동차 소프트웨어 개발을 시작하는 개발자에게는 기본서로, 이미 개발 업무를 하고 있는 개발자들에게는 자동차 내의 다른 분야도 넓게 볼 수 있는 책이 될 것이다. 각 장의 마지막에는 더 관심 있는 독자들을 위해 심화 학습할 수 있는 자료도 제공하고 있어 잘 활용하면 특정 분야를 깊게 학습할 수 있는 기회도 제공한다.

나는 앞으로 자동차 회사들은 메카닉^{mechanic}적인 부분보다 소프트웨어에 더 많은 관심과 투자를 할 것이라고 확신하고 있다. 이 책을 통해서 많은 독자가 자동차 소프트웨어에 대한 이해도가 넓어졌으면 하는 바람이 있다.

항상 응원해 주는 사랑하는 아내 승희와 열 살 딸 소은이에게 진심으로 감사의 말을 전하고 싶다. 언제나 든든하게 지원해 주는 가족들과 많은 관심을 가져 준 동료들에게도 감사의 인사를 드린다. 마지막으로 오랫동안 기다려 주고 책을 출간하는 데 많은 도움을 준 에이콘출판에 깊은 감사를 드린다.

지은이 소개

미로슬로브 스타론^{Miroslaw Staron}

스웨덴 대학교 컴퓨터 공학과 교수다. 소프트웨어 메트릭, 모델 기반 소프트웨어 개발, 경험적 소프트웨어 엔지니어링에 대해 광범위하게 출판했으며 에릭슨, 볼보, 기타 통신 회사 및 자동차 제조업체와 협력하고 있다.

감사의 글

무엇보다도 이 책의 일부 장의 공동 저자인 다르코 두리식Darko Durisic, 퍼 요한네센Per Johannessen, 빌헬름 메딩Wilhelm Meding에게 감사드린다. 나는 수년간 그들과 함께 일할 수 있는 특권을 누렸고, 자동차 및 통신 산업에 대한 그들의 통찰력에 깊은 감사를 드린다.

내 가족, 실비아Sylwia, 알렉산더Alexander, 빅토리아Viktoria, 코넬리아Cornelia에게 큰 신세를 지고 있는데, 이들은 내가 도전하고 성공할 수 있도록 도와주고 있다. 그들은 우리가 상상할 수 있는 가장 환상적인 가족이다.

또한 이 책의 아이디어를 제안하고 과정 내내 도와준 스프링거Springer 출판사 랄프 게르스트너Ralf Gerstner에게 감사드린다. 그의 격려와 실용적인 조언이 없었다면 이 책은 결코 발행되지 않았을 것이다. 오랜 세월이 지난 후에도 그는 여전히 나를 믿고 소중한 조언을 해준다. 이렇게 유능하고 헌신적인 출판사의 보살핌을 받을 수 있는 작가들이 더 많아졌으면 좋겠다.

dSpace GmbH가 그들의 장비 이미지를 책의 일부로 사용하도록 허락해 줘서 감사하다. 또한 SystemWeaver의 도구가 다양한 설정 아티팩트를 함께 보관하는 방법에 대한 그림과 설명을 제공해 준 Systemite의 얀 셰데르보리Jan Söderberg에게 감사드린다. 이 책에 여러 그림을 제공해 준 볼보 자동차Volvo Cars에게 많은 감사를 드린다.

자동차 산업의 실용성에 대해 알려준 볼보 자동차 동료분들께 감사드린다. 나는 볼보 자동차라는 환상적인 팀의 많은 사람을 만났고 오늘날 자동차가 어떻게 디자인되는지에 대해 많은 훌륭한 토론을 했고, 특히 켄트 니셀Kent Niesel, 마틴 닐손Martin Nilsson, 니클라스 바우만Niklas Baumann, 안데르스 스벤손Anders Svenson, 한스 알밍거Hans Alminger, 일커 도간Ilker Dogan, 라스 로스크비스트Lars Rosqvist, 사예드 미레마리Sajed Miremari, 미카엘 셰스트란트Mikael Sjöstrand에게 신세를 졌다. 또한 책 초안에 대한 의견을 준 마크 히르체Mark Hirche와 말린 폴케^{Malin Folke}에게 감사드린다.

또한 이 책을 집필하는 과정 모두에서 많은 도움과 지원을 해준 연구 커뮤니티 동료들에게 감사의 말씀을 드린다. 특히 ATAM 평가 장에 대한 이메드 함모우다^{Imed Hammouda}의 피드백과 조언에 감사드린다.

마지막으로 이 책의 분야에 대한 내 연구 흥미를 추구할 수 있도록 연구비를 지원해 준 것에 대해 소프트웨어 센터, 스웨덴 혁신 기관 Vinnova, 스웨덴 전략 연구 재단^{SSF, Swedish Strategic Research Foundation}에 감사드린다.

차례

1장   소개   27

서문

소프트웨어는 우리 사회 어디에나 존재한다. 전기 인프라의 백본^{backbone}에서 통신 장비, 시계에 이르기까지 모든 것을 제어한다. 자동차도 예외는 아니며 요즘 자동차의 소프트웨어 양은 다른 어떤 소비자 제품보다 많다. 한번은 회의에서 동료로부터 전자 부품을 없애도 자동차가 계속 달릴 수 있냐는 질문을 받았다. 기본적으로 요즘 자동차의 모든 요소는 엔진, 브레이크, 앞유리 와이퍼, 깜박이, 라디오 등 소프트웨어에 의해 제어되기 때문에 대답은 '아니오'였다.

지난 몇 년 동안 모든 부문에서 전동화, 연결성^{connectivity}, 자율주행이 보편화됨에 따라 자동차에 사용되는 소프트웨어의 양이 증가했다. 자율주행 시나리오의 복잡성은 너무 커서 자동차가 항상 자율주행을 할 수는 없다. 그러나 차선을 바꾸지 않고 다양한 시나리오에서 운전할 수 있으며 특정 시나리오에서는 차선을 변경하거나 운전석에 아무도 없는 상태에서 스스로 주차할 수도 있다.

이러한 복잡성이 증가하면 자동차 소프트웨어 설계에서 안전이 중요해지고 더 많은 기능이 상호 작용하며 통신 버스^{communication bus}가 과밀화되는 등 새로운 문제에 직면하게 된다. 이를 염두에 두고 소프트웨어를 설계해야 하며 새로운 방식으로 이를 수행해야 한다.

2017년에 출간한 초판은 학생과 실무자 모두에게 인기를 얻었다. 많은 독자가 내게 특정 요소에 대해 질문했으며, 중요한 새로운 발전 사항을 지적하고 질문했다. 나는 이러한 제안들을 고려했고 수정을 위해 다시 한 번 동료인 다르코 두리식과 퍼 요한네센 박사를 설득했다.

이 책의 목적은 자동차 소프트웨어의 초석 중 하나인 소프트웨어 아키텍처의 개념을 소개하는 것이다. 특히 소프트웨어 엔지니어링 영역에서 안전 시스템 및 소프트웨어 측정에 중점을 뒀다. 연구를 통해 나는 자동차 및 통신 분야의 여러 회사와 협력했으며 시간이 지남에 따라 이러한 도메인이 점점 더 유사해짐을 알게 됐다. 자동차에서 소프트웨어를 개발하기 위한 프로세스 및 도구는 통신 시스템 개발에 사용되는 프로세스 및 도구와 매우 유사해졌다. 처음에는 매우 달랐지만 오늘날에는 아키텍처 스타일, 프로그래밍 패러다임, 아키텍처 패턴 측면에서의 소프트웨어 아키텍처도 점점 유사해지고 있다.

1장에서는 자동차의 소프트웨어 진화에 대한 역사적 개요와 진화를 이끄는 주요 과제에 대한 설명으로 시작한다. 2장은 자동차 소프트웨어의 주요 아키텍처 스타일과 자동차 소프트웨어에서의 사용을 다룬다. 3장은 새로 추가된 장으로 연합 및 중앙 집중식 아키텍처와 같은 최신 소프트웨어 아키텍처를 학습한다. 4장에서 독자는 자동차 제조업체 측에서 소프트웨어를 개발하는 데 사용되는 소프트웨어 개발 프로세스를 배울 수 있다. 5장에서는 자동차 소프트웨어의 중요한 표준인 오토사를 소개하며 2판에서는 클래식 오토사와 어댑티브 오토사도 다룬다. 6장에서는 단순한 아키텍처를 넘어 Simulink를 사용해 자동차 소프트웨어의 세부 설계 프로세스를 설명한다. 이는 세부 설계가 상위 수준 설계와 어떻게 연결되는지 이해하는 데 도움이 된다. 7장은 새로운 것으로 자동차 소프트웨어 개발의 기계 학습에 중점을 둔다. 8장에서는 아키텍처의 품질을 평가하는 방법인 ATAM을 제시하고 평가 예를 제공한다. 9장에서는 양적 측정과 지표를 사용해 아키텍처를 평가하는 여러 방법을 제시한다. 10장에서는 ISO/IEC 26262의 중요한 표준인 기능 안전에 대해 더 깊이 파고들고 초판보다 하드웨어에 대한 더 많은 정보를 이야기한다. 11장에서는 향후 몇 년 동안 자동차 소프트웨어 엔지니어링을 형성할 잠재력이 있으며 현재 나타날 것으로 보이는 일련의 미래 트렌드를 제시한다.

2020년 10월

스웨덴, 예테보리Göteborg

미로슬로브 스타론Miroslaw Staron

1
소개

개요 자동차는 기계 장치에서 소프트웨어로 동작하는 분산형 사이버 물리 시스템으로 발전했다. 1970년대를 시작으로 전자 및 소프트웨어의 수가 1개의 자동차 전자 제어 장치^{ECU, Electronic Control Unit}에서 2015년에는 150개 이상으로 증가했다. 그러나 기업들이 ECU 수를 줄이고 늘어난 I/O 노드 수와 연결하는 방법을 모색함에 따라 아키텍처가 변화하고 있다. 1장에서는 이 책의 전체적인 개요와 여기서 사용한 규약을 설명하고 책을 읽는 동안 사용될 예제를 소개한다. 또한 자동차의 전자 장치와 소프트웨어 시장에서 일어나는 사건에 대한 자동차 소프트웨어 역사를 이야기한다. 뒷부분에서 자동차 소프트웨어 지식을 심화할 수 있는 방향을 제시한다.

1.1 소프트웨어와 자동차

자동차에 소프트웨어를 도입함으로써 차량 성능 최적화에서부터 인포테인먼트^{infotainment} 기능에 이르기까지 많은 것이 만들어졌다. 자동차는 전자 장치로 돼 있고 고객들은 소프트웨어 제품과 유사한 자동차 플랫폼을 찾고 있다. 이 좋은 예가 소프트웨어 기반의 혁신으로 유명한 테슬라Tesla다. 테슬라는 고객에게 지속적으로 새로운 소프트웨어를 릴리스해 거의 매일 새롭고 흥미로운 기능을 제공하는 것으로 잘 알려져 있다.

자동차에 소프트웨어가 집약된 시스템은 많은 새로운 기회를 제공하지만 사용자에게 릴리스하기 전에 더 주의 깊게 설계, 구현, 확인, 검증하는 과정이 필요하다. 그리고 방법론과 도구가 포함된 소프트웨어 엔지니어링은 자동차 소프트웨어의 안전과 신뢰성에 대한 요구 사항을 충족시킬 수 있지만 이때는 자동차의 특성에 맞게 적용돼야 한다.

자동차 산업에서 기계 공학 부분이 줄어들고 점차 전자와 소프트웨어 엔지니어링이 성장하는 것은 분명하다. 또한 1970년대의 단순한 엔진 제어 알고리듬에서 2000년대의 첨단 안전 시스템, 2010년대에는 최첨단 연결성으로 진화하고 있다. 여기서 소프트웨어 사용은 지속적으로 증가할 것임을 알 수 있다.

자동차 소프트웨어의 양과 중요성이 증대됨에 따라 전문적인 소프트웨어 엔지니어링이 요구되고 있다. 소프트웨어 엔지니어링의 엄격한 과정은 필요 이상으로 복잡하지 않고, 품질 좋은 소프트웨어를 만들어 내고, 운전 중에 소프트웨어가 사고에 영향을 주지 않도록 보장한다.

소프트웨어 엔지니어링의 요소 중 하나인 소프트웨어 아키텍처software architecture는 소프트웨어 시스템의 상위 수준 설계다. 소프트웨어의 아키텍처는 설계자들에게 소프트웨어 기능들이 소프트웨어 컴포넌트에 어떻게 분배되고 컴포넌트 간에 서로 어떻게 상호 작용하는지를 규정할 수 있도록 한다. 소프트웨어 아키텍처 설계는 보통 소프트웨어 개발 초기 단계에서 이뤄지며 소프트웨어 모듈을 컴포넌트에 할당하고 기능 배포(시스템화라고 함)를 위한 기초가 된다.

1.2 자동차 산업에서 소프트웨어의 역사

오늘날 자동차에 많은 소프트웨어가 탑재돼 있지만 자동차 산업 초기에는 그렇지 않았다. 최초의 자동차에는 전자 장치가 없었고 1970년대에는 연비 효율에 대한 요구 사항으로 인해 전자 연료 분사 시스템에만 들어갔다[CC11].

1970년대 자동차 소프트웨어는 파워트레인의 전자 연료 분사 장치, 전자 시스템, 중앙 잠금 장치에 들어가는 전자 점화 장치와 같은 단일 영역에 관련된 기능의 전자 장치에 있었다. 그 시기에 전자 장치 사용이 드물어서 기능 안전의 개념은 소프트웨어와 관련이 없었고, 기능 안전을 제어하는 메커니즘을 넣는 것은 비교적 쉬웠다. 소프트웨어 아키텍처는 대부분 소프트웨어의 다른 부분과 통신하지 않는 모놀리식monolithic이었다.

1980년대에는 현재 연료 소비량, 평균 연료 소비량, 이동 거리와 같은 차량의 기본적인 원격 측정 값을 표시할 수 있는 중앙 집중 컴퓨터와 같은 혁신을 보여 줬다. 운전자에게 정보를 표시함으로써 새로운 가능성을 열어 줬다. 임베디드 소프트웨어에 소프트웨어 알고리듬이 잠김 방지 제동 시스템ABS, Anti-lock Braking System과 전자 변속 장치 같은 신규 기능을 제어했다.

1990년대에는 훨씬 더 많은 것을 소비자가 볼 수 있는 전자 장치들이 도입됐다. 가장 주목할 만한 혁신은 인포테인먼트 영역에 있는 GPSGlobal Positioning System를 사용한 내비게이션 시스템이다. 온라인으로 정보를 표시하려면 파워트레인 제어 컴퓨터, 전용 GPS 수신기, 인포테인먼트 디스플레이와 같은 중요한 전자 장치의 통합이 필요하다. 동시대에 전방 차량의 속도를 기준으로 차량의 속도를 제어하는 어댑티브 크루즈 컨트롤ACC, Adaptive Cruise Control와 같은 안전 필수 영역에 더 많은 전자 장치와 소프트웨어가 도입됐다. 이런 기능 도입으로 소프트웨어 오작동으로 인한 사고에 대한 책임 문제가 중요하게 됐다. 1990년대에 사용된 자동차 소프트웨어 아키텍처는 더 분산됐고 소프트웨어는 자동차 산업에서 혁신의 중요한 요소로 인식됐다. 이 시대의 컴퓨터 시스템은 그림 1.1에서 볼 수 있다.[1]

---

1 출처: https://en.wikipedia.org/wiki/JECS에서 RB30DE, 라이선스: Create Commons – https://creative commons.org/licenses/by-sa/3.0/.

그림 1.1 1990년대 후반 엔진 제어 관련 JECS LH-Jetronic 전자 제어 장치(ECU)

이러한 개발은 소프트웨어가 자동차 산업에서 혁신을 주도하기 시작한 2000년대까지 계속 됐다. 2000년대에는 첨단 운전자 보조 시스템이라는 개념이 등장했다. '첨단advanced'은 자동차에서 여러 대의 컴퓨터를 통합한 기능을 말하고 운전자를 위해 더 '어려운difficult' 결정을 해줬다. 여기서 주목할 만한 것은 볼보 XC60 모델에서 도입한 도시 안전 시스템이다[Ern13]. 이 시스템은 차 앞에 장애물이 나타나고 운전자가 반응할 시간이 없을 때 시속 50km 이하의 속도에서 차를 멈출 수 있다. 복잡한 상호 작용과 우선순위에 의해 더 많은 제어를 요구하고 이에 따라 한층 진보된 소프트웨어 아키텍처가 필요했다. 오토사AUTOSAR 표준은 (가능한 경우) 솔루션을 공유하고, 적은 노력으로 소프트웨어를 적용해 하드웨어 플랫폼을 쉽게 바꿀 수 있으며, 제조 업체 간 부품 공유를 쉽게 하고, 자동차 컴퓨터의 공통 운영체제를 만들고자 도입됐다[Dur15, DSTH14].

그림 1.2 2014년 아우디 TT 인포테인먼트 유닛

2010년대에는 자동차에서 전자 장치를 완전히 새롭게 설계하는 방법이 도입됐다[SLO10, RSB⁺13]. 자동차 내에 있던 분산 네트워크를 벗어나 무선 인터넷으로 연결된 자동차^{wireless car 또는 connected car}, 차량 간 통신, 차량과 인프라 간 통신, 자율주행 개념이 도입됐다. 이제 자동차는 최종 제품이 아닌 양산 이후에도 새로운 기능이 탑재될 수 있는 플랫폼이 됐다. 그 예로 테슬라와 구글^{Google}의 자율주행 자동차가 있다[Mar10]. 자동차에 여러 업체의 새로운 기능을 추가하고자 물리적으로 업데이트하지 않고 소프트웨어로 업데이트할 수 있는 첨단 제어 기능도 이 시대의 요구 사항이다. 그림 1.2가 2010년대의 인포테인먼트 시스템이다.[2]

또 다른 예는 그림 1.3 볼보 XC90의 인포테인먼트 유닛이다.

Viswanathan에 의하면 오늘날 자동차에서 소프트웨어 양은 1억 줄 이상의 코드^{LOC, Line Of Code}이고 지속적으로 늘어나고 있다.

---

2 출처: https://en.wikipedia.org/wiki/JECS에서 아우디, 라이선스: Create Commons – https://creativecommons.org/licenses/by–sa/3.0/.

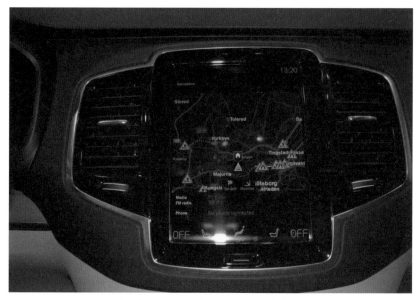

그림 1.3 2016년 볼보 XC90 인포테인먼트 유닛

1.3 자동차 소프트웨어 개발 동향

2007년에 프레치너^{Pretschner} 연구진[PBKS07]은 자동차 시스템에서 소프트웨어 개발의 주요 동향을 발표했다. 이 연구는 유행을 선도했고, 소프트웨어의 양이 2007년 메가바이트 단위에서 2016년 기가바이트 단위로 크게 성장할 것을 예측했다. 프레치너 연구진이 제시한 자동차 소프트웨어 시스템의 다섯 가지 동향은 다음과 같다.

- **다양한 종류의 소프트웨어** – 현대의 자동차 소프트웨어는 다양한 영역에서 서로 다른 기능을 한다. 능동 안전^{active safety}과 같이 안전성을 중요시하는 영역에서부터 인포테인먼트와 같이 사용자 경험을 중시하는 영역까지 그 범위가 다양하다. 이는 소프트웨어를 정의, 설계, 구현, 검증하는 방법이 각 영역마다 다르다는 것을 의미한다.
- **개발 역할 분산** – 소프트웨어 시스템의 개발은 볼보, BMW, 아우디와 같은 자동차 제조사^{OEM, Original Equipment Manufacturer}와 공급업체 간에 역

할이 분산돼 있다. 공급업체도 자동차 제조사의 요구 사항을 준수하고 계약을 하면 각자의 작업 방법대로 할 수 있는 선택권이 주어지기도 한다.

- **소프트웨어 분산** - 자동차 소프트웨어 시스템은 수많은 ECU로 구성돼 있고 각 ECU는 그 기능을 수행하도록 다른 ECU와 협력하는 고유의 소프트웨어를 갖고 있다. 이로 인해 소프트웨어 개발이 점차 복잡하고 어려워지고 있다.

- **변형과 설정** - 세계화가 되고 경쟁이 치열한 자동차 시장은 각 나라와 고객의 요구 사항에 따라 같은 차종에서도 맞춤화customization를 한다. 자동차에서 소프트웨어는 재인증 없이 다른 나라에서 동작할 수 있어야 한다. 따라서 소프트웨어는 실시간적으로 변할 수 있어야 한다.

- **유닛 기반의 가격 모델** - 경쟁 시장은 자동차의 단가가 경쟁사에 비해 너무 높을 수 없다는 것을 의미하며, 따라서 자동차 OEM 업체들은 종종 단가가 낮고 개발 비용은 더 높을 수 있는 방식으로 하드웨어와 소프트웨어를 최적화하는 경우가 많다.

2007년 이후 많은 일이 일어났고 오늘날 자동차 시장 동향은 다음과 같은 것이 추가로 나타나고 있다.[3]

- **연결성과 협력**[BWKC16] - 모바일 네트워크로 인터넷을 사용할 수 있게 돼 자동차가 서로 연결되거나 기반 시설 정보를 이용해 결정을 내릴 수 있게 됐다. 지능형 교통 시스템ITS, Intelligent Transport Systems 분야의 프로젝트는 교차로에 근접할 때 '빨간색' 신호로 인한 제동을 최소화하도록 버스 속도 조절과 같은 연구를 한다. 자동차는 블루투스로 스마트폰에 연결할 수 있고 웹 브라우저나 음악 서비스와 같은 인터넷 기능을 사용한다.

- **자율 기능**[LKM13] - 자동차의 제동, 조향을 운전자에게서 자율적으로 인계받는 것은 안전 필수 시스템에 상당한 복잡성을 수반하지만 자동차 분야에서는 차세대 먹거리로 보고 있다. 이는 자동차 소프트

---

3 저자의 의견이다.

웨어의 확인과 검증 방법이 더 강화되고 발전되는 것을 의미하기도
한다.

자율주행 시나리오는 자동차의 실제 환경의 정확한 모델과 정확성이 필요
하기 때문에 어렵다. 정확도에 대한 이러한 요구 사항은 더 복잡한 측정 장
치, 더 많은 데이터 처리, 더 많은 의사결정 지점, 더 복잡한 알고리듬을 필
요로 한다. 그림 1.4는 자율주행에서 사용하는 측정 장비 중 하나인 라이다
^{LIDAR, Light Detection And Ranging}다.[4]

그림 1.4는 자율주행차 상판에 장착된 라이다를 보여 준다. 이 장치는 주
변 360도를 볼 수 있도록 해 자동차 소프트웨어가 차량 근처의 물체를 찾
을 수 있도록 한다. 라이다는 자동차 전면에 있는 레이더<sup>RADAR, Radio Detecting And
Ranging</sup>를 보완해 주기도 한다. 그림 1.5는 볼보 FH16 트럭의 레이더 ECU를
보여 준다.

그러나 아직 양산차에는 라이다를 장착하지 않고 덮개가 있는 곳에 카메
라를 활용한다. 그림 1.6은 볼보 XC90의 전면 카메라를 보여 준다.

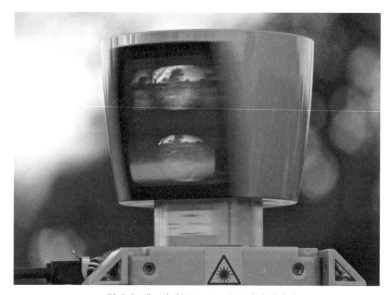

그림 1.4 벨로다인(Velodyne) 고화질 라이다

---

4 출처: Steve Jurvetson; flickr.com. 라이선스: Create Commons – https://creativecommons.org/licenses/
by/2.0/.

그림 1.5 볼보 F16 트럭에 장착된 레이더 ECU

오늘날 자동차 시장을 지켜보는 것은 흥미로운 일이기에 이 책이 자동차 소프트웨어 엔지니어링을 시작하려는 독자에게 유용할 것이라 믿는다.

그림 1.6 볼보 XC90에 장착된 전면 카메라

1.4 자동차 소프트웨어 시스템 구성

수년간 각 자동차 제조업체는 오늘날 자동차 브랜드의 다양성을 가진 소프트웨어 시스템을 독자적인 방법으로 구성해 개발했다. 그러나 많은 자동차 제조업체는 비슷한 방식으로 소프트웨어를 설계한다. 제조업체는 V 개발 모델, 전자 장치와 소프트웨어 시스템의 비슷한 구성을 도메인과 서브시스템 subsystem으로 사용한다. 그림 1.7에서 이 모델을 볼 수 있다.

여기서 전자 장치 시스템은 인포테인먼트와 파워트레인과 같은 도메인으로 구성된 것을 알 수 있다. 각 도메인은 안전 중심, 사용자 중심, 실시간성, 내부 탑재 등과 같은 특정 속성을 갖고 있다. 그러나 각 도메인은 능동 안전, 고급 운전자 지원과 같이 특정 기능으로 묶은 서브시스템(일부 OEM은 '시스템'이라고도 부른다)으로 구성된다. 이 시스템은 많은 논리적 컴포넌트를 그룹화하고 기능을 구현하며 기능으로 그룹화하기도 한다. 이 기능은 어댑티브 크루즈 컨트롤, 차선 이탈 경고, A에서 B로의 내비게이션과 같은 사용자 기능을 구현해 엔드 투 엔드end-to-end 기능이라고도 부른다.

이 기능은 전자 장치 시스템의 서브시스템으로 구현되고 서브시스템, 컴포넌트, 모듈로 구성된다. 따라서 기능 간 의존성을 표현하는 것을 '기능 아키텍처 뷰view' 개념으로 보기도 한다.

각 서브시스템에는 기능의 일부를 실현하는 소프트웨어 컴포넌트에 작은 부분이 포함된 수많은 컴포넌트가 포함돼 있다(예, 이러한 부분이 인포테인먼트 시스템의 메시지 브로커일 수 있다). 컴포넌트는 클래스, 메서드, 프로그래밍 언어의 함수로 구현된 소스 코드인 소프트웨어 모듈로 구성된다. 프로그래밍 언어 함수나 클래스를 묶은 것을 논리적 소프트웨어 컴포넌트라고 한다.

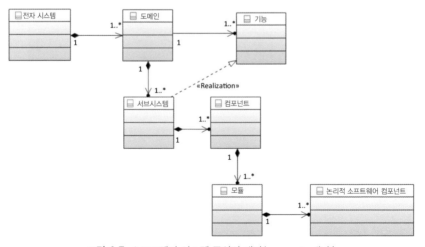

그림 1.7 소프트웨어 시스템 구성의 개념(conceptual) 뷰

소프트웨어 아키텍처라는 용어는 제일 낮은 계층을 제외한 모든 수준의 계층에서 사용할 수 있다. 자동차 전체의 소프트웨어와 하드웨어 구성을 표현하는 E/E 아키텍처Electrical System architecture에도 사용할 수 있다. ECU의 소프트웨어 서브시스템, 컴포넌트, 모듈의 논리적 구성인 ECU 아키텍처에서도 이야기할 수 있다. ECU의 크기와 역할에 따라 ECU는 모듈, 컴포넌트, 서브시스템을 갖고 있을 수 있다[DNSH13].

이 책에서 제시한 방법과 기술은 어느 곳에서나 적용할 수 있다.

1.5 아키텍처 설계 원칙

소프트웨어 아키텍처는 소프트웨어 개발의 산출물이고 아키텍처 설계는 그 자체의 활동과 작업에 대한 원칙이다. 소프트웨어 아키텍트는 선임 설계자보다 경험이 더 많고 보다 더 큰 의사결정을 하는 경우가 많다. 혼란을 방지하고자 설계자, 프로젝트 관리자와 다른 소프트웨어 아키텍트 역할을 간단히 설명한다. 이 두 역할은 어느 정도 중복되기 때문에 한번 정리하고 넘어가는 것이 좋다.

1.5.1 아키텍처 설계 방법과 프로젝트 관리

소프트웨어 아키텍트가 되는 것은 일종의 기술 리더십 역할을 한다는 것을 뜻한다. 아키텍트는 일반적인 아키텍처 스타일과 시스템 개발을 안내하는 원칙의 관점에서 전체 시스템 개발의 기반을 마련하는 사람이다. 그러한 원칙들은 설계자들이 선택을 할 수 있는 경계를 형성한다. 소프트웨어 시스템의 전체 생명 주기 동안 원칙이 잘 준수되는지 확인하는 것이 아키텍트의 역할이다.

어떤 의미에서 시스템 설계의 기반을 설정하는 것은 시스템을 개발하는 프로젝트 비용과 범위의 틀을 설정하는 것에 대한 기술적인 중재다. 그러나 프로젝트 범위, 일정, 비용을 설정하고 확인하는 것은 프로젝트 관리자의 책임이다. 표 1.1에서는 프로젝트 관리와 아키텍처 설계를 하는 것에 대한 비교를 보여 준다.

표 1.1 아키텍처 설계와 프로젝트 관리 비교

아키텍처 설계	프로젝트 관리
기술적 전문가가 수행	관리 전문가가 수행
기술에 집중	개발 범위에 집중
품질에 집중	비용에 집중
요구 사항에 집중	개발 제품에 집중
해결 방안에 집중	리소스에 집중
기능 최대화	비용 최소화

아키텍처 설계는 기술 전문가가 하는 행위로 객체 생성, 메시지 전송, ECU에 컴포넌트 배포하는 방법을 적용하는 기술적 원칙이다. 기술과 각 특성에 초점이 맞춰져 있다는 것을 의미한다. 예를 들면 아키텍트는 성능과 안전, 유지 보수와 휴대성 등 서로 간의 다른 품질 특성을 균형 있게 유지해야 한다. 아키텍트는 새로운 케이블을 추가하지 않고 Flexray 네트워크상에서 비디오를 전송할 수 있는 방법과 같은 도전적인 문제를 해결하면서 품질과 기능도 중시해야 한다. 마지막으로 아키텍트는 기능에 중점을 두고 자동차 전자 시스템의 주어진 제약 조건(예, 케이블 무게, ECU 수)하에서 기능을 실현할 수 있는지 확인한다. 이러한 것들이 소프트웨어 아키텍트를 기술적 제품 관리자처럼 보이게 한다.

기술 관리와 반대로 프로젝트 리더는 조직 이론을 적용해 개발을 애자일 Agile이나 워터폴waterfall로 할 것인지, 계약을 어떻게 협상할 것인지, 프로젝트 진행 상황을 어떻게 측정할 것인지를 결정한다. 관리와 조직 이론을 적용해 프로젝트 리더는 프로젝트 범위에 집중한다. 프로젝트의 예산 제약에 따라 주어진 기능을 개발할 수 있는지에 대한 문제를 확인하고 해결한다. 프로젝트 리더는 자원, 비용의 균형, 프로젝트 일정에 따른 리소스에 집중한다. 이러한 모든 측면은 제품 관리보다 프로젝트 관리로 볼 수 있다.

기술과 프로젝트 관리 모두 하나의 제품을 개발하는 것이므로 서로 협력을 해야 한다. 험프리Humphrey[Hum96]는 자신의 책『Managing Technical

People: Innovation, Teamwork and the Technical process』에서 이 두 직군 간의 조화에 대한 유용한 지침을 제공한다.

1.5.2 아키텍처 설계와 설계 비교

아키텍처 설계와 프로젝트 관리 원칙을 비교한 것처럼 아키텍처 설계와 설계도 비교할 수 있다. 앞에서 기술적 제품 관리가 그 일의 원칙을 설정하는 것을 이야기했다. 설계의 규칙은 최종 소프트웨어 제품에 도달하고자 이러한 모든 원칙을 따르는 것에 대한 것이다. 표 1.2에서 아키텍처 설계와 설계를 비교한 것을 보여 준다.

표 1.2 아키텍처 설계와 설계 비교

아키텍처 설계	설계
규칙과 의사결정	규칙과 결정 준수
고수준 구조(high level structure)	저수준 구조(low-level structure)
전체 이해	특정 부분 이해
시스템적 사고	소프트웨어적 사고
문서 지향	코드와 실행 가능하고 상세한 모델 지향
모델링과 분석	실행과 테스트

시스템의 기술적 관리인 소프트웨어 아키텍처 설계는 시스템을 설계하는 방법에 대해 원칙, 규칙, 의사결정에 관한 것들을 규정한다. 의사결정의 예는 ECU 간의 통신 프로토콜과 시스템에서 ECU의 수에 대한 선택이다. 또한 표준을 정하고 왜 따라야 하는지에 대한 것이다. 이 책에서 본 것처럼 아키텍처 설계는 컴포넌트(예, 소프트웨어 클래스 그룹)와 실행 노드와 관련된 높은 추상화 수준의 원칙이다. 이는 시스템의 소프트웨어와 소프트웨어를 실행하거나 소프트웨어에 데이터를 제공하는 데 사용하는 기본 하드웨어 전체에 대한 이해를 필요로 한다. 이런 시스템적 사고는 아키텍트가 단지 모든 일을 하는 것이 아니라 '왜'라는 일의 배경을 이해하고 있기 때문에 모든 소프트웨어 팀의 핵심이 된다.[5]

---

5 Sinek의 책 "Starting with Why: How Great Leaders Inspire Everyone to Action" [Sin11] 실제 일하는 방식에 대한 일련의 예를 제시한다.

아키텍처 설계의 다른 원칙은 의사결정, 규칙, 원칙을 전달해야 하고 규칙의 일관성 및 시행을 하도록 설명해야 하고 문서화해야 하기 때문에 문서 지향적이다. 문서화는 시스템 분석과 모델링의 과정에서 일어난다.

이와는 달리 설계 원칙은 소프트웨어 코드나 실행 가능한 모델에서 아키텍처의 원리, 결정, 규칙을 실현하는 데 중점을 둔다. 아키텍처에서 논의한 고수준 구조는 저수준 구조(클래스 및 블록을 사용하는 컴포넌트, 실행 프로세스를 사용하는 ECU)를 사용해 개발된다. 이를 위해 해당 특정 영역(예, 인포테인먼트 또는 파워트레인)에 대한 전문 지식과 역량이 필요하다. 설계는 소프트웨어 실체와 하드웨어가 주어진(또는 최소한 소프트웨어 설계하는 동안 하드웨어의 규격이 주어진) 기본 하드웨어와의 상호 작용에 중점을 둔다. 이는 설계가 추상적인 분석과 모델링보다는 코드와 실행/상세 모델에 중점을 두는 것을 뜻한다. 따라서 설계에서는 테스트와 실행이 주된 활동이고, 이를 아키텍처 설계에서는 평가를 다룬다(6장에서 이 주제를 다시 논의한다).

아키텍트와 프로젝트 관리자의 협업과 마찬가지로 아키텍트는 모든 요구 사항과 품질 제약 사항을 충족하는 소프트웨어 시스템을 개발하고 제공하고자 설계자와 긴밀하게 협업해야 한다.

1.6 이 책의 내용

이 책은 소프트웨어 시스템 엔지니어링의 가장 기본적인 측면 중 하나인 소프트웨어 아키텍처를 다루고 있다. 아키텍처는 아키텍트가 소프트웨어 시스템의 기능을 여러 상호 작용하는 컴포넌트에 분산시키는 소프트웨어 시스템의 고수준 설계다. 컴포넌트는 일반적으로 소프트웨어 시스템의 기능 및 비기능 요구 사항을 다루는 서브시스템과 도메인으로 분류된다.

이 책에서는 초보자 및 고급 소프트웨어 설계자 모두를 위한 자동차의 소프트웨어 아키텍처 개념을 설명한다. 자동차 아키텍처와 관련된 개념을 이해해야 하는 전문가 그룹과 차량이나 컴포넌트를 만들 수 있는 자동차 소프트웨어의 특성을 이해해야 하는 소프트웨어 엔지니어링이나 관련 프로그램의 학생을 대상으로도 한다.

전문가를 위한 내용은 자동차 산업에서 개별 소프트웨어 엔지니어가 다양한 원칙을 이해할 수 있어야 한다는 저자의 생각에서 나온 것이다. 자동차 소프트웨어나 하드웨어를 만드는 데 종사하는 독자는 자동차 산업을 위해 안전하고, 신뢰성 있고, 장기적인 해결책을 설계할 수 있도록 상대방을 이해해야 한다. 소프트웨어 엔지니어는 사용자 기능(예, 제동에 의한 충돌 방지)을 개발하고 자신의 소프트웨어가 다른 벤더의 소프트웨어와 통합하는 방법을 이해할 필요가 있다.

학생을 위한 내용은 소프트웨어 엔지니어링 프로그램의 졸업생이 소프트웨어 및 시스템 안전, 공급업체와의 협력, 소프트웨어의 배포와 같은 고급 개념을 이해하기 위해 더 많은 교육이 필요하다는 것에서부터 시작됐다. 저자가 학생들과 함께 작업하면서 소프트웨어 엔지니어링 교육을 일반적으로 제공하고 자동차 소프트웨어와 같은 특정 분야에 중점을 두는 것이 어렵다는 것이 명백해졌다. 이 책은 이러한 도전적인 문제를 다루고 있고 소프트웨어 엔지니어링 프로그램을 위한 참고서와 잠재적인 교과서가 되는 것을 목표로 한다.

이 책은 처음부터 차례대로 읽는 것을 권장하지만, 따로 읽을 수 있도록 독립된 장으로 구성돼 있다. 차례대로 책을 읽으면 독자는 책 전반에 있는 예제를 기반으로 자동차 소프트웨어 아키텍처에 대한 지식을 점진적으로 쌓을 수 있다.

1.6.1 2장: 소프트웨어 아키텍처

아키텍처 설계 원칙에 익숙하지 않은 독자를 위한 장으로 일반적인 소프트웨어 아키텍처의 기초를 설명하고 뒷부분에는 자동차 소프트웨어 아키텍처에 관련된 부분을 이야기한다.

먼저 소프트웨어 아키텍처 정의를 살펴보고 자동차 소프트웨어 설계에 사용한 뷰의 종류를 정의한 후 일반적인 소프트웨어 엔지니어링의 아키텍처 뷰(4+1 아키텍처 뷰 모델)와 연결해 설명한다.

ECU^Electronic Control Unit, 논리적/물리적 컴포넌트, 기능적 아키텍처, 자동차 아키텍처의 논리적이고 물리적인 토폴로지 같은 자동차 아키텍처에서 중요한 요소를 소개한다. 안전과 신뢰성에 중점을 둔 임베디드 시스템인 자동차 소프트웨어의 특성을 분석한다.

1.6.2 3장: 최신 소프트웨어 아키텍처: 연합형과 중앙 집중형

다양한 아키텍처 스타일에 익숙해지면 최신 소프트웨어 시스템이 어떻게 설계되는지 학습할 수 있다. 도메인 내에서 소프트웨어를 조정하고 관리하는 도메인 컨트롤러를 사용해 소프트웨어가 도메인으로 구성된 연합 소프트웨어 아키텍처를 학습한다. 연합 아키텍처는 현재 매우 인기가 있지만 머신러닝^machine learning을 위한 계산 집약적 작업을 위해서는 하나의 중앙 컴퓨터 또는 중복성 부족과 같이 더 이상 성장하지 못하는 한계가 있다.

따라서 미래의 중앙 집중식 소프트웨어 아키텍처도 알아본다. 이러한 아키텍처 스타일을 중심으로 설계된 자동차 소프트웨어는 최종 사용자에게 더 많은 기능을 제공할 수 있는 대용량 프로세싱 유닛의 기능을 사용할 수 있다. 그러나 이러한 시스템은 최신 표준에서 요구하는 안전 메커니즘을 구현하고자 중복성과 가상화가 필요하기 때문에 더욱 복잡하다.

1.6.3 4장: 자동차 소프트웨어 개발

자동차 산업에 소프트웨어 개발 프로세스를 자세히 설명한다. 전체 자동차 개발을 위한 V 모델을 소개하고 소프트웨어 개발팀의 개발 프로세스를 설명하는 애자일 소프트웨어 개발 방법에 대해 이야기한다. SystemIte사의 SystemWeaver와 같은 설계 데이터의 일관성을 유지하는 데 사용하는 도구에 대해서도 개략적으로 설명한다.

4장에서 변형 관리^variant management, 통합 단계, 테스트 전략, 이를 사용하는 방법과 같은 자동차 소프트웨어 개발 특성을 설명한다. 실무에서 사용하는 방법을 검토하고 어떻게 사용해야 하는지를 이야기한다.

1.6.4 5장: 오토사 레퍼런스 모델

표준화 주제에 대해서 다루고 현재 표준화 노력에 대해 설명한다. 오늘날 유럽과 전 세계적으로 가장 주목을 받는 오토사^AUTOSAR 표준에 대해 이야기한다.

오토사 표준에서 소프트웨어 컴포넌트와 통신 버스와 같은 주요 부분을 소개한다. 또한 주요 개념의 관점에서 표준의 진화와 이것이 자동차 산업에서 미치는 영향을 설명한다.

5장의 마지막 부분에서는 표준에 명시된 오토사 레퍼런스 아키텍처를 소개하고 앞으로 어떻게 발전하는지를 이야기한다.

1.6.5 6장: 자동차 소프트웨어 상세 설계

자동차 소프트웨어 아키텍처의 기술적 측면에서 계속 살펴보고 특정 소프트웨어 컴포넌트 내에서 소프트웨어를 설계할 때 진행하는 프로세스를 소개한다. Simulink 모델링을 사용해 기능을 모델링하기 위한 방법을 제시하고 자동차 산업에서 어떻게 사용하는지를 보여 준다.

6장의 마지막 부분에는 소프트웨어 아키텍처의 품질 평가 필요성과 품질의 하위 평가와 관련된 것을 설명한다.

1.6.6 7장: 자동차 소프트웨어에서 머신러닝

이 책의 초판에서는 머신러닝이 신흥 기술로 거론됐다. 이후 기술이 발전해 자동차 소프트웨어로 자리를 잡았다. 그러므로 여기서는 이 기술을 어떻게 사용하는지 배울 수 있는 장이 포함돼 있다.

두 가지 유형의 머신러닝, 즉 이미지 인식의 지도 학습과 최적화를 위한 강화 학습에 대해 알아본다. 이러한 알고리듬의 작동 방식을 설명할 뿐만 아니라 데이터를 준비하는 방법도 살펴본다. 또한 온보드^on-board 및 오프보드^off-board 훈련을 통해 머신러닝을 수행할 수 있는 방법도 알아본다.

1.6.7 8장: 자동차 소프트웨어 아키텍처 평가

소프트웨어 아키텍처의 품질을 평가하는 방법을 소개하고 ATAM^Architecture Tradeoff Analysis Method을 이야기한다. 자동차 소프트웨어의 비기능적 특성을 논의하고 신뢰성, 견고성과 같은 특성을 평가하는 데 사용하는 방법을 검토한다. 이 특성을 논의할 때 ISO/IEC 25000 표준을 준수한다.

8장에서는 하드웨어와 소프트웨어의 통합과 관련된 문제와 이러한 통합의 영향도 다룬다. 독립된 데스크톱 애플리케이션과의 다른 점을 검토하고 차이점을 예제를 통해 논의한다.

8장의 마지막 부분에는 이러한 특성을 측정해야 하는 필요성에 대해 이야기한다.

1.6.8 9장: 소프트웨어 설계 및 아키텍처 지표

자동차 소프트웨어 엔지니어링과 일반적인 소프트웨어 엔지니어링에서 흔히 사용하는 지표(예, 코드 라인수, 모델 크기, 복잡도, 아키텍처 안정성 또는 결합도 [6])를 설명한다. 특히 이 측정 지표와 해석(측정 지표의 가치에 근거해 무엇을 해야 하며 왜 해야 하는가)을 제시한다. 국제 표준 ISO/IEC 15939에 근거한 측정 지표의 사용에 대해 논의한다.

1.6.9 10장: 자동차 소프트웨어 기능 안전

자동차의 소프트웨어와 관련된 가장 중요한 문제 중 하나인 기능 안전에 대해 설명한다. 국제 표준 ISO/IEC 26262에 설명된 안전 관련 개념을 소개하고 현대 소프트웨어 개발 프로세스에서 어떻게 이 표준을 사용하는지 이야기한다.

표준에 언급된 검증과 확인 기법과 같은 요소를 자세히 알아보고 ASIL^Automobile Safety Integrity Level 수준과 애플리케이션의 효율성과 연관 지어 검토한다.

10장에서 간단한 기능의 예를 통해 표준에 어떻게 적용되는지 설명한다.

1.6.10 11장: 자동차 소프트웨어 개발 동향

자동차 소프트웨어 개발의 현재 동향에 대한 전망을 알아보고 이 책을 마무리한다. 자동차 산업을 기존보다 더 소프트웨어 지향적으로 변화시킬 수 있는 혁신적인 기술을 소개한다.

1.6.11 이 책에 있는 예제

이 책에서는 각 장에 소개된 개념이 일련의 예제와 함께 소개된다. 각 장에서 설명하는 개념을 쉽게 이해하도록 다음과 같이 예제를 제시하고 있다.

- 2장에는 인포테인먼트, 파워트레인, 능동 안전과 같은 다른 도메인의 예제가 있다.
- 3장에는 실제 시스템을 기반으로 하지만 중요한 사항을 설명하고자 단순화된 예제가 포함돼 있다.
- 4장에는 오토사 요구 사항과 섀시chassi 도메인에서 자동차를 여는 요구 사항의 예제가 있다.
- 5장에는 오토사 모델과 두 ECU 간의 통신을 위한 예제가 있다.
- 6장에는 아날로그 신호의 디지털화와 섀시 도메인에서 자동차 섀시의 난방 설계 예제가 있다.
- 7장에는 신경망의 예와 훈련에 사용되는 이미지의 예가 포함돼 있다.
- 8장에는 능동 안전 도메인의 주차 보조 카메라 예제가 있다.
- 9장에는 오픈소스로 공개된 실제 소프트웨어 예제가 있다.
- 10장에는 다양한 ASIL 수준과 이러한 수준을 달성하는 데 사용한 아키텍처 선택을 보여 주는 간단한 마이크로컨트롤러 예제가 있다.

이러한 예제는 시스템이 방대하기 때문에 자동차 전체 시스템을 보여 주지 않는다. 참고로 컨퍼런스에서 BMW는 모든 변형을 포함해 약 200개의 ECU로 전자 시스템이 구성돼 있다는 것을 보여 줬다(즉 200 ECU를 모두 갖춘 자동차는 없다는 의미다).

예제도 이러한 예제의 완성도에 중점을 두지 않고 이해하기 쉽게 준비했다. 차량의 소프트웨어는 빠르게 발전하므로 이 책에서는 완벽한 예제를 보여 주는 데 우선시하지 않는다.

1.7 사전 지식

이 책을 이해하려면 프로그래밍에 대한 이해가 필요하다. 특정 프로그래밍 기술이 필요하지는 않지만 C/C++이나 Java/C#에 대한 기초 지식이 있으면 좋다. UML^Unified Modeling Language 표기법 특히 클래스 다이어그램의 기초 지식이 있으면 좋다.

자동차 도메인의 주제도 소개하는데 이에 대한 사전 지식이나 소프트웨어 아키텍처의 어떠한 지식이 필요하지 않다.

관심 있는 독자가 더 많은 정보를 찾을 수 있거나 필요한 사전 지식을 얻을 수 있도록 각 장마다 알려 준다.

1.8 이 책을 읽은 후

이 책을 읽고 나면 자동차를 위한 소프트웨어 시스템을 설계하는 방법을 이해할 수 있게 된다. 자동차에서 소프트웨어를 개발하는 설계 원칙을 이해하고 설계 이면에 있는 비기능적 원칙을 알 수 있게 된다.

다음 단계는 소프트웨어 시스템 설계에 관심을 갖는 것이다. 지속적인 통합과 개발, 가상 검증과 확인, 고급 기능 안전의 원칙에 중점을 두는 것을 추천한다.

참고 문헌

BWKC16. Robert Bertini, Haizhong Wang, Tony Knudson, and Kevin Carstens. Preparing a roadmap for connected vehicle/cooperative systems deployment scenarios: Case study of the state of Oregon, USA. *Transportation Research Procedia*, 15:447–458, 2016.

CC11. Andrew YH Chong and Chee Seong Chua. *Driving Asia: As Automotive Electronic Transforms a Region*. Infineon Technologies Asia Pacific Pte Limited, 2011.

DNSH13. Darko Durisic, Martin Nilsson,Miroslaw Staron, and Jörgen Hansson. Measuring the impact of changes to the complexity and coupling properties of automotive software systems. *Journal of Systems and Software*, 86(5):1275–1293, 2013.

DSTH14. D. Durisic, M. Staron, M. Tichy, and J. Hansson. Evolution of Long-Term Industrial Meta-Models - A Case Study of AUTOSAR. In *Euromicro Conference on Software Engineering and Advanced Applications*, pages 141–148, 2014.

Dur15. D. Durisic. *Measuring the Evolution of Automotive Software Models and Meta- Models to Support Faster Adoption of New Architectural Features*. Gothenburg University, 2015.

Ern13. Tomas Ernberg. Volvo's vision 2020: 'no death, no serious injury in a volvo car'. *Auto Tech Review*, 2(5):12–13, 2013.

Hum96. Watts S Humphrey. *Managing technical people: innovation, teamwork, and the software process*. Addison-Wesley Longman Publishing Co., Inc., 1996.

LKM13. Jerome M Lutin, Alain L Kornhauser, and Eva Lerner-Lam MASCE. The revolutionary development of self-driving vehicles and implications for the transportation engineering profession. *Institute of Transportation Engineers. ITE Journal*, 83(7):28, 2013.

Mar10. John Markoff. Google cars drive themselves, in traffic. *The New York Times*, 10(A1):9, 2010.

PBKS07. Alexander Pretschner, Manfred Broy, Ingolf H Kruger, and Thomas Stauner. Software engineering for automotive systems: A roadmap. In *2007 Future of Software Engineering*, pages 55–71. IEEE Computer Society, 2007.

RSB+13. Rakesh Rana, Miroslaw Staron, Christian Berger, Jörgen Hansson, Martin Nilsson, and Fredrik Törner. Increasing efficiency of iso 26262 verification and validation by combining fault injection and mutation testing with model based development. In *ICSOFT*, pages 251–257, 2013.

Sin11. Simon Sinek. *Start with why: How great leaders inspire everyone to take action*. Penguin UK, 2011.

SLO10. Margaret V String, Nancy G Leveson, and Brandon D Owens. Safety-driven design for software-intensive aerospace and automotive systems. *Proceedings of the IEEE*, 98(4):515–525, 2010.

Vis15. Balaji Viswanathan. Driving into the future of automotive technology at genivi annual members meeting. *OpenSource Delivers*, online, 2015.

2

소프트웨어 아키텍처: 뷰와 문서

개요 소프트웨어 아키텍처는 자동차 소프트웨어 설계의 기초가 된다. 시스템의 고수준 디자인 뷰로 소프트웨어 시스템에 다양한 뷰가 결합되고 프로젝트 팀에게 전체 소프트웨어 시스템의 기능 구성에 대한 의사소통과 기술적 의사결정을 할 수 있도록 하고, 설계하기 전에 시스템의 성능을 이해하고 예측할 수 있게 한다. 2장에서는 이후의 장에서 사용할 소프트웨어 아키텍처와 관련된 정의를 소개한다. 아키텍처 설계 과정 동안 사용한 뷰를 설명하고 실제 사용하는 것에 대해 알아본다.

2.1 소개

자동차에 소프트웨어 양이 증가함에 따라 소프트웨어의 복잡도, 크기, 안전성을 처리하기 위한 보다 진보된 소프트웨어 엔지니어링 방법 및 도구를 사용할 필요성이 많아졌다[Sta16, Für10]. 자동화 수준을 높이고 소프트웨어 컴포넌트의 배포 속도도 빨라지고 있다. 또한 자동차 소프트웨어 프로젝트에서 요구 사항 변화의 속도를 따라가도록 소프트웨어 시스템과 그 설계를 지속적으로 발전시키고 있다.

소프트웨어 아키텍처는 특히 자동차 산업에서 성공적인 제품의 초석이 된다. 일반적으로 인간의 인식 범위의 한계 때문에 시스템이 커질수록 기능 서브시스템, 컴포넌트, 모듈에 대한 양질의 품질을 얻기가 어렵다. 자동차 소프트웨어 설계에서 자동차 임베디드 소프트웨어의 안전과 소프트웨어 배포 (컴퓨팅 노드의 물리적 배포와 자동차 제조사와 공급업체 간의 개발 내용 배포)와 관련된 보다 구체적인 과제를 갖고 있다.

2장에서 소프트웨어 아키텍처의 개념을 논의하고 아키텍처 구성하는 방법을 예를 들어 설명한다. 소프트웨어 아키텍처를 구성하는 것에 대해 알아보고 소프트웨어 아키텍처의 다양한 뷰와 그 구성 방식에 대해 자세히 살펴본다. 그리고 가장 일반적인 아키텍처 스타일을 설명하고 이를 자동차 소프트웨어 관점에서 알아본다. 마지막으로 아키텍처를 설명하는 방법인 아키텍처 모델링 언어를 살펴본다. 더 자세한 내용을 알고 싶은 독자는 2장의 마지막에 있는 참고 문헌을 살펴보기 바란다.

2.2 일반적인 아키텍처와 자동차 산업에서 아키텍처에 대한 공통 견해

아키텍처의 개념은 사회에 잘 뿌리내려 있으며 자연스럽게 건축 양식의 연관성으로 이어진다. 아키텍처에 대해 생각할 때 큰 성당, 고딕 양식, 현대 교회 스타일이나 다른 큰 건축물을 떠올린다. 그러한 예로 매우 독특한 스타일의 바르셀로나의 '사그라다 파밀리아$^{Sagrada\ Familia}$' 성당이 있다.

그러나 다른 예를 들어 아키텍처의 개념을 논의해 보자. 피라미드의 예를 들어 보겠다. 그림 2.1은 기자의 피라미드 사진이다.[1]

---

1 Ricardo Liberato, 위키피디아, Creative Commons 라이선스: https://creativecommons.org/licenses/by-sa/2.0/

그림 2.1 기자의 피라미드: 사진은 제품의 외부 모습을 나타낸다.

피라미드 형태는 삼각형을 기반으로 한다. 삼각형을 기반으로 한다는 사실은 아키텍처 선택 중 하나다. 또 다른 선택은 삼각형의 유형이다(예, 기준 길이의 절반에 대한 경사 높이 사이의 비율로 황금 비율인 1.619를 사용). 이는 수학에 바탕을 두고 피라미드의 여러 모습 중 하나를 사용해 설명한다. 그림 2.2는 초기 설계도다.

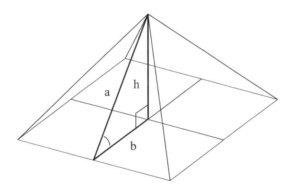

그림 2.2 피라미드 아키텍처의 내부 모습

그림 2.2는 나중에 피라미드의 상세 설계에서 사용된 첫 번째 설계 원칙을 보여 준다. 피라미드 건축은 여기까지 알아보고, 지금부터는 자동차 산업에서 아키텍처와 소프트웨어 아키텍처의 개념에 대해 살펴본다.

자동차 아키텍처 뷰는 피라미드에서와 같이 제품의 외관이다(그림 2.3).[2]

그림 2.3 볼보 CX90, 제품 외관의 다른 예제

자동차의 일반적인 아키텍처 특징인 등화 배치, 등화 형태, 전면 그릴 형태, 자동차 길이 등을 볼 수 있다. 이것은 자동차 내부 설계 뷰로 보완해야 한다. 그림 2.4에서 그러한 예를 보여 준다.

2 Albin Olsson, 위키피디아, Creative Commons 라이선스: https://creativecommons.org/licenses/by-sa/4.0/deed.en

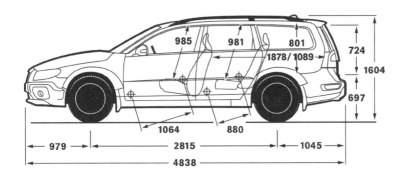

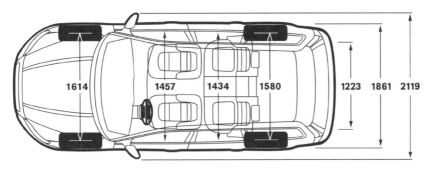

그림 2.4 자동차 설계 원칙의 청사진. 볼보 VC70, 2020년, 볼보 자동차. 볼보 자동차 허가하에 게시

이 청사진은 자동차의 치수를 보여 주고 다른 종류의 세부 사항을 숨긴다. 기계적 영역에서 자동차의 섀시를 설계할 때 엔지니어는 그림 2.5와 같이 자동차의 재료 사용을 시각화한다.

차체 구조는 그림 2.6과 같이 파워트레인 아키텍처로 보완할 수 있다.

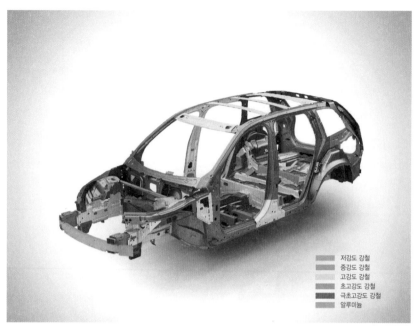

저강도 강철
중강도 강철
고강도 강철
초고강도 강철
극초고강도 강철
알루미늄

그림 2.5 볼보 XC90 차체 구조. 2020년, 볼보 자동차, 볼보 자동차 허가하에 게시

그림 2.6 볼보 SPA(Scalable Platform Architecture) T8 트윈 엔진. 2020년, 볼보 자동차. 볼보 자동차 허가하에 게시

2.3절 이후에서는 아키텍트가 소프트웨어를 제시하는 방법과 소프트웨어 설계 이면의 원칙을 살펴본다.

2.3 정의

소프트웨어 아키텍처 설계는 요구 사항에서 시작해 제품의 마지막 결함 수 정으로 끝난다. 가장 집중적인 시기는 아키텍트가 시스템 설계의 상위 수준 의 원칙을 결정하는 초기 설계 단계. 상위 수준 원칙은 여러 뷰를 가진 소 프트웨어 아키텍처 문서 형식으로 문서화된다. 따라서 소프트웨어 아키텍처 를 상위 수준 설계로 정의할 수 있지만 이 이외의 것들이 있다. 이 책에서 사 용하는 정의는 다음과 같다.

> 소프트웨어 아키텍처는 소프트웨어 시스템의 상위 수준 구조, 구성 원칙, 문 서화를 말한다. 이러한 구조는 소프트웨어 시스템을 추론하는 데 필요하다.

추가적으로 아키텍처의 범위를 설명한다. 이 정의는 위키피디아(https:// en.wikipedia.org/wiki/Software_architecture)에서 갖고 왔다.

2.4 상위 수준 구조

2장에 제시된 정의('소프트웨어 아키텍처는 소프트웨어 시스템의 상위 수준 구조를 말한다')는 아키텍처 설계에 사용되는 여러 다른 엔티티^{entity}를 일반화하기 위 한 수단으로 상위 수준 구조에 대해 설명한다.

2장에서는 다음과 같은 구조에 대해 자세히 설명한다.

1. **소프트웨어 컴포넌트/블록** – 서브시스템에 패키지된 소프트웨어 부분과 그 논리적 구조 기반의 컴포넌트. 각 컴포넌트의 예로 UML/C++ 클 래스, C 코드 모듈, XML 설정 파일이 있다.
2. **하드웨어 컴포넌트/전자 제어 장치^{ECU}** – 소프트웨어가 실행되는 컴퓨터

시스템 (또는 플랫폼) 설계 요소. 이러한 요소의 예로 ECU, 통신 버스, 센서, 액추에이터가 있다.

3. **기능** - 기능면에서 설명되는 소프트웨어의 논리 설계 요소. 이 요소는 소프트웨어 컴포넌트/블록에 분산된다. 이러한 요소의 예로 소프트웨어 기능, 속성, 요구 사항이 있다.

이러한 모든 요소는 자동차의 전자 시스템과 소프트웨어 시스템을 형성한다. 하드웨어 컴포넌트가 소프트웨어에 속하지는 않지만 소프트웨어 컴포넌트에 표시되고 연결되도록 하는 것이 아키텍트의 역할인 경우가 많다. 이 연결은 프로세스 관점에서 중요하다. 어떤 공급업체가 하드웨어용 소프트웨어를 설계하는지 알아야 한다. 3장에서 공급업체와 프로세스의 개념에 대해 더 설명할 것이다.

상위 수준 구조 목록에서 기능을 도입할 때 엔티티 간의 상호관계(소프트웨어 컴포넌트에 분산된 기능)를 표시한다. 이러한 상호관계는 아키텍처의 중요한 원칙, 뷰의 사용으로 연결된다. 아키텍처 뷰는 아키텍처가 여러 이해 당사자stakeholder가 안고 있는 다양한 관심사를 해결하는 방법을 설명하는 여러 아키텍처의 구조적 관점을 나타낸다[RW12].

설계 프로세스는 규범적인 설계로 볼 수 있으며, 설계가 발전함에 따라 프로세스도 계속 발전한다. 설계 결정의 특정 측면은 아키텍처에 영향을 미치며 설계 시스템의 최신 기능 요건 또는 안전 중요도를 충족하기 위해 필요한 처리 능력의 증가라는 선험적 사항을 알 수 없다. 적절하게 관리되지 않으면 아키텍처가 소프트웨어 자체 일관성을 유지하기 위한 설명 문서로 발전할 수 있다[EHPL15, SGSP16].

2.5 아키텍처 원칙

소프트웨어 아키텍처 정의의 두 번째 부분('…이러한 구조를 만드는 원칙…')은 소프트웨어 아키텍트가 개발을 위해 내리는 결정을 말한다. 소프트웨어 아키텍트는 어떤 컴포넌트가 시스템에 포함돼야 하는지, 각 컴포넌트가 어떤 기능을 가져야 하는지(5장에서 설명할 설계 원칙이며 구현 방법론에 대한 것은 아니다), 어떻게 컴포넌트가 다른 컴포넌트와 통신을 하는지와 같은 것들을 정의해 원칙을 만든다.

원칙을 설정하는 예로 결합성을 생각해 보자. 자동차 앞유리 와이퍼를 제어하는 컴포넌트와 실제 앞유리 와이퍼 암wiper arm을 제어하는 소형 엔진 하드웨어 인터페이스의 컴포넌트 간의 통신을 예로 들어 본다. 그림 2.7과 같이 단방향 결합성을 볼 수 있다.

그림에서 WindshildWiper에서 WndEngHW로 블록 사이에 직접 연결된 선association을 볼 수 있다. 여기서 통신은 컨트롤러가 신호를 하드웨어 인터페이스로 보내는 단방향으로만 발생한다는 것을 알 수 있다. 논리적으로 보이지만, 컨트롤러가 인터페이스 없이 하드웨어 상태를 알고자 할 때 문제가 발생한다. 이는 하드웨어 인터페이스가 컨트롤러와 통신할 수 없기 때문에 불가능하다. 아키텍트가 이 원칙을 정했으면, 이는 통신 버스에 추가 신호(상태에 대한 하드웨어 풀링pulling)가 필요하다는 것과 같이 이후 설계에 영향을 미친다.

그러나 소프트웨어 아키텍트가 그림 2.8에서와 같이 양방향 통신을 허용하는 다른 결정을 내릴 수 있다.

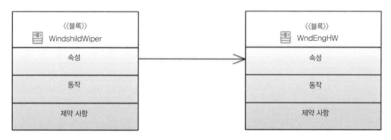

그림 2.7 원칙 예 - 두 블록 간의 단방향 결합성

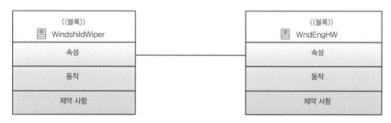

그림 2.8 원칙 예 - 두 블록 간의 양방향 결합성

두 번째 아키텍처 대안은 상태에 대한 하드웨어 인터페이스 컴포넌트 풀링 문제를 해결하는 양방향 통신을 허용한다. 그러나 컨트롤러와 하드웨어 인터페이스 간의 강한 결합성을 갖는 문제를 발생시킨다. 강한 결합성은 두 컴포넌트 중 하나가 변경될 때 서로 종속돼 있어 다른 컴포넌트가 변경(또는 최소한 리뷰)돼야 함을 의미한다.

2장의 나머지 부분에서는 아키텍처 스타일을 논의할 때 이러한 몇 가지 원칙을 논의한다.

2.6 개발 프로세스에서 아키텍처

설계 프로세스에 맥락을 두고 자동차 소프트웨어 아키텍처에서 현재 아키텍처 뷰를 설명하고자 먼저 그림 2.9의 V 모델을 설명한다. V 모델은 OEM 관점에서 자동차 소프트웨어 개발 프로세스의 상위 수준 뷰를 보여 준다. OEM 자체 개발이 없는 가장 일반적인 시나리오에서 컴포넌트 설계와 검증은 공급업체에서 전적으로 수행한다(즉 OEM은 공급업체에 빈 소프트웨어 구성을 보내고, 공급업체는 실제 소프트웨어 컴포넌트로 이를 채운다).

첫 번째 단계는 기능 개발 단계이며 첫 두 가지 아키텍처 뷰(기능적 뷰와 논리적 시스템 뷰)가 있다. 이제 여러 아키텍처 뷰, 목적, 이를 사용하는 원칙을 알아본다. 뷰를 설명할 때 이 뷰의 요소들도 같이 알아본다.

그림 2.9 아키텍처 뷰와 점진적 발전에 초점을 둔 V 모델

2.7 아키텍처 뷰

처음부터 개발을 시작할 때 프로세스에서 보여 주듯이, 자동차 내 기능에 대한 요구 사항이나 아이디어가 우선이다. 제품 관리는 자동차가 어떤 기능을 가져야 하는지에 대한 아이디어가 있다. 따라서 먼저 이러한 유형의 뷰에서 시작해 점차 시스템 설계에 대한 보다 자세한 뷰로 이동한다.

2.7.1 기능 뷰

기능적 아키텍처functional architecture라고도 하는 기능 뷰는 자동차의 기능과 서로 다른 것들과의 의존성에 초점을 둔다[VF13]. 그림 2.10에 이 뷰의 예를 보여 준다.

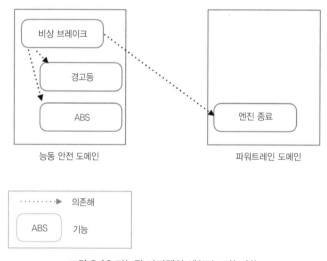

그림 2.10 기능적 아키텍처 예(또는 기능 뷰)

이 예에서는 도표에 기능(둥근 모서리의 직사각형), 도메인(정각의 직사각형), 의존 관계(점선)의 세 가지 요소가 있다. 기능 간 의존성이 있고 파워트레인과 능동 안전과 같이 도메인으로 쉽게 그룹화할 수 있다. 일반적인 도메인은 다음과 같다.

1. **파워트레인** – 자동차 파워트레인과 관련된 요소 그룹 – 엔진, 엔진 ECU, 변속기, 배기 시스템
2. **능동 안전** – 자동차 안전 관련된 요소 그룹 – ADAS^{Advanced Driver Assistance System}, ABS 등
3. **섀시와 보디**^{body} – 자동차의 실내와 관련된 요소 그룹 – 시트, 창문 등
   (전자 장치 및 소프트웨어 액추에이터와 센서 포함)
4. **전자 시스템** – 자동차 전자 시스템 기능과 관련된 요소 그룹 – 주요 ECU, 통신 버스, 관련 시스템

자동차에는 1,000개 이상의 기능이 있고 지속적으로 증가하고 있다. 자율주행과 전자화로 인해 자동차에 새로운 기능이 늘어나기 때문이다. 다음은 자율주행 영역의 기능들을 보여 준다.

1. **어댑티브 크루즈 컨트롤**^{adaptive cruise control} – 일정한 최대 속도를 유지하면서 앞차와의 거리를 자동으로 유지하는 기본 기능
2. **차선 유지 보조 시스템**^{lane keeping assistance} – 차량이 방향지시등 없이 도로의 차선을 넘을 때 운전자에게 경고하는 기본 기능
3. **능동형 교통 신호등 보조 시스템**^{active traffic light assistance} – 전방의 빨간색 신호를 경고하는 중급 기능
4. **교통 체증 자율주행**^{traffic jam chauffeur} – 교통 체증 동안 자율적으로 주행하는 중급/고급 기능
5. **고속도로 자율주행**^{highway chauffeur/pilot} – 고속으로 주행 동안 자율적으로 운전하는 중급/고급 기능
6. **군집 주행** ^{platooning} – 여러 차량이 정렬해 자율적으로 운전하는 고급 기능
7. **추월 파일럿**^{overtaking pilot} – 자율적으로 추월하는 고급 기능

고급 기능들은 ABS, 경고등, 방향지시등과 같은 자동차의 기본 기능 위에 구현된다. 위의 그림에서 사용된 기본 기능은 다음과 같다.

1. **ABS** – 미끄러운 도로에서 브레이크가 계속 작동하는 것을 방지한다.
2. **엔진 차단** – 충돌 후와 같은 상황에서 엔진을 정지시킨다.

3. 거리 경고 - 전방에 있는 차량과의 거리가 너무 짧은 경우 운전자에게 경고한다.

기능적 뷰는 아키텍트에게 기능을 묶고, 이러한 기능을 개발하고 설명하도록 적절한 부서에 분배할 수 있게 한다. 이러한 예로 파레토 프론트^{Pareto front}[DST15]와 같은 방법을 사용한다.

2.7.1.1 방법

기능적 아키텍처 설계 프로세스는 블록 다이어그램, 유스 케이스^{use case} 다이어그램, SysML 요구 사항 다이어그램[JT13, SSBH14]으로 문서화할 수 있는 차량의 기능 목록 및 해당 종속성의 개발로 시작한다.

목록과 의존성을 찾으면 기능을 도메인으로 구성한다. 일반적인 경우 이러한 도메인은 이미 주어져 있다. 기능의 구성은 도메인을 교차하는 종속성의 수를 최소화하는 원칙으로 서로 어떻게 종속되는가를 기반으로 한다. 이 프로세스의 결과가 그림 2.10의 다이어그램이다.

2.7.2 물리 시스템 뷰

아키텍처 시스템의 시스템 뷰이고 일반적으로 하위 레벨 다이어그램(예. UML의 클래스 다이어그램)과 상위 레벨에 전체 전자 시스템의 뷰가 표시된다. 그림 2.9에 그 레벨의 개요가 있다. 이 뷰에서 2개의 물리 버스(선)에 다른 크기의 ECU(둥근 사각형)를 볼 수 있다. 아키텍처 뷰는 자동차의 전자 시스템 토폴로지를 표시하게 하고 아키텍트에게 통신 버스에 ECU를 배치하는 이유를 제시하는 방법을 제공한다.

자동차 소프트웨어 엔지니어링 초기(1990년대 후반까지)에 ECU와 통신 버스가 거의 없어서 이 뷰는 단순하고 정적이었다. 그러나 현대 소프트웨어 설계에서 이 뷰는 ECU 수가 늘어나고 개요를 제공하는 것이 중요해짐에 따라 중요성이 증가하고 있다. 통신 버스의 수도 늘어나서 물리적 아키텍처에서 컴포넌트의 토폴로지가 그림 2.11과 같이 일반적인 스타 토폴로지에서 100개가 넘는 활성 노드가 있는 연결된 아키텍처로 발전했다. 토폴로지에 현대 뷰에는 각 ECU의 처리 능력과 운영체제(및 그 버전)에 대한 정보도 표시돼 있다.

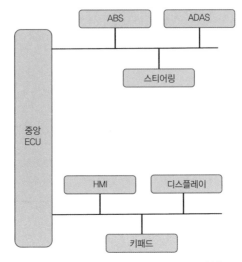

그림 2.11 시스템 아키텍처 예(또는 시스템 뷰)

2.7.2.1 방법

이 뷰를 설계하는 것은 일반적으로 ECU 집합이 제공되는 자동차의 물리적 아키텍처에 의해 영향을 받기 때문에 복잡하지 않다. 가장 중요한 ECU(메인 컴퓨터, 능동 안전 노드, 엔진 노드 등)는 이전 프로젝트에서 사전에 결정된 경우가 많다. 거의 모든 자동차에 있는 일반적인 ECU는 다음과 같다(https://en.wikipedia.org/wiki/Electronic_control_unit).

- 엔진 제어 장치EnCU, Engine control unit
- 전동식 파워 스티어링 제어 장치PSCU, Power Steering Control Unit
- 인간-기계 인터페이스HMI, Human-Machine Interface
- 파워트레인 제어 모듈PCM, Powertrain Control Module
- 텔레매틱스 제어 장치TCU, Telematic Control Unit
- 변속기 제어 장치TCU, Transmission Control Unit
- 브레이크 제어 모듈BCM, Brake Control Module(ABS 또는 ESC)
- 배터리 관리 시스템Battery management system

자동차 제조업체에 따라 다른 제어 모듈은 많이 다를 수 있다. 추가 제어 장치 중 상당수가 전자 시스템의 부분인 경우도 있고, 고객의 주문에 따라 특정 자동차 모델이나 인스턴스에만 포함될 수도 있다.

2.7.3 논리 뷰

논리 뷰의 초점은 시스템의 토폴로지다. 이 뷰는 그림 2.12와 같이 논리적 컴포넌트를 수반하는 경우가 많다. 시스템의 논리적 관점 뒤에 있는 근거는 오직 차량의 소프트웨어에만 초점을 맞추는 것이다. 논리 뷰에서 어떤 클래스, 모듈, 컴포넌트가 자동차 소프트웨어에 사용되는 것과 어떻게 서로가 연관돼 있는지를 보여 준다. 이 모델에서 자주 사용하는 표기법은 UML^{Unified Modelling Language}과 SysML^{System Modelling Language}이 있다.

논리적 뷰에서 아키텍트는 다양한 다이어그램(통신 다이어그램, 클래스 다이어그램, 컴포넌트 다이어그램)을 사용해 자동차 소프트웨어의 다양한 추상화 수준을 보여 준다. 상세 설계의 경우 이러한 아키텍처 모델은 소프트웨어 동작을 정의하는 Matlab/Simulink와 같은 저수준 실행 모델로 보완한다 [Fri06].

2.7.3.1 방법

소프트웨어의 논리 뷰를 보는 첫 번째 단계는 UML 클래스로 모델링된 컴포넌트를 식별하는 것이다. 이것을 식별하면 컴포넌트 간의 관계를 연관성 형태로 추가해야 한다. 세부 설계 중 추가한 컴포넌트 간 통신을 결정할 것이므로 정확한 연관 방향성을 정의하는 것이 중요하다.

논리적 아키텍처는 전체 자동차 소프트웨어 개발 프로젝트 동안 개선되고 발전해야 한다.

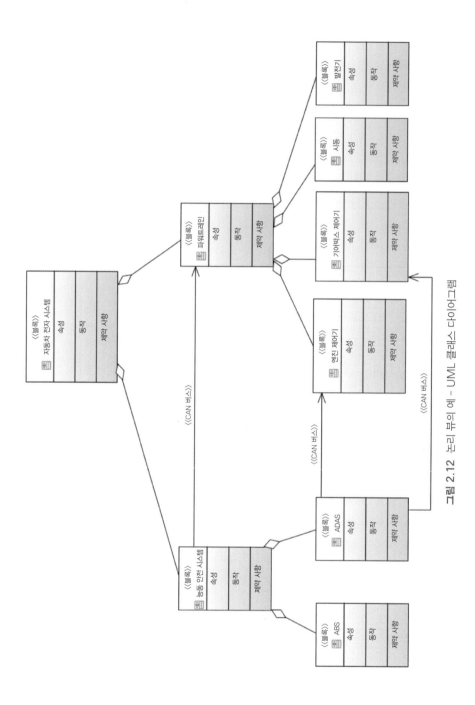

그림 2.12 논리 뷰의 예 – UML 클래스 다이어그램

2.7.4 4+1 뷰 모델

현재 자동차 소프트웨어 엔지니어링에서 사용하는, 위에서 언급한 세 가지 뷰는 1995년 크뤼슈텐Kruchten[Kru95]이 제시한 4+1 뷰 아키텍처 모델이 널리 알려지면서 발전했다. 4+1 모델 뷰는 다음과 같은 관점에서 소프트웨어 아키텍처를 설명한다.

- **논리 뷰** - 컴포넌트와 커넥터 같은 엔티티를 포함한 시스템 설계 모델을 보여 준다.
- **프로세스 뷰** - 아키텍처의 실행 프로세스 뷰를 보여 줘 개발 중인 소프트웨어의 비기능 특성을 추론할 수 있다.
- **물리 뷰** - 시스템 하드웨어 아키텍처와 하드웨어 플랫폼에 소프트웨어 컴포넌트를 매칭해 보여 준다.
- **개발 뷰** - 소프트웨어 컴포넌트에 소프트웨어 모듈의 구성을 보여 준다.
- **시나리오 뷰** - 외부 행위자와 시스템, 컴포넌트 간 내부 상호 작용을 보여 준다.

이 뷰는 [Kru95]에서 각색한 그림 2.13처럼 서로 다른 4개 뷰와 겹치는 시나리오 뷰를 만들어 낸다.

4+1 뷰 모델은 통신 도메인, 항공 도메인 및 거의 모든 다른 도메인에서 사용하고 있다. UML 초기 버전(1.1~1.4)과 1990년대 다른 소프트웨어 개발 표기법과의 밀접한 관계는 이 뷰 모델의 확산과 성공 요인이다.

그러나 자동차 도메인에서 UML의 사용은 오히려 클래스/객체 다이어그램에 제한돼 있어서 이 뷰 모델은 통신 도메인처럼 일반적이지는 않다.

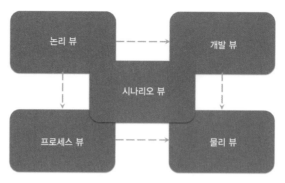

그림 2.13 4+1 뷰모델 아키텍처

2.8 아키텍처 스타일

아키텍처는 시스템의 상위 수준 설계 원칙을 정의하기 때문에 이러한 디자인 결정이 시스템을 어떻게 구성하는지 알 수 있다. 이 경우 아키텍처 스타일에 대해 이야기할 수 있다. 아키텍처 스타일은 건축 양식이 건물의 형태(예, 고딕 양식에 두꺼운 벽)를 구성하는 방식과 같이 소프트웨어 설계 원칙을 형성한다.

소프트웨어 설계에는 일반적으로 여러 스타일이 있지만 자동차 시스템에서는 자동차 소프트웨어가 신뢰성과 견고성에 대한 요구 사항이 웹 서버 같은 것보다 까다로워서 일부 스타일만 적용할 수 있다.

2.8절에서는 예시와 함께 아키텍처 스타일을 자세히 살펴본다.

2.8.1 계층형 아키텍처

이 아키텍처 스타일은 시스템의 컴포넌트가 계층 구조로 구성되고 그림 2.14와 같이 함수 호출(API 사용)이 높은 수준에서 낮은 수준으로만 이뤄진다.

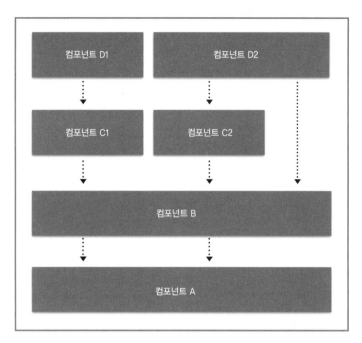

시스템을
추상적으로
표현

그림 2.14 계층형 아키텍처 스타일 – 직사각형은 컴포넌트를 나타내고 선은 API 사용/메서드 콜을 의미한다.

마이크로컨트롤러 설계와 통신과 같은 특정 기능이 소프트웨어 컴포넌트에 있는 오토사 표준에서 이러한 계층 구조를 사용하는 것을 볼 수 있다. 아키텍처의 예는 그림 2.15에서 볼 수 있다.

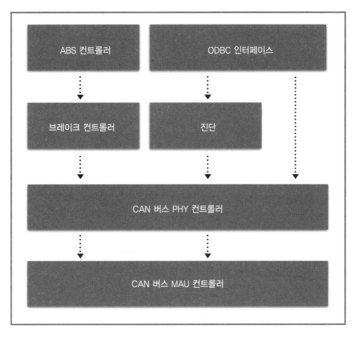

ABS ECU

그림 2.15 계층형 아키텍처 스타일 구조 예

이 스타일의 특정 변형은 추상 컴포넌트용 계층과 세부적인 미들웨어를 위한 계층으로 이뤄진 스테페Steppe 등[SBG+04]이 제시한 2계층 스타일이 있다. 미들웨어의 예는 오토사 표준을 설명한 4장에서 찾아볼 수 있다. 미들웨어가 구현한 기능의 예는 진단 이벤트 로깅, 버스에서 통신 처리, 데이터 보안, 데이터 암호화가 있다.

이러한 아키텍처의 예는 [BCLS16]에서 확장한 그림 2.16과 같이 자율주행 영역에서 여러 계층으로 의사결정을 나눌 때 볼 수 있다.

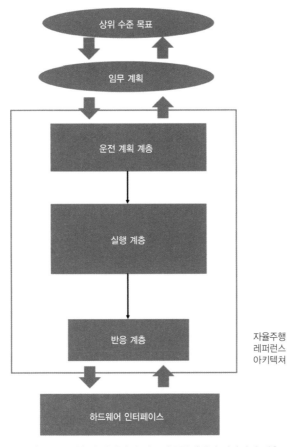

그림 2.16 계층형 아키텍처 예 – 자율주행에서 의사결정 계층

그림 2.16에서 기능은 여러 계층으로 분산돼 있고 상위 계층은 임무/경로를 담당하고 하위 계층은 차량을 조종하는 것을 알 수 있다. 이러한 모듈 계층형 아키텍처에서 아키텍트가 수직적으로 역량을 분산시킬 수 있다. 파란색 화살표는 아키텍처가 추상적이고 이 계층들이 서로 직간접적으로 연결될 수 있음을 나타낸다(예. 중간에 다른 계층이 있을 수 있다).

이 아키텍처 스타일은 계층이 단방향으로만 통신할 수 있다는 제약 사항이 있다. 동일 계층에 있는 컴포넌트는 자주 통신하지 않는다. 따라서 자주 사용되는 다른 스타일인 컴포넌트 기반 스타일이 있다.

2.8.2 컴포넌트 기반

이 아키텍처 스타일은 계층형 아키텍처 스타일보다 유연하고 모든 컴포넌트가 상호 작용하고 서로 독립적이라는 원칙을 갖고 있다. 모든 통신은 정의된 공용 인터페이스를 거쳐야 하고 각 컴포넌트는 간단한 인터페이스를 구현해 다른 컴포넌트가 구현한 인터페이스에 대한 쿼리를 허용해야 한다. 비자동차 영역non-automotive domain에서 이러한 아키텍처는 마이크로소프트의 윈도우 OS 에서 DLL Dynamic Linked Library과 IUnknown 인터페이스로 구성돼 있기도 하다.

그림 2.17은 이 아키텍처 스타일에 대한 추상적 뷰를 보여 준다.

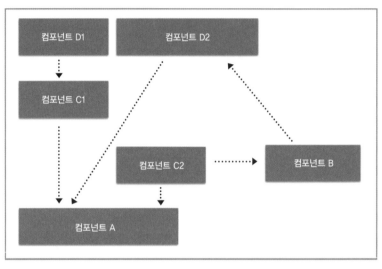

시스템을
추상적으로
표현

그림 2.17 컴포넌트 기반 아키텍처 스타일

컴포넌트 기반 스타일은 종종 DBC Design By Contract와 같이 사용하며 이 원칙은 컴포넌트에서 인터페이스의 API 함수가 수행할 수 있고 없는 것에 대한 것을 정의한다. 이 컴포넌트 기반 스타일은 자동차 기능의 기능적 아키텍처를 표현할 때 적합하다.

자동차의 시스템이 플랫폼과 애플리케이션 계층(계층적 아키텍처를 갖는다)으로 나뉘어 있는 인포테인먼트 영역에서 이 아키텍처 스타일을 볼 수 있다.

그리고 애플리케이션 계층에서 시스템에 다운로드할 수 있는 모든 애플리케이션은 컴포넌트 기반 원칙에 따라 설계된다. 이 원칙은 각 애플리케이션이 올바른 인터페이스를 갖고 있는 한 다른 애플리케이션에서 사용할 수 있다는 것을 의미한다. 예를 들어 GPS 앱은 GPS를 종료하지 않고 음악을 듣고자 백그라운드로 재생할 수 있다. 음악 앱이 올바른 인터페이스를 제공하는 한 어떤 음악 앱을 사용하는지 GPS 앱에 차이가 없다.

2.8.3 모놀리식

이 스타일은 전체 시스템이 하나의 큰 컴포넌트이고 시스템 내에서 모든 모듈이 서로를 사용할 수 있기 때문에 컴포넌트 기반 아키텍처와는 반대다. 이 스타일은 시스템의 높은 결합성과 복잡성으로 이어지기 때문에 많이 저수준의 시스템에서 사용한다. 그림 2.18에서 추상적인 이 스타일을 볼 수 있다.

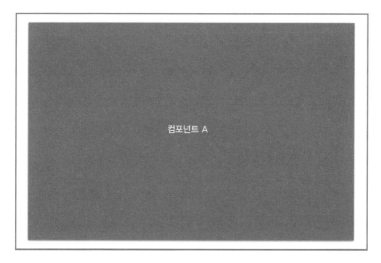

컴포넌트 A

시스템을
추상적으로
표현

그림 2.18 모놀리식 아키텍처 스타일

모놀리식 아키텍처는 가능한 한 적은 통신 오버헤드로 컴포넌트 간에 통신이 실시간으로 이뤄지는 안전에 중요한 시스템의 일부를 구현하는 데 자주 사용된다. 모놀리식 아키텍처에서는 정적 변수 사용, 메모리 관리, 동적 구조 없음과 같이 프로그래밍 언어의 '안전' 메커니즘을 사용한다.

2.8.4 마이크로커널

1980년대 후반부터 소프트웨어 엔지니어는 운영체제를 설계할 때 마이크로 커널microkernel을 사용하기 시작했다. 현대의 많은 운영체제는 이 아키텍처 스타일로 만들었다. 이 아키텍처 스타일은 두 계층을 갖는 계층형 아키텍처의 특별한 사례로 볼 수 있다.

- **커널** – 작업 스케줄러, 메모리 관리자, 기본 프로세스 간 통신 관리자 communication manager와 같이 실행 권한이 높은 제한된 컴포넌트 집합. 이 컴포넌트는 애플리케이션 계층 컴포넌트보다 우선한다.
- **애플리케이션** – 사용자 프로세스, 디바이스 드라이버, 파일 서버와 같은 컴포넌트. 이 컴포넌트는 서로 다른 권한 수준을 가질 수 있지만 커널 프로세스의 권한 수준보다 항상 낮다.

그림 2.19는 마이크로커널 아키텍처 스타일을 보여 준다.

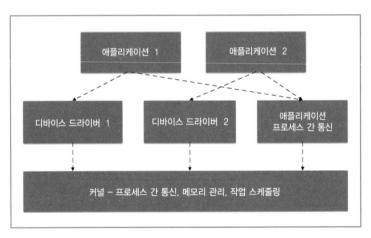

시스템을
추상적으로
표현

그림 2.19 마이크로커널 아키텍처 스타일

이 아키텍처 스타일에서 애플리케이션(또는 컴포넌트)은 프로세스 간 통신을 통해 서로 통신하는 것이 일반적이다. 이 통신 유형은 운영체제(또는 플랫폼)가 통신에 대한 제어를 할 수 있도록 한다.

자동차 영역에서 마이크로커널 아키텍처는 높은 보안이 필요한 특정 컴포넌트에서 사용한다. 커널의 최소화로 최소한의 권한을 주는 원칙을 적용할 수 있으므로 항상 시스템 보안을 통제할 수 있다고 이야기한다. 가상화 운영체제의 하이퍼바이저가 이 원칙에 따라 개발된다는 주장도 있다. 자동차 영역에서 가상화의 사용은 현재 연구 단계이지만 하드웨어 비용을 최소화하면서 동시에 전자 시스템의 유연성을 유지할 수 있기 때문에 전망이 밝다(모든 자동차가 같은 하드웨어를 갖고 있고 각 브랜드나 차종에 따라 다른 가상 운영체제와 애플리케이션을 사용한다고 생각해 보자).

2.8.5 파이프와 필터

파이프pipe와 필터filter는 데이터 처리 기반으로 동작하는 시스템(빅데이터가 자동차 시장에 진입해 다시 언급된다)에 적합한 아키텍처 스타일이다. 이 아키텍처 스타일은 그림 2.20에서와 같이 컴포넌트가 데이터 처리 흐름에 따라 연결된다.

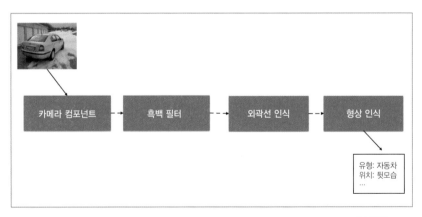

시스템을
추상적으로
표현

그림 2.20 파이프와 필터 아키텍처 스타일

자동차 소프트웨어에서 이 아키텍처 스타일은 능동 안전의 이미지 인식과 같은 영역에서 볼 수 있다. 이 영역에서 대량의 비디오 데이터를 여러 단계에서 처리해야 하고 각 컴포넌트는 그림 2.20에서와 같이 서로 독립적이어야 한다[San96].

2.8.6 클라이언트-서버

클라이언트-서버^{client-server} 아키텍처에서 시스템 설계의 원칙은 그림 2.21과 같이 클라이언트의 요청에 따라 리소스를 제공하는 서버처럼 지정된 역할을 하는 컴포넌트 간에 서로 분리되도록 한다. 이 요청은 풀^{pull}이나 푸시^{push} 방식으로 수행할 수 있다. 풀 요청은 서버에 쿼리를 하는 책임이 클라이언트에게 있고 클라이언트는 서버가 제공하는 리소스의 변경 사항을 모니터링해야 한다. 푸시 요청은 이벤트 주도 아키텍처 스타일과 발행-구독 스타일과 같이 서버가 리소스 변경 사항을 관련 클라이언트에게 알린다.

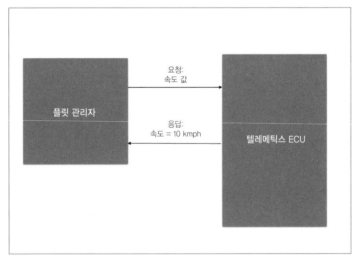

그림 2.21 클라이언트-서버 아키텍처 스타일

자동차 영역에서 이 스타일은 발행-구독 스타일이나 이벤트 주도 스타일처럼 특정 형태로 나타난다. 텔레매틱스 컴포넌트가 외부나 내부 서버에 정보를 제공하는 원격 진단과 같은 컴포넌트에서 클라이언트-서버 스타일을 볼 수 있다[Nat01, VS02].

2.8.7 발행-구독

발행-구독 아키텍처 스타일은 종종 다른 스타일로 인식되지만 클라이언트-서버 스타일의 특별한 경우로 볼 수 있다. 이 스타일은 정보 제공자(발행자)와 정보 사용자(구독자) 간의 느슨한 결합을 원칙으로 한다. 구독자는 정보의 변화에 대한 알람을 받고자 정보의 중앙 저장소에 가입한다. 발행자는 구독자를 알지 못하며 발행자의 책임은 정보를 업데이트하는 것에만 있다. 이는 서버가 알려진 클라이언트(요청을 보내는 클라이언트라고도 함)로 직접 정보를 보내는 클라이언트-서버 모델과는 확연히 다르다. 발행-구독 스타일은 그림 2.22에 있다.

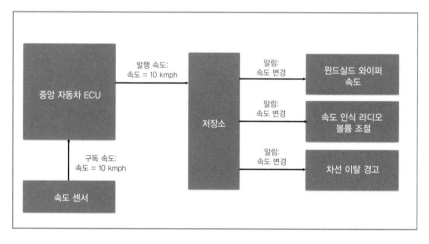

그림 2.22 발행-구독 아키텍처 스타일

자동차 소프트웨어에서 이러한 아키텍처 스타일은 속도나 기압 상태와 같은 차량 상태 변화[KM99, KB02]에 대한 정보를 배포할 때 사용한다. 이 스타일의 장점은 구독자가 증가함에 따라 정보 제공자에게 부하가 발생하지 않도록 정보 발행자와 구독자를 분리하는 것이다. 그러나 단점은 컴포넌트가 동기적으로 업데이트를 받을 필요가 없으므로 정보 제공자가 어떤 컴포넌트가 정보를 사용하는지 어떤 정보를 특정 시간에 갖고 있는지에 대한 제어를 할 수 없다는 것이다.

2.8.8 이벤트 주도

이벤트 주도 아키텍처 스타일은 그래픽 사용자 인터페이스와 버튼, 텍스트 필드, 라벨label, 기타 그래픽 요소의 사용과 함께 소프트웨어 엔지니어링에서 많이 사용된다. 이 아키텍처 스타일은 컴포넌트가 운영체제로 전송하는 이벤트를 다른 컴포넌트가 듣는다hook. 청취자listener 컴포넌트는 이벤트를 수신하면 반응하고 이벤트와 함께 전송된 데이터(예, 클릭 시 화면에 마우스 포인터 위치)를 처리한다. 그림 2.23에서 이 개념을 볼 수 있다.

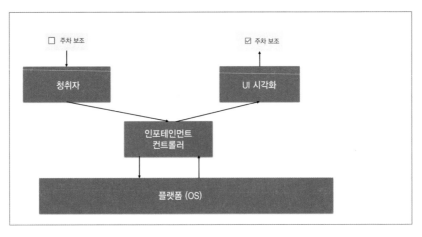

시스템을
추상적으로
표현

그림 2.23 이벤트 주도 아키텍처 스타일

이벤트 주도 아키텍처 스타일은 자동차 소프트웨어 시스템의 많은 부분에서 사용한다. 항공 산업[Str00]에도 있는 인포테인먼트나 운전자 보조 시스템(예. 음성 제어)의 사용자 인터페이스에서도 사용한다. 다른 사용 예는 에러 코드[SKM+10] 진단 및 저장이다. Simulink를 사용해 소프트웨어 시스템을 설계하고 자극과 반응, 센서와 액추에이터를 사용하면 이벤트 주도 스타일이 사용됐다는 것을 알 수 있다.

2.8.9 미들웨어

미들웨어 아키텍처 스타일에는 서로 다른 컴포넌트 간 리소스 사용을 중재하는 공통 요청 브로커가 있다. 이 개념은 객체 관리 그룹[OPR96, Cor95]의 CORBA^{Common Object Request Broker Architecture}의 소개와 함께 소프트웨어 엔지니어링에 도입됐다. CORBA 표준 자체는 자동차 영역과 관련은 없지만 그 원칙은 자동차 소프트웨어의 공통 요소를 표현하는 메타 모델과 같이 오토사 표준의 설계에 반영돼 있다. 미들웨어 아키텍처 스타일은 그림 2.24에서 볼 수 있다.

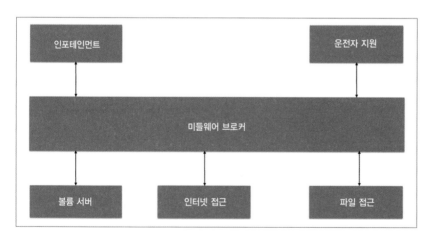

시스템을
추상적으로
표현

그림 2.24 미들웨어 아키텍처 스타일

자동차 소프트웨어에서 미들웨어 아키텍처는 오토사 표준의 설계에서 볼 수 있고, 이 책의 뒤에서 자세히 설명할 것이다. 미들웨어의 사용은 자동차 소프트웨어의 적응 메커니즘[ARC+07]과 결합 감내[fault tolerance][JPR08, PKYH06]에서 점차 중요하게 사용하고 있다.

2.8.10 서비스 중심

서비스 중심[service-oriented] 아키텍처는 인터넷 기반 프로토콜을 사용해 컴포넌트 간 느슨한 결합을 사용한다. 이 아키텍처 스타일은 웹 서비스로 접근할 수 있는 인터페이스에 중점을 두고 있으며 그림 2.25에서 볼 수 있다.

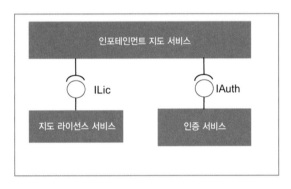

그림 2.25 서비스 중심 아키텍처 스타일

여기 서비스는 시스템 동작 중에 필요에 따라 서비스를 추가하고 변경할 수 있다.

자동차 산업에서 이러한 아키텍처는 널리 사용되지 않지만 주문형 서비스나 애드혹 서비스가 필요한 영역이 있다. 하나의 예가 그림 2.26에 있는 자동차 군집 주행[FA16]이다.

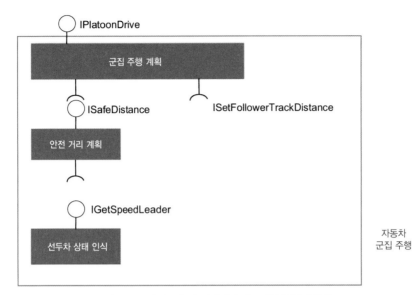

그림 2.26 서비스 중심 아키텍처 예 – 자동차 군집 주행

    자동차 군집 주행은 운전 중에 자발적으로 수행되므로 아키텍처는 유연해져야 하고 자동차는 시스템을 다시 컴파일하거나 재시작할 필요 없이 서로 연결하고 해제할 수 있어야 한다. 사용 가능한 인터페이스가 없으면 차량 동작 모드에 변화를 줄 수 있지만 소프트웨어 운영은 지장을 주지 않는다. 아키텍처는 유연하며 하나의 인터페이스를 사용할 수 없을 때(갑자기), 재구성으로 인해 전체 시스템의 작동에 어떠한 장애도 초래하지 않는다. 즉 시스템은 런타임 동안 인터페이스의 가용성 변화에 강력하다.

    가장 많이 사용하는 아키텍처 스타일을 소개했고, 이제 소프트웨어 아키텍처를 설명하는 데 사용하는 언어에 대해 알아본다.

2.9 아키텍처 설명

이 책에서 다이어그램의 목적에 따라 아키텍처 다이어그램을 그리는 여러 방법을 알아봤다. 소프트웨어의 논리적 컴포넌트를 설명할 때 그림 2.12에서 공식적인 UML 표기법을 사용했다. 그림 2.10에서 직사각형과 선을 사용했는데 이는 그림 2.14, 2.15, 2.16, 2.17, 2.18, 2.19, 2.20, 2.21, 2.22, 2.23, 2.24에서 사용한 것과는 다르다. 모두 각각의 목적이 있다.

서로 다른 표기법을 사용해 소프트웨어 아키텍처를 설명하는 통일된 형식이 없고 소프트웨어 아키텍처가 의사소통 수단임을 알 수 있다. 아키텍트는 시스템 설계를 가이드하는 원칙을 제시하고 컴포넌트에 대한 원칙을 논의할 수 있다. 이 각 표기법을 ADL^{Architecture Description Language}이라고 한다. 2장에서는 SysML^{System Modelling Language}[HRM07, HP08]과 EAST-ADL[CCG⁺07, LSNT04] 이 두 가지 형식에 초점을 맞춰 소프트웨어 아키텍트에 가장 관련성 있는 ADL을 소개한다.

2.9.1 SysML

SysML은 UML^{Unified Modeling Language}을 기반으로 하는 범용 언어다. 더 많은 다이어그램(예. 요구 사항 다이어그램)을 갖고 프로필 메커니즘과 같이 다수의 UML 기호를 재사용하고자 UML의 하위 집합을 확장해 만들어진다. SysML에 있는 다이어그램(뷰)은 다음과 같다.

- **블록 정의 다이어그램** – 정형화된 클래스를 사용해 모델 블록, 활동, 속성 등에 사용하는 UML 2.0의 확장된 클래스 다이어그램. '블록'은 SysML의 주요 구성 요소이므로 소프트웨어 및 하드웨어 블록, 컴포넌트, 모듈을 나타내는 데 자주 사용한다.
- **내부 블록 다이어그램** – 블록 정의 다이어그램과 비슷하지만 블록 자체의 요소를 정의하는 데 사용한다.
- **패키지 다이어그램** – 모델 요소를 패키지와 네임스페이스로 그룹화해 사용하는 UML 2.0의 패키지 다이어그램과 동일하다.
- **매개 변수 다이어그램**^{parametric diagram} – 내부 블록 다이어그램의 특별한 다이어그램이고 내부 블록 다이어그램의 요소에 제약 사항을 추가할 수 있다.
- **요구 사항 다이어그램** – 시스템에 대한 사용자 요구 사항이 포함돼 있고 다른 모델 요소(예. 블록)에 요구 사항을 모델링하고 연결할 수 있다.

- **활동 다이어그램**activity diagram – 시스템의 행동을 활동 흐름으로 표시한다.
- **순차 다이어그램**sequence diagram – 통신 영역의 MSC^{Message Sequence Chart} 기반으로 한 표기법으로 블록 인스턴스 간 상호 작용을 표시한다.
- **상태 머신 다이어그램** – 시스템이나 해당 컴포넌트의 상태 머신을 표시한다.
- **유스 케이스 다이어그램** – 외부 행위자(사용자와 다른 시스템)와 시스템의 상호 작용을 표시한다.

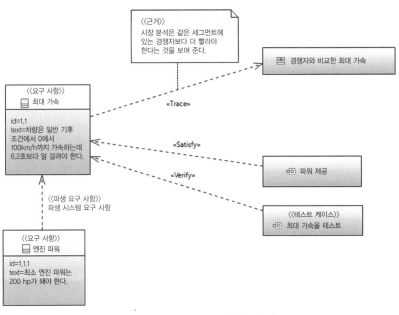

그림 2.27 요구 사항 다이어그램 예

요구 사항 다이어그램의 예는 그림 2.27에서 볼 수 있다[SSBH14].

이 다이어그램은 서로 연관된 두 요구 사항(최대 가속과 엔진 출력)과 그 사이의 의존성을 나타낸다. '6 실린더 엔진'과 같은 블록은 이러한 요구 사항이 구현되는 곳을 보여 주고자 'satisfy' 의존성으로 요구 사항과 연결된다.

이 예에서 알 수 있듯이 요구 사항 다이어그램은 자동차 전자 시스템의 기능적 아키텍처를 모델링하는 데 매우 효과적으로 사용할 수 있다.

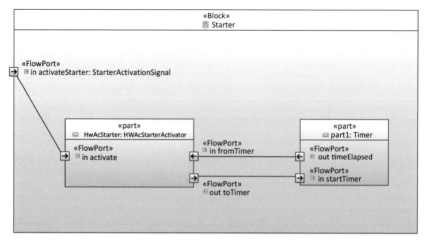

그림 2.28 내부 블록 다이어그램

블록 다이어그램은 아키텍처의 논리 뷰(그림 2.12)에서 제시됐고 그림 2.28에서는 특정 블록에 대한 상세한 다이어그램으로 더 세분화한다.

이 다이어그램은 블록의 세부 설계와 유사한 목적을 갖고 있고 종종 Simulink 모델링 언어를 사용한다. 6장에서 Simulink 설계에 대해 자세히 살펴본다.

SysML의 행동 다이어그램은 자동차 시스템의 상세 설계에서 중요하지만 아키텍처 모델은 시스템 구조에 중점을 두고 높은 추상화 수준을 가져야 하므로 2장의 범위에 벗어난다.

2.9.2 EAST ADL

EAST ADL은 자동차 소프트웨어 아키텍처를 모델링[CCG+07, LSNT04] 하기 위한 UML 기반의 또 다른 모델링 언어다. 산업 컨소시엄이 설계한 SysML과는 달리 EAST ADL은 연구 개발 컴포넌트가 포함된 다수의 유럽 연합 자금 지원 프로젝트의 결과물이다.

EAST ADL의 원칙은 SysML의 것과 유사하므로 다른 추상화 수준으로 자동차 소프트웨어 아키텍처를 모델링할 수 있다. EAST ADL의 추상화 수준은 다음과 같다.

- **차량 레벨**^{vehicle level} – 외부 관점에서 차량 기능을 설명하는 아키텍처 모델이다. EAST ADL에서 가장 추상적인 수준이며 분석 모델에서 구체화된다.
- **분석 레벨**^{analysis level} – 기능 간 종속성을 갖고 추상화 모델에서 자동차의 기능을 설명하는 아키텍처 모델이다. 2.7.1절에서 설명한 기능적 아키텍처의 예시다.
- **설계 레벨**^{design level} – 하드웨어에 대한 매핑과 함께 소프트웨어의 논리적 아키텍처를 설명하는 모델이다. 그림 2.12의 논리적 뷰와 유사하다.
- **구현 레벨**^{implementation level} – 자동차 소프트웨어의 상세 설계다. EAST ADL은 오토사 표준의 개념을 재사용한다.

차량 레벨은 기능이 높은 추상화 수준에서 설계되고 점차 구현으로 구체화된 규격의 유스 케이스로 볼 수 있다.

EAST ADL은 UML 기반이기 때문에 EAST ADL에서 모델의 시각적 표현은 2장에서 이미 제시된 모델과 매우 유사하다. 그러나 모델 구조는 약간 차이가 있으므로 SysML과 EAST ADL에서 사용하는 개념은 다를 수 있다. 그림 2.29에서 요구 사항 모델과 차이점 중 하나를 설명한다.

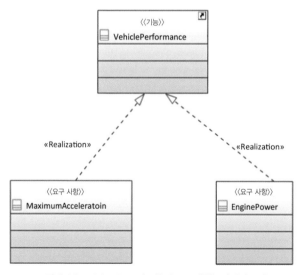

그림 2.29 EAST ADL의 기능(요구 사항) 다이어그램

여기서 중요한 차이는 요구 사항 연결이다. EAST ADL에서 요구 사항은 SysML에 없는 개념인 기능feature과 연결될 수 있다.

일반적으로 EAST ADL은 자동차 영역의 특성에 더 잘 맞는 모델링 표기법으로 소프트웨어 엔지니어를 위한 모델을 보다 더 쉽게 구조화할 수 있다. 그러나 EAST ADL은 SysML만큼 널리 확산돼 있지 않으므로 업계에서 널리 채택되지 않는다.

2.10 다음 단계

아키텍처가 다른 다이어그램으로 설계된 후 제품 개발 데이터베이스로 전송되고 자동차의 전자 시스템의 모든 다른 요소와 연결된다. 제품 개발 데이터베이스는 모든 소프트웨어와 하드웨어 컴포넌트의 세부 설계, 이들 사이의 관계와 논리적 시스템 컴포넌트를 전자 시스템의 물리적 컴포넌트에 배치하는 작업을 포함한다.

2.11 더 읽기

2장에서 설명한 아키텍처 뷰, 스타일, 모델링 언어는 오늘날 소프트웨어 산업에서 가장 많이 사용한다. 그러나 다른 것도 많이 있으니 관심 있는 독자들은 참고하기 바란다.

업계에서 사용하는 다른 모델링 언어로 UML MARTE 프로파일[OMG05, DTA+08]이 있다. MARTE 프로파일은 적용할 수 있는 모든 영역에서 실시간 시스템 모델링을 지원하도록 설계됐다. 따라서 이 프로파일의 실행할 수 있는 변형[MAD09]을 포함해 이 프로파일을 사용하는 데 상당한 지식이 필요하다.

다른 모델링 언어에 관심 있는 독자들은 언어 사용자 정의에 대한 연구[SW06, SKT05, KS02, SKW04]와 이러한 확장[KS05]에서 더 많은 정보를 찾을 수 있다.

일반적으로 아키텍처의 미래 방향에 대한 흥미로운 검토는 크뤼슈텐 Kruchten 등[KOS06]에 의해 수행됐다. 검토가 10년 전에 이뤄졌지만 대부분의 결과는 오늘날에도 유효하다.

2.12 요약

2장에서는 소프트웨어 아키텍처의 개념, 다른 관점, 아키텍처 스타일을 알아봤고 자동차 소프트웨어 엔지니어링에서 사용되는 SysML과 EAST ADL을 살펴봤다.

자동차 소프트웨어 아키텍처의 흥미로운 점은 여러 스타일을 혼합한다는 것이다. 아키텍처의 전체적인 스타일은 ECU 내 계층 아키텍처가 될 수 있지만 ECU의 각 컴포넌트 아키텍처는 서비스 지향, 파이프와 필터, 계층화일 수 있다. 구체적인 예로 오토사 아키텍처가 있다. 오토사는 첫 번째 '애플리케이션' 계층이 서비스 지향 아키텍처, 두 번째 계층은 모노리식 아키텍처(RTE만), 세 번째인 '미들웨어' 계층은 컴포넌트 기반 아키텍처를 구현할 수 있는 3계층 아키텍처를 참고로 제공한다.

이러한 스타일을 혼합하는 이유는 자동차 내의 소프트웨어가 많은 기능을 충족해야 하고 각 기능 고유의 특성이 있기 때문이다. 텔레매틱스에서 중요한 것은 연결성이어서 클라이언트-서버 스타일이 가장 적합하다. 이제 아키텍처의 기본에 대해 설명했으므로 자동차 소프트웨어 개발의 다른 활동에 대해 더 깊이 파고들어 아키텍처가 왜 중요한지 그리고 그 이전과 다음에 무엇이 오는지를 살펴본다.

참고 문헌

ARC+07. Richard Anthony, Achim Rettberg, Dejiu Chen, Isabell Jahnich, Gerrit de Boer, and Cecilia Ekelin. Towards a dynamically reconfigurable automotive control system architecture. In *Embedded System Design: Topics,*

Techniques and Trends, pages 71– 84. Springer, 2007.

BCLS16. Manel Brini, Paul Crubillé, Benjamin Lussier, and Walter Schön. Risk reduction of experimental autonomous vehicles: The safety-bag approach. In *CARS 2016 workshop, 4th International Workshop on Critical Automotive Applications: Robustness and Safety*, 2016.

CCG⁺07. Philippe Cuenot, DeJiu Chen, Sebastien Gerard, Henrik Lonn, Mark-Oliver Reiser, David Servat, Carl-Johan Sjostedt, Ramin Tavakoli Kolagari, Martin Torngren, and Matthias Weber. Managing complexity of automotive electronics using the EAST- ADL. In *12th IEEE International Conference on Engineering Complex Computer Systems (ICECCS 2007)*, pages 353–358. IEEE, 2007.

Cor95. OMG Corba. The common object request broker: Architecture and specification, 1995.

DST15. Darko Durisic, Miroslaw Staron, and Matthias Tichy. Identifying optimal sets of standardized architectural features – a method and its automotive application. In *2015 11th International ACM SIGSOFT Conference on Quality of Software Architectures (QoSA)*, pages 103–112. IEEE, 2015.

DTA⁺08. Sébastien Demathieu, Frédéric Thomas, Charles André, Sébastien Gérard, and François Terrier. First experiments using the UML profile for MARTE. In *2008 11th IEEE International Symposium on Object and Component-Oriented Real-Time Distributed Computing (ISORC)*, pages 50–57. IEEE, 2008.

EHPL15. Ulf Eliasson, Rogardt Heldal, Patrizio Pelliccione, and Jonn Lantz. Architecting in the automotive domain: Descriptive vs prescriptive architecture. In *Software Architecture (WICSA), 2015 12th Working IEEE/IFIP Conference on*, pages 115–118. IEEE, 2015.

FA16. Patrik Feth and Rasmus Adler. Service-based modeling of cyber-physical automotive systems: A classification of services. In *CARS 2016 workshop, 4th International Workshop on Critical Automotive Applications: Robustness and Safety*, 2016.

Fri06. Jon Friedman. MATLAB/Simulink for automotive systems design. In *Proceedings of the conference on Design, Automation and Test in Europe, pages 87–88. European Design and Automation Association*, 2006.

Für10. Simon Fürst. Challenges in the design of automotive software. In *Proceedings of the Conference on Design, Automation and Test in Europe,* pages 256–258. European Design and Automation Association, 2010.

HP08. Jon Holt and Simon Perry. *SysML for systems engineering*, volume 7. IET, 2008.

HRM07. Edward Huang, Randeep Ramamurthy, and Leon F McGinnis. System and simulation modeling using SysML. In *Proceedings of the 39th conference on Winter simulation: 40 years! The best is yet to come*, pages 796–803. IEEE Press, 2007.

JPR08. Isabell Jahnich, Ina Podolski, and Achim Rettberg. Towards a middleware approach for a self-configurable automotive embedded system. In *IFIP International Workshop on Software Technologies for Embedded and Ubiquitous Systems*, pages 55–65. Springer, 2008.

JT13. Marcin Jamro and Bartosz Trybus. An approach to SysML modeling of IEC 61131-3 control software. In *Methods and Models in Automation and Robotics (MMAR), 2013 18th International Conference on,* pages 217–222. IEEE, 2013.

KB02. Jörg Kaiser and Cristiano Brudna. A publisher/subscriber architecture supporting interoperability of the can-bus and the internet. In *Factory Communication Systems, 2002. 4th IEEE International Workshop on*, pages 215–222. IEEE, 2002.

KM99. Joerg Kaiser and Michael Mock. Implementing the real-time publisher/ subscriber model on the controller area network (can). In *2nd IEEE International Symposium on Object-Oriented Real-Time Distributed Computing, 1999*, pages 172–181. IEEE, 1999.

KOS06. Philippe Kruchten, Henk Obbink, and Judith Stafford. The past, present, and future for software architecture. *IEEE software*, 23(2):22–30, 2006.

Kru95. Philippe B Kruchten. The 4 + 1 view model of architecture. *Software, IEEE*, 12(6):42– 50, 1995.

KS02. Ludwik Kuzniarz and Miroslaw Staron. On practical usage of stereotypes in UML- based software development. *the Proceedings of Forum on Design and Specification Languages, Marseille*, 2002.

KS05. Ludwik Kuzniarz and Miroslaw Staron. Best practices for teaching uml based software development. In *International Conference on Model Driven Engineering Languages and Systems*, pages 320–332. Springer, 2005.

LSNT04. Henrik Lönn, Tripti Saxena, Mikael Nolin, and Martin Törngren. Far east: Modeling an automotive software architecture using the east adl. In *ICSE 2004 workshop on Software Engineering for Automotive Systems (SEAS)*, pages 43–50. IET, 2004.

MAD09. Frédéric Mallet, Charles André, and Julien Deantoni. Executing AADL models with UML/MARTE. In *Engineering of Complex Computer Systems, 2009 14th IEEE International Conference on*, pages 371–376. IEEE, 2009.

Nat01. Martin Daniel Nathanson. System and method for providing mobile automotive telemetry, July 17 2001. US Patent 6,263,268.

OMG05. UML OMG. Profile for modeling and analysis of real-time and embedded systems (marte), 2005.

OPR96. Randy Otte, Paul Patrick, and Mark Roy. *Understanding CORBA: Common Object Request Broker Architecture*. Prentice Hall PTR, 1996.

PKYH06. Jiyong Park, Saehwa Kim, Wooseok Yoo, and Seongsoo Hong. Designing real- time and fault-tolerant middleware for automotive software. In *2006 SICE-ICASE International Joint Conference*, pages 4409–4413. IEEE, 2006.

RW12. Nick Rozanski and Eóin Woods. *Software systems architecture: Working with stakeholders using viewpoints and perspectives*. Addison-Wesley, 2012.

San96. Keiji Saneyoshi. Drive assist system using stereo image recognition. In *Intelligent Vehicles Symposium, 1996., Proceedings of the 1996 IEEE*, pages 230–235. IEEE, 1996.

Sar00. Nadine B Sarter. The need for multisensory interfaces in support of effective attention allocation in highly dynamic event-driven domains: the case of cockpit automation. *The International Journal of Aviation Psychology*, 10(3):231–245, 2000.

SBG+04. Kevin Steppe, Greg Bylenok, David Garlan, Bradley Schmerl, Kanat Abirov, and Nataliya Shevchenko. Two-tiered architectural design for automotive control systems: An experience report. In *Proc. Automotive Software Workshop on Future Generation Software Architecture in the Automotive Domain*, 2004.

SGSP16. Ali Shahrokni, Peter Gergely, Jan Söderberg, and Patrizio Pelliccione. Organic evolution of development organizations – An experience report. Technical report, SAE Technical Paper, 2016.

SKM+10. Chaitanya Sankavaram,Anuradha Kodali,Diego Fernando Martinez,Krishna Pattipati Ayala, Satnam Singh, and Pulak Bandyopadhyay. Event-driven data mining techniques for automotive fault diagnosis. In *Proc. of the 2010 Internat. Workshop on Principles of Diagnosis (DX 2010)*, 2010.

SKT05. Miroslaw Staron, Ludwik Kuzniarz, and Christian Thurn. An empirical assessment of using stereotypes to improve reading techniques in software inspections. In *ACM SIGSOFT Software Engineering Notes*, volume 30, pages 1–7. ACM, 2005.

SKW04. Miroslaw Staron, Ludwik Kuzniarz, and Ludwik Wallin. Case study on a process of industrial MDA realization: Determinants of effectiveness.

Nordic Journal of Computing, 11(3):254–278, 2004.

SSBH14. Giuseppe Scanniello, Miroslaw Staron, Håkan Burden, and Rogardt Heldal. On the effect of using SysML requirement diagrams to comprehend requirements: results from two controlled experiments. In *Proceedings of the 18th International Conference on Evaluation and Assessment in Software Engineering*, page 49. ACM, 2014.

Sta16. Miroslaw Staron. Software complexity metrics in general and in the context of ISO 26262 software verification requirements. In *Scandinavian Conference on Systems Safety*. http://gup.ub.gu.se/records/fulltext/233026/233026.pdf, 2016.

SW06. Miroslaw Staron and Claes Wohlin. An industrial case study on the choice between language customization mechanisms. In *Product-Focused Software Process Improvement*, pages 177–191. Springer, 2006.

VF13. Andreas Vogelsanag and Steffen Fuhrmann. Why feature dependencies challenge the requirements engineering of automotive systems: An empirical study. In *Requirements Engineering Conference (RE), 2013 21st IEEE International*, pages 267–272. IEEE, 2013.

VS02. Pablo Vidales and Frank Stajano. The sentient car: Context-aware automotive telematics. In *Proceedings of the Fourth International Conference on Ubiquitous Computing*, pages 47–48, 2002.

3

자동차 소프트웨어 아키텍처: 연합형과 중앙 집중형

개요 자동차 소프트웨어 아키텍처는 차량 전자 장치의 발전과 함께 진화한다. 2000년대와 2010년대 자동차의 분산된 전자 장치는 잠재력의 한계에 도달하면서 새로운 전자 아키텍처가 도입되기 시작했다. 3장에서 새로운 방법인 연합형 아키텍처와 중앙 집중형 아키텍처를 알아본다. 이 두 아키텍처 스타일은 100개 이상의 ECU를 가진 분산 아키텍처에서의 어려움에 대한 해결책이다. 신호, 조정, 통합은 이중화 및 가상화를 통해 더 적은 수의 강력한 ECU를 사용하도록 자동차 전자 장치 개발을 주도한다. 3장에서는 이 기술을 알아보고 차량 소프트웨어에서 어떻게 사용되는지 보여 준다.

3.1 소개

자동차 소프트웨어 아키텍처 스타일은 다양하다. 2장에서 보여 준 것처럼 여러 가지 경우가 있다. 소프트웨어 아키텍트가 원하는 스타일을 선택할 수 있는 것처럼 보이지만 각 스타일에는 각기 장단점이 있다. 차량의 하드웨어 아키텍처가 특정 원칙[Sta16, Für10]을 지정하는 경우도 있다. 예를 들어 100개 이상의 ECU를 가진 분산 전자 시스템은 컴포넌트 기반 아키텍처 스타일을 지원해야 하고 하나의 대규모 모놀리식 애플리케이션으로 설계할 수 없다.

최근 10년 동안 차량 제조사들은 더 이상 자사의 소프트웨어가 분산의 원칙에 기반할 수 없음을 알게 됐다. 분산 원칙은 통신 부하가 문제되기 전까지 잘 동작한다. 소프트웨어가 안전한지 검증이 필요한 안전 중심 시스템에서 고도로 분산된 시스템은 시스템의 새로운 속성(예, 시간, 트래픽으로 인한 통신 지연의 높은 가변성)과 조정의 필요성 때문에 검증하기 어려울 수 있다. 이러한 문제를 해결하는 방법 중 하나는 연합형 소프트웨어 아키텍처의 원칙에 따라 소프트웨어를 구성하는 것이다. 여기서 의존성이 높은 컴포넌트는 연합 정보 하이웨이[FZW03]로 연결된 중간 종속 서브시스템으로 그룹화한다.

연합형 아키텍처는 그 목적을 달성했지만 시간이 지남에 따라 중앙 집중형 아키텍처로 발전한다[OESHK09]. 중앙 집중형 아키텍처는 가상화와 함께 중복된 대규모 컴퓨팅 노드를 사용해 가능한 한 많은 프로세스를 실행한다. 이는 네트워크 통신 부하와 저수준 조정의 필요성을 줄이지만 경계 노드(예, 센서 및 액추에이터) 연결 문제와 서로 다른 중요도를 가진 컴포넌트를 결합하는 문제를 야기시킨다. 3장에서 연합형 소프트웨어 아키텍처와 중앙 집중형 아키텍처의 예를 살펴본다. 3장에서 예제는 실제 차량 아키텍처를 기반으로 이 책의 목적에 맞게 크게 단순화했다. 다양한 아키텍처 스타일이 결합되는 방법을 살펴보고 아키텍처의 미래가 어떻게 될지 생각해 본다.

3.2 연합형 소프트웨어 아키텍처

연합형 소프트웨어 아키텍처 개념은 엔터프라이즈 시스템 아키텍처가 조직 구조를 반영하는 엔터프라이즈 컴퓨팅 분야에서 유래한다. 차량 분야에서 연합은 조직이 아닌 차량 시스템의 도메인을 반영한다. 가장 일반적인 도메인은 다음과 같다.

- **능동형 안전** – 충돌 회피 또는 비상 제동과 같은 기능 담당
- **인포테인먼트** – 디스플레이 또는 모바일 연결 담당
- **파워트레인** – 엔진과 기어박스 소프트웨어 담당

ECU와 그 소프트웨어 컴포넌트는 도메인 내에서 서로 밀접하게 연결돼 있고 도메인은 고속 연결 버스로 연결된다. 그림 3.1은 이 아키텍처의 예를 보여 준다.

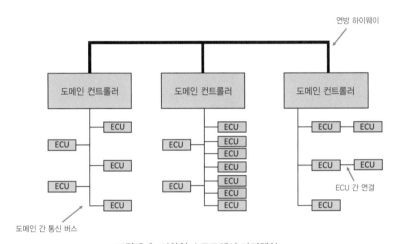

그림 3.1 연합형 소프트웨어 아키텍처

그림 3.1에는 각각 하나의 도메인 컨트롤러가 있는 3개의 도메인이 있다. 도메인 중 하나는 5개의 ECU가 드문 드문 연결돼 있다. 이러한 ECU는 전용 도메인 내 버스를 통해 서로 연결된다. 이러한 ECU 간 많은 통신과 조정이 있다. 이러한 도메인에서 ECU는 종종 연산력과 소프트웨어 크기 면에서 더 크다. 짧은 지연 시간으로 통신하고자 많은 조정과 넓은 대역폭이 필요한 몇 개의 노드(예, GPS, 디스플레이)를 포함하는 인포테인먼트 도메인이 그 예가 될 수 있다.

가운데에 있는 두 번째 도메인에는 9개의 ECU가 있다. 이 도메인은 더 많은 노드를 조정한다. 즉 도메인 컨트롤러가 첫 번째 도메인보다 연산력과 대역폭 측면에서 더 크다. ECU의 크기는 첫 번째 도메인보다 작을 가능성이

크지만 통신과 조정은 더 높다. 이러한 도메인의 예는 액추에이터와 센서가 많이 있는 능동 안전 영역을 들 수 있다.

마지막 도메인에는 5개의 ECU가 있고 2개의 ECU는 다른 ECU에 연결돼 있고 내부 도메인 버스에는 직접 연결돼 있지 않다. 직접 연결된 ECU는 서로 통신을 해야 하는 경우가 많지만 그중 하나만 도메인 컨트롤러와 통신한다. 하위 ECU는 연산 리소스/프로세서를 가진 액추에이터와 센서가 될 수 있다.

이 그림에서는 각 도메인이 구성 방식에 있어 다른 도메인과 독립돼 있음을 보여 준다. 도메인 컨트롤러에서 실행되는 소프트웨어 컴포넌트는 대부분 도메인 간의 조정, 버스 거버넌스, 통신을 담당한다. ECU에서 실행되는 소프트웨어 컴포넌트는 ECU의 목적과 관련이 있으며 특정 기능에 필요한 기능을 제공한다. 특정 기능은 도메인 컨트롤러 또는 도메인 내의 더 큰 전용 ECU에 의해 제어되는 프로세스다.

그림 3.2[1]는 하나의 기능(이 경우 자동 주차)이 여러 도메인에 분산되는 방식을 보여 준다. 박스는 소프트웨어 컴포넌트를 나타내며 이들 간의 연결은 통신 채널을 추상화하며, 색이 지정된 배경은 서로 다른 도메인을 나타낸다.

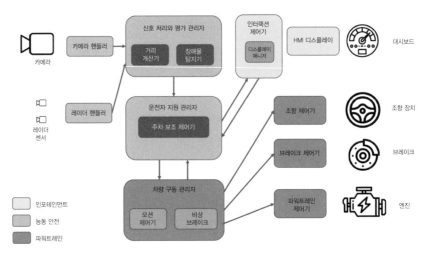

그림 3.2 여러 다른 도메인(색이 지정된 배경)에 분산된 컴포넌트가 있는 소프트웨어 기능 예

---

1 브레이크, 조향 제어 아이콘: flaticon.com에서 Freepik, 카메라: Kirahshastry, 엔진: monkik, 디스플레이: phatplus

자동 주차 알고리듬은 브레이크, 엔진, 기어 박스, 조향 장치와 상호 작용해 차량의 속도와 위치를 제어해야 한다. 즉 알고리듬이 파워트레인 도메인의 도메인 컨트롤러와 해당 도메인의 ECU에게 신호를 보낸다. 또한 알고리듬은 메시지를 표시하고 잠재적으로 취소 명령을 수신해 운전자와 상호 작용을 해야 한다. 이는 인포테인먼트 도메인과 통신해 수행한다. 마지막으로 알고리듬 자체는 능동 안전 도메인의 ECU 중 하나인 운전자 지원 관리자에서 실행된다. 카메라를 담당하는 컴포넌트(이미지 인식용) 및 주차 센서/레이더와 상호 작용을 한다.

또한 알고리듬은 특정 계산을 지원 컴포넌트(신호 처리)에게 위임한다. 이러한 지원 컴포넌트는 차량 속도, 위치, 장애물 감지에 대한 정보를 계산해 주 컴퓨터의 부하를 덜어준다.

이 다이어그램은 두 가지 중요한 측면을 보여 준다. 첫 번째는 문제의 분리다. 알고리듬, 컨트롤러, 핸들러는 논리적 및 물리적 할당의 조합을 기반으로 도메인으로 그룹화한다. 두 번째는 통신의 원칙이다. 서로 많이 통신하는 컴포넌트는 동일한 도메인으로 함께 그룹화한다.

특정 하드웨어 컴포넌트(예. 엔진)와 관련된 모든 소프트웨어 컴포넌트가 종종 이러한 컴포넌트와 관련된 기능을 실현하기 때문에 우려 사항의 분리가 중요하다. 엔진 컨트롤러는 스로틀throttle을 높이거나 낮추고 기어를 변속한다. 따라서 이러한 소프트웨어 기능이 하드웨어 가까이 있지 않고 분산돼 있는 것이 중요하다. 예를 들어, 하나의 엔진 컨트롤러는 기능 호출 시퀀스가 엔진을 손상시키지 않도록 보장할 수 있다. 걱정의 분리는 하나의 기능이 관련 없는 다른 기능에 영향을 미치지 않음을 의미한다. 주차 보조 기능을 사용할 때, 운전자는 여전히 라디오를 제어하고 창문을 연다. 그러나 그 기능에 사용된 컴포넌트 중 하나에 개입하면, 주 알고리듬은 알림을 받고 그에 따라 반응한다. 예를 들어 주차 보조를 취소하는 버튼은 누르면 알고리듬은 해당 기능을 일시 중지한다.

같은 도메인 내에서 통신은 다른 도메인 내 통신보다 더 집약적이다. 예를 들어 거리를 계산하거나 물체를 감지하기 위한 컴포넌트는 주 알고리듬과 매우 자주 통신한다. 카메라와 레이더로부터 실시간 피드feed를 처리해야 하므로 매우 자주 신호를 보내야 한다. 그러나 엔진 및 변속 장치를 조정하는 컴포넌트는 엔진 및 변속 장치에 물리적 프로세스와 관련된 지연 시간이 있다. 비디오 피드의 프레임을 캡처하는 것만큼 부하가 증가하지 않는다. 따라서 도메인 간 통신에 의한 통신 부하는 주차 보조 기능에 큰 영향을 주지 않는다. 위에서 언급한 연합형 소프트웨어 아키텍처의 이점은 자동차 산업에서 많이 사용한다. 그 결과 자동차에서 볼 수 있는 설계 원칙에 우려 사항 분리, 재사용, 차량 세대 간 이월이 들어가 있다. 이 대표적인 예가 승용차 인포테인먼트를 위한 GENIVI 프레임워크다. 여러 회사와 공동으로 개발한 일반적인 프레임워크이고 여러 자동차 제조사에서 사용한다. 안드로이드^{Android} 운영체제와 비슷한 다른 브랜드의 지적 재산권을 침해하지 않고 브랜드별 기능을 확장할 수 있다.

그러나 연합형 아키텍처에는 특정 한계가 있다. 주요 제약은 머신러닝 또는 많은 고급 기능을 사용하는 자동차에서 명백해진다. 경험적으로 볼 때 고급 기능이 많아질수록 더 많은 통신이 필요하다. 통신의 증가는 속도가 증가하거나 추가적인 통신 버스의 필요성을 뜻한다. 이러한 추가 버스와 속도 증가 모두 한계를 갖고 있고 더 많은 계산, 중복성, 조정, 보안이 요구된다. 하드웨어 컴포넌트 수가 증가하면 더 많은 컴포넌트가 파손돼 전체 시스템 전체 성능에 영향을 미칠 수 있어 안정성이 저하된다. 여기에서 중앙 집중형 소프트웨어 아키텍처가 등장한다. ECU 수는 줄지만 더 큰 연산 능력이 필요하다.

3.3 중앙 집중형 소프트웨어 아키텍처

중앙 집중형 소프트웨어 아키텍처의 개념은 이미 잘 알려져 있고 이전에 다른 도메인에서 사용돼 왔다. 토폴로지를 자주 별^{star}로 그려서 '스타 아키텍처'로도 알려져 있다.

자동차 전자 장치에서 이 아키텍처는 더 발전되고 있다. 중앙 노드는 중복될 수 있도록 설계됐다. 이 노드는 거의 모든 계산을 수행해야 하므로 하드웨어 및 소프트웨어 문제로부터 안전해야 한다. 하드웨어 중복은 하드웨어 신뢰성을 높이는 데 도움이 된다.

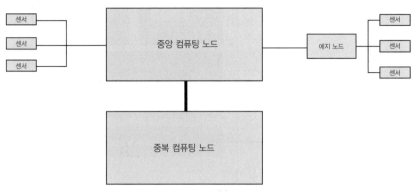

그림 3.3 중앙 집중형 소프트웨어 아키텍처

그림 3.3에서 보여 주는 것은 중앙 집중형 소프트웨어 아키텍처인데, 중복되는 중앙 컴퓨팅 유닛의 핵심 개념을 보여 준다. 시스템에서 버스의 수를 줄이는 데 도움이 되는 조정 장치인 에지 노드^{edge node}도 있다. 에지 노드는 제한된 컴퓨팅 파워를 갖고 계산을 수행하지 않고 알고리듬도 제어하지 않지만 여러 센서와 중앙 유닛 사이에 릴레이 기능을 제공한다.

중앙 집중형 아키텍처에서 소프트웨어는 가상화와 컨테이너[SKF+13, NDB+10] 메커니즘을 사용해 중복되도록 구성하기도 한다. 가상화는 여러 가상 머신으로 물리적 컴퓨팅 리소스를 나눌 수 있는 메커니즘을 제공한다. 가상 머신은 소프트웨어 컴포넌트에서 물리적 머신으로 보인다. 가상화 프로세스를 제어하고 관리하는 소프트웨어를 하이퍼바이저라고 부른다. 리소스를 공유하고 프로세스를 서로 분리하는 이 모델은 클라우드 컴퓨팅의 기반이 된다[PJZ18].

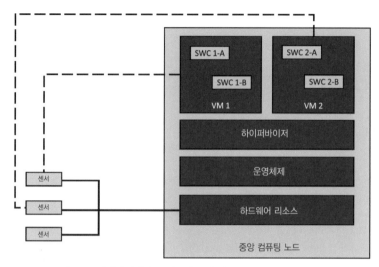

그림 3.4 하이퍼바이저를 사용한 중앙 집중형 소프트웨어 아키텍처

그림 3.4에서는 중앙 컴퓨팅 노드에서 실행되는 가상 머신을 보여 준다. 중앙 컴퓨팅 노드는 하이퍼바이저를 실행하는 하드웨어 리소스와 운영체제를 갖고 있다. 하이퍼바이저는 리소스를 가상화하고 양쪽 가상 머신이 실행하는 프로세스에 필요한 리소스에 접근할 수 있도록 한다.

그림 3.4에서 점선은 가상 머신이 다른 센서에 접근하고 통신할 수 있는 것을 보여 준다. 그러나 센서는 모두 중앙 컴퓨팅 노드의 하드웨어 리소스에 연결돼 있다. 센서의 물리적 연결과 가상 머신에 논리적 연결을 관리하는 것이 하이퍼바이저다.

소프트웨어 컴포넌트가 가상 머신으로 분산될 때 도메인 분리와 유사한 설계 원칙을 사용할 수 있다. 서로 자주 통신하거나 높은 대역폭이 필요한 컴포넌트들은 같은 가상 머신에 있어야 한다. 메모리나 디스크 공간을 공유할 수 있어 네트워크 리소스 사용 없이 통신할 수 있다.

가상 머신이 컴포넌트에서 별도의 컴퓨터/ECU로 간주되므로 서로 다른 가상 머신의 컴포넌트는 네트워크 메커니즘이나 공유 디렉터리(공유 디렉터리 마운팅)로 서로 통신한다.

하이퍼바이저가 있는 중앙 집중형 아키텍처는 연합형 아키텍처보다 더 유연하다. 가상 머신의 수는 하드웨어 리소스에 의해서만 제한된다. 하이퍼바이저는 리소스를 저장하거나 우선순위를 지정할 수 있는 가상 머신을 시작/중지/재시작할 수도 있다. 가상 머신은 필요한 경우 여분 노드에서 중단, 직렬화, 시작할 수 있다.

그러나 이 아키텍처의 몇 가지 단점이 있다. 소프트웨어 컴포넌트는 특정 운영체제와 가상 머신 설정을 위해 제공돼야 하므로 재사용이 어렵다. 전체 ECU를 재사용하는 대신 새로운 유형의 가상 머신에서 테스트돼야 할 소프트웨어의 일부만 재사용한다. 가상 머신과 가상 머신에서 실행되는 소프트웨어 컴포넌트는 ECU가 가진 것과 같은 하드웨어 리소스에 대한 모든 권한을 갖고 있지 않다. 그러므로 모든 가상 머신이 있는 경우 비기능 속성을 위한 테스트를 수행해야 한다.

이러한 다이어그램을 그릴 때 몇 가지 컴포넌트만 사용하지만 실제는 이와 다르다. 차량 소프트웨어 시스템에는 수백개의 컴포넌트가 병렬로 실행될 수 있다. 최소한 ECU당 하나의 프로세스가 돌아간다. 따라서 아키텍처를 연합형 또는 분산형에서 중앙 집중형으로 변경할 때 이 프로세스를 기존의 여러 가상 머신으로 옮겨야 한다. 자동차 제조사의 관점에서 가상 머신의 수는 하드웨어 비용과 가상 머신 내에서와 가상 머신 내 프로세스 간 조정 복잡도를 줄이고자 가능한 한 작아야 한다.

소프트웨어 컴포넌트 배포는 연합형 아키텍처(그림 3.2)에서와 비슷한 방식으로 가시화할 수 있으나 가상 머신에서 프로세스/컴포넌트가 분산된 것을 색상으로 구분한다.

3.4 예제

지금까지 아키텍처 스타일을 살펴봤고 그 원칙을 알아봤다. 이제 실제로 어떻게 실현되는지 예를 들어 설명할 것이다. 연합형 아키텍처와 그 도메인 컨트롤러, 자율주행에서 파이프와 필터에 대한 두가지 예제를 알아본다.

3.4.1 자동차의 연합형 아키텍처

3장에서 중앙 집중형 아키텍처를 향해 대부분의 자동차 아키텍처가 움직이고 있다고 설명했다. 이는 대부분의 소프트웨어가 복잡해져 더 이상 같은 방식으로 개발할 수 없다는 것을 뜻한다. 이 책 초판의 서문에서 크리스토프 에베르트^{Christof Ebert}는 자동차 소프트웨어 크기가 더 성장할 것을 보여 주는 다이어그램을 제공했다[Sta17].

그러나 소프트웨어 개발 콘퍼런스에서 이 개발 방식을 논의한다는 것은 이러한 개발이 아직 몇 년 남지 않았다는 것을 결론으로 보여 준다. 제한 요인은 오늘날 컴퓨팅 파워와 이를 극복하고자 프로그래밍 패러다임이 변해야 한다는 것이다. 또한 분산 환경으로 인해 점점 더 어려워지는 새로운 측면(예, 보안[Ebe17])들에 초점을 맞춰야 한다. 첫 번째 예제에서는 (1) 자동차 소프트웨어 아키텍처가 상위 수준에서 제공되는 방식과 (2) 동일한 아키텍처에 대한 다양한 뷰가 통신하고 시스템의 아키텍처 설계를 이해하는 데 도움이 되는 두 가지 측면을 설명하고자 한다.

그림 3.5에서는 자동차에서 노드들의 예를 보여 준다. 자동차에서 물리적 위치에 따라 또는 그 역할을 강조하고자 그려진 소프트웨어 서브 시스템이 있다.

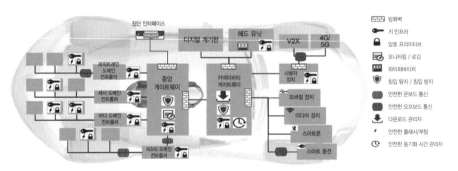

그림 3.5 [Eea21]에서의 자동차 아키텍처 예제(저작권자의 허가를 받음)

이 예제는 두 중앙 노드(중앙 게이트웨이와 커넥티비티 게이트웨이)와 여러 도메인 컨트롤러(예, 파워트레인 도메인 컨트롤러와 바디 도메인 컨트롤러)를 보여 준다. 중앙 노드에 직접 연결된 여러 노드(계기판과 헤드유닛)도 보여 준다.

그림 3.6은 계층화된 아키텍처 스타일로 같은 아키텍처를 보여 준다. 이것은 아키텍처 스타일이 아키텍처를 시각화하는 방법에 따라 어느 정도 달라진다는 것을 보여 준다.

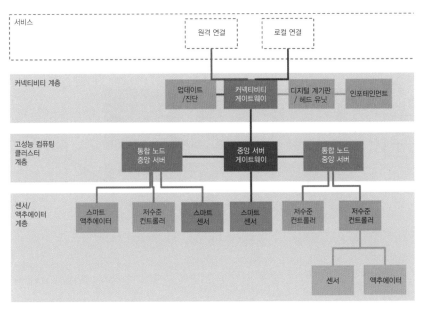

그림 3.6 그림 3.5의 소프트웨어 아키텍처 계층 뷰(저작권자의 허가를 받음)

이 그림은 다르게 구성돼 있지만 그림 3.5에서 덜 명확한 설계의 중요한 관점을 강조한다. 커넥티비티 게이트웨이는 실제로 중앙 노드는 아니지만 특정 컴포넌트(계기판)와 고속 통신을 하는 게이트웨이이다. 이 두 노드의 차이점은 계층 이름을 지정(고성능 계층, 커넥티비티 계층)하면 분명해진다.

3.4.2 자율주행의 파이프와 필터

자동차 소프트웨어에서 흥미로운 새로운 개발 중 하나는 자율주행 영역에서의 기능 도입이다. 운전자가 핸들에서 손을 떼고 차량의 소프트웨어가 자율적으로 주행하는 기능이다.

실제 아키텍처는 지적 재산권이 있지만 세르반Serban 등[SPV18]이 이 아키텍처가 실현될 수 있는 방법의 예를 제공한다. 소프트웨어 컴포넌트는 2장에서 설명한 파이프와 필터 아키텍처로 구성돼 있다.

이 아키텍처 유형의 장점은 파이프 외부의 많은 소프트웨어 컴포넌트를 조정할 필요 없이 데이터를 지속적으로 처리하고 차량을 제어할 수 있다는 것이다. 그러나 문제는 단일 장애 지점이 있어 소프트웨어 중복이 필요하다. 이것이 어떻게 실현될 수 있는지에 대한 예는 루오^{Luo} 등의 작업[LSB+17]에서 볼 수 있다. 그림 3.7은 중복 채널의 단순화된 버전을 볼 수 있다.

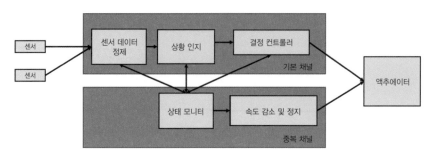

그림 3.7 자율주행의 파이프와 필터에서 채널 중복

이 그림은 2개의 별도 통신 채널을 포함하고 있으며 중복 채널은 기본 채널의 모든 컴포넌트를 모니터링한다. 오류가 감지되면 중복 채널은 차량의 안전한 정지를 위해 알고리듬을 실행하는 컴포넌트가 있다.

중복 채널은 간단해 보이지만 모든 안정성 문제를 해결할 수 없다. 예를 들어 액추에이터와 센서가 이 그림에서는 하나씩밖에 없다. 실제도 마찬가지다. 모든 안전에 중요한 기능에 대해 여분의 센서를 도입하는 비용은 고객의 관점에서 정당화될 수 없다. 그러므로 중복해서 놓는 것 대신 센서 융합과 유사한 데이터(비디오 피드와 레이더/라이더 피드)를 제공하는 다른 두 센서를 사용한다.

3.4.3 인포테인먼트 시스템

이 책에서는 대부분 전체 시스템 설계에 초점을 맞추지만 일부 오픈소스 컴포넌트를 더 자세히 살펴볼 것을 권장한다. 이는 자동차용 소프트웨어를 구성하는 방법을 이해하는 데 중요하다.

이러한 오픈소스 중 하나는 인포테인먼트 시스템을 위한 GENIVI[2] 플랫폼 (https://github.com/genivi)이다. 아키텍처와 상세 설계 다이어그램 소스 코드가 있는 GENIVI 플랫폼의 모든 소스 코드 저장소다.

3.5 트럭 아키텍처

이 책에서 대부분 승용차에 관해 이야기했다. 이는 주로 자동차 시장에 그러한 맥락으로 빠르게 발전하고 있기 때문이다. 시장은 매우 역동적이고 고객은 점점 더 발전하는 기능을 가진 자동차에 끌리게 된다. 또한 소프트웨어 사용에 대한 요구 사항이 다른 유형의 차량보다 상대적으로 낮은 시장이다. 트럭 운전사, 건설 기계 기사 또는 특수 차량 운전자는 추가 교육을 받는다. 교육은 종종 작동하는 기계의 종류에 한정된다.

자율주행 트럭 또는 건설 차량은 교통을 통제하고 운영 조건을 모니터링하는 지정된 영역에서 시연 및 사용되고 있다. 차량에 따라 요구 사항이 다르기 때문에 현대식 트럭과 기타 중형차의 구조는 차량에 따라 어느 정도 차이가 있다. 자동차는 기능이 풍부해야 하는 반면 트럭과 같은 상용차는 안정적이고 견고해야 한다.

3.6 요약

소프트웨어는 자동차에서 점점 보편화되고 있다. 자동차의 어떤 기능도 소프트웨어 없이 사용하는 것은 거의 불가능하다. 소프트웨어 설계의 원리, 아키텍처 스타일, 패턴도 서서히 발전한다.

하지만 자동차 소프트웨어가 점점 더 복잡해지고 안전성이 요구됨에 따라 컴포넌트의 통합 및 구성 방식이 변하고 있다. 미래의 차에서는 소프트웨어가 보다 중앙 집중화되거나 도메인으로 체계화된다. 이를 통해 머신러닝, 컴

---

2 GENIVI는 2021년 COVESA(The Connected Vehicle Systems Alliance)로 이름을 변경했다. – 옮긴이

포넌트 간 통신 속도 향상 및 중복 하드웨어를 사용할 수 있다.

3장에서는 연합형 아키텍처와 중앙 집중식 아키텍처의 두 가지 스타일을 살펴봤다. 이러한 아키텍처에서 소프트웨어 컴포넌트의 구성을 안내하는 원칙을 배웠다. 또한 두 가지 사례를 통해 현대 아키텍처에 대해 알아봤다.

4장에서는 오늘날의 많은 자동차 소프트웨어 설계를 관장하는 표준인 오토사를 자세히 살펴볼 것이다. 주로 새로운 어댑티브 오토사 플랫폼에 초점을 맞추고 있으며, 이는 향후 10년 내에 자동차 소프트웨어 아키텍처의 면모를 바꿀 것이다.

참고 문헌

Ebe17. Christof Ebert. Cyber security requirements engineering. In *Requirements Engineer- ing for Service and Cloud Computing*, pages 209–228. Springer, 2017.

Eea21. Christof Ebert and et. al. Technology trends converging to the new normal. *IEEE Software*, 38(2), 2021.

Für10. Simon Fürst. Challenges in the design of automotive software. In *Proceedings of the Conference on Design, Automation and Test in Europe*, pages 256–258. European Design and Automation Association, 2010.

FZW03. George Fernandez, Liping Zhao, and Inji Wijegunaratne. Patterns for federated architecture. *Journal of Object Technology*, 2(1):135–149, 2003.

LSB+17. Yaping Luo, Arash Khabbaz Saberi, Tjerk Bijlsma, Johan J Lukkien, and Mark van den Brand. An architecture pattern for safety critical automated driving appli- cations: Design and analysis. In *2017 Annual IEEE International Systems Conference (SysCon)*, pages 1–7. IEEE, 2017.

NDB+10. Nicolas Navet, Bertrand Delord, Markus Baumeister, et al. Virtualization in automo- tive embedded systems: an outlook. In *Seminar at RTS Embedded Systems*. Citeseer, 2010.

OESHK09. Roman Obermaisser, Christian El Salloum, Bernhard Huber, and Hermann Kopetz. From a federated to an integrated automotive architecture. *IEEE Transactions on Computer-Aided Design of Integrated Circuits and Systems*, 28(7):956–965, 2009.

PJZ18. Claus Pahl, Pooyan Jamshidi, and Olaf Zimmermann. Architectural principles for cloud software. *ACM Transactions on Internet Technology (TOIT)*, 18(2):1–23, 2018.

SKF⁺13. Marius Strobl, Markus Kucera, Andrei Foeldi, Thomas Waas, Norbert Balbierer, and Carolin Hilbert. Towards automotive virtualization. In *2013 International Conference on Applied Electronics*, pages 1–6. IEEE, 2013.

SPV18. Alexandru Constantin Serban, Erik Poll, and Joost Visser. A standard driven software architecture for fully autonomous vehicles. In *2018 IEEE International Conference on Software Architecture Companion (ICSA-C)*, pages 120–127. IEEE, 2018.

Sta16. Miroslaw Staron. Software complexity metrics in general and in the context of ISO 26262 software verification requirements. In *Scandinavian Conference on Systems Safety*. http://gup.ub.gu.se/records/fulltext/233026/233026.pdf, 2016.

Sta17. Miroslaw Staron. *Automotive software architectures*. Springer, 2017.

4

자동차 소프트웨어 개발

개요 4장에서는 자동차 산업의 소프트웨어 개발 프로세스를 자세히 설명한다. 전체 차량 개발을 위한 V 모델을 소개하고 소프트웨어 개발 팀의 개발 방법 중 현대적이고 애자일^{agile}한 소프트웨어 개발 방법론을 소개한다. 요구 사항 엔지니어링에 관해 소프트웨어 개발의 시작을 기술하는 것부터 다양한 유형의 모델을 사용해 자동차 소프트웨어 개발에서 요구 사항이 어떻게 쓰이는지를 살펴본다. 변형 관리, 소프트웨어 개발의 다양한 통합 단계, 테스트 전략 및 이를 위해 사용되는 방법과 같은 자동차 소프트웨어 개발의 세부 사항에 대해 실제 사례와 함께 설명한다. 자동차 소프트웨어 개발은 OEM과 차량 컴포넌트를 개발하는 공급업체 간 클라이언트-공급자 관계 기반으로 이에 대한 표준화의 필요성을 논의하고 4장을 마무리한다.

4.1 소개

소프트웨어 개발 프로세스는 소프트웨어를 개발하는 동안의 방법과 규칙을 제공하기 때문에 소프트웨어 엔지니어링에서 가장 중요한 부분이다[C+90]. 소프트웨어 개발 프로세스는 행위자가 무엇을 해야 할지 규정하는 단계, 활동, 작업으로 구성된다. 행위자는 소프트웨어 구조 설계자, 소프트웨어 아키텍트, 프로젝트 관리자, 품질 관리자와 같은 소프트웨어 개발에서 서로 다른 역할을 가진 사람을 말한다.

소프트웨어 개발 프로세스는 소프트웨어 개발의 특정 부분에 중점을 둔 단계로 구성되고, 다음과 같은 단계가 있다.

1. **요구 사항 엔지니어링** - 소프트웨어 기능에 대한 아이디어를 내고 요구 사항을 분류하는 단계(구현해야 할 정보의 원천)
2. **소프트웨어 분석** - 시스템 분석을 수행하고 시스템의 논리적 부분에 기능 할당에 대한 상위 수준의 결정이 이뤄지는 단계
3. **소프트웨어 아키텍처 설계** - 소프트웨어 아키텍트가 컴포넌트를 포함한 소프트웨어의 상위 수준의 설계를 하고 이를 각 노드(ECU)에 할당하는 단계
4. **소프트웨어 설계** - 각 컴포넌트를 상세하게 설계하는 단계
5. **구현** - 각 컴포넌트에 대한 설계가 프로그래밍 언어로 구현되는 단계
6. **테스트** - 소프트웨어를 단위 테스트나 컴포넌트 테스트와 같은 여러 방법으로 테스트하는 단계

최신 소프트웨어 개발 패러다임은 소프트웨어를 반복적으로 설계, 구현, 테스트하는 것이 가장 좋다고 생각해 이러한 단계를 병렬로 실행한다. 그러나 자동차 산업에서 널리 사용하는 소프트웨어 개발 모델은 이러한 단계를 V자형 곡선에 맞춘 V 모델로 해서 설계 단계를 V의 왼쪽에, 테스트 단계를 V의 오른쪽에 위치시킨다.

4.1.1 자동차 소프트웨어 개발의 V 모델

그림 4.1은 V 모델을 보여 준다. 이 모델은 ISO/IEC 26262[Org11]와 같이 안전에 중요한 시스템의 개발을 위한 국제 산업 표준에서 규정한다.

그림 4.1에서 OEM(자동차 제조사)과 공급업체의 책임 관계도 구분한다. 이러한 구분은 공급업체와 OEM 간 합의해 이뤄지는 단계인 경우가 많기 때문에 중요하며, 따라서 요구 사항은 계약 협상 중에 사용된다. 이러한 맥락에서 상세하고 명확하며 정확한 요구 사항 명세는 OEM과 공급업체 간 오해로 인해 요구 사항 변경과 관련해서 잠재적으로 발생하는 불필요한 비용을 방지한다.

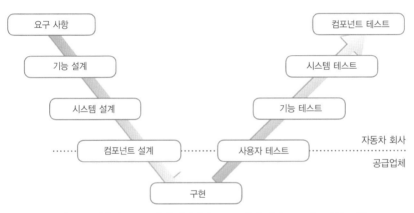

그림 4.1 자동차 소프트웨어 개발에서 소프트웨어 개발 프로세스의 V 모델

4장의 나머지 부분에서는 요구 사항 엔지니어링 단계와 테스트 단계를 살펴본다. 분석 및 아키텍처 단계는 5장에 있으며 상세 설계 단계는 이 책의 후반부에 있다.

4.2 요구 사항

요구 사항 엔지니어링은 차량 개발의 한 분야이고 소프트웨어 엔지니어링의 하위 영역이자 소프트웨어 개발 생명 주기의 초기 단계다. 요구 사항의 도출, 명세, 문서화, 우선순위 지정, 품질 확보를 위한 방법, 도구, 기술을 다룬다. '소프트웨어가 사용자 요구 사항, 암묵적 기대, 전문적 표준을 충족시키는 정도'[C+90]로 품질이 정의돼 있어 요구 사항 자체는 다방면으로 소프트웨어 품질에 매우 중요하다.

소프트웨어가 혁신의 원천이므로 자동차 분야에서 요구 사항 엔지니어링은 소프트웨어에 대해 점점 더 많이 언급된다. 후덱Houdek[Hou13]의 자동차 산업에서 혁신에 대한 보고서[DB15]에 의하면 평균 자동차의 기능 수는 장치 수보다 훨씬 빨리 성장하고 시스템적인 혁신은 개별 혁신보다 빠르게 증가한다고 했다. 시스템적 혁신은 소프트웨어 기능을 의미한다.

그러므로 요구 사항 엔지니어링의 원칙은 혁신보다 엔지니어링에 관한 것이다.

후덱에 의하면 자동차 요구 사항 명세서의 양은 메르세데스 벤츠의 연구 [Hou13]를 기반으로 새로운 자동차 모델의 경우 10만 장 정도이며, 컴포넌트 명세와 같은 저사양 명세가 각 250장의 약 400개 문서가 있고, 많은 공급업체(100개 이상의 공급업체, 차에 각 ECU마다 하나의 업체)로 보내진다.

웨버Weber와 웨이스브로드Weisbrod[WW02]는 다임러 크라이슬러에서의 경험을 바탕으로 자동차 영역에서 요구 사항 명세의 복잡성과 크기를 보여준다. 대규모 소프트웨어 개발에 160명이 넘는 엔지니어가 단일 요구 사항 사양을 작업하고 3기가바이트 이상의 요구 사항 데이터를 산출한다. 웨버와 웨이스브로드는 요구 사항 엔지니어링 프로세스를 다음과 같은 방식으로 설명한다. '글로 적힌 요구 사항은 작업의 일부일 뿐이며, 자동차 개발은 글로만으로 관리하기에는 너무 복잡하다.' 이 인용문은 요구 사항이 데이터베이스 구축의 한 부분만 구성하는 요구 사항 엔지니어링의 실제 사례를 반영한다. 이제 자동차 영역에서 요구 사항이 어떻게 명시되는지를 살펴본다. 요구 사항과 데이터베이스 구축의 다른 부분을 연결하는 것과 유사한 과제는 [MS08]의 이전 연구에서도 찾을 수 있다.

요구 사항은 (1) 사용자가 문제를 해결하거나 목표를 달성하는 데 필요한 조건이나 기능 (2) 계약, 표준, 사양, 기타 공식적인 문서를 충족하고자 시스템 또는 시스템 컴포넌트가 가져야 하는 조건이나 기능 (3) (1) 또는 (2)와 같은 조건이나 기능의 문서화[C+90]로 정의되는 경우가 많다. 이 정의는 시스템 사용자와 시스템 자체 간의 연결을 강조하며 여러 가지 이유로 중요하다.

- **시스템 테스트 가능성** - 요구 사항이 어떻게 테스트돼야 하는지 명확히 해야 한다. 예, 요구 사항을 만족하는 사용 시나리오는 무엇인가?
- **설계에서 기능 추적성** - 안전성 근거를 제공하고 영향/변경 관리를 가능하게 하도록 소프트웨어의 어느 부분이 요구 사항을 만족시킬 수 있는지 추적할 수 있어야 한다.
- **프로젝트 프로세스 추적성** - 이미 구현된 요구 사항과 프로젝트에서 구현해야 하는 요구 사항을 알 수 있어야 한다.

이는 직관적으로 잘 알려진 어떤 것에 대한 매우 기술적인 정의다. 즉 요구 사항은 사용자가 드림카^{dream car}에서 원하는 것을 전달하는 방법이다. 이러한 의미에서 요구 사항 엔지니어링의 부문은 단순해 보인다. 실제로 요구 사항 작업은 사용자가 자동차와 소프트웨어의 수백만 구성 요소 중 하나로 변환해야 하는 아이디어로 인해 매우 복잡하다. 이제 자동차 회사가 요구 사항을 어떻게 충족시키는지 살펴본다.

자동차 산업이 자동차의 기계 부품에서 전자 장치와 소프트웨어로 혁신을 옮겨갈 필요성을 인식했기 때문에 소프트웨어 요구 사항 엔지니어링에 대해 이야기한다. 대다수의 고객은 빠르고 안전하고 편리하기 때문에 오늘날 자동차를 구입한다. 많은 경우에 이러한 특성은 자동차의 부품을 제어하는 소프트웨어로 실현한다. 예를 들어 테슬라의 '미친^{insane}' 가속 패키지나 볼보의 폴스타^{Polestar} 성능 패키지를 동일한 차량에 하나의 소프트웨어 패키지로 보유할 수 있다. 이는 자동차 소프트웨어 요구 사항 엔지니어링에 매우 중요한 동향으로 이어지는 두 가지 과제로 나타난다.

1. **자동차에서 소프트웨어 양 증가** - 혁신이 소프트웨어로 추진됨에 따라 소프트웨어의 양과 복잡성이 기하급수적으로 증가한다. 예를 들어 1990년대의 소프트웨어 양은 몇 메가바이트의 이진 코드(예, 볼보 S80)였으나 오늘날에는 지도와 다른 사용자 데이터를 제외하고 1기가바이트 이상(예, 볼보 2016년 XC90)이다.

2. **ISO 26262와 같은 표준에서 제시하는 안전 요구 사항** - 소프트웨어가 자동
   차의 더 많은 부분을 차지하고 이것이 운전을 방해하고 사고를 일으
   킬 가능성이 더 크기 때문에 비행기나 기차의 소프트웨어와 마찬가지
   로 안전을 확보해야 한다. 현대 기능 안전 표준(ISO/IEC 26262, 도로 차
   량 - 기능 안전)은 소프트웨어 명시, 설계, 검증, 확인하는 방법과 프로
   세스를 규정한다.

자동차 소프트웨어 엔지니어링은 자동차용 소프트웨어를 다루기 위한 엄
격한 프로세스를 요구하므로 통신이나 웹 설계와 같은 다른 유형의 소프트
웨어 요구 사항 엔지니어링과는 많이 다르다.

4장에서 두 가지 유형의 요구 사항(문자 명세와 요구 사항으로 사용되는 모델)
을 알아보고 자동차 개발에서의 요구 사항 엔지니어링의 이론을 살펴본다.
또한 자동차 소프트웨어 개발에서 요구 사항 엔지니어링의 발전을 보면 미
래를 위한 현재 동향과 과제를 최종적으로 도출하는 데 도움이 된다.

4.2.1 자동차 소프트웨어 개발에서 요구 사항의 유형

자동차용 소프트웨어를 설계할 때 설계자는 점차 차량 레벨에서 컴포넌트
레벨로 요구 사항을 세분화한다. 또한 문자 요구 사항에서 소프트웨어의 동
작 모델로 넘어간다. 이러한 점진적인 개선은 개발을 위해 1차 공급업체[tier 1]
에 요구 사항을 전달하고 검증이 가능하도록 구체화해야 한다. 자동차 영역
에는 다음과 같은 여러 공급업체가 있다.

- **1차 공급업체**[tier 1] - OEM과 직접 협력하며 일반적으로 전체 소프트웨
  어와 하드웨어 서브시스템, ECU를 OEM에 제공하는 공급업체
- **2차 공급업체**[tier 2] - 1차 공급업체와 협력하며 1차 공급업체가 OEM에
  납품하는 하위 제품의 일부를 공급하는 업체. 2차 공급업체는 대부분
  OEM과 직접 협력하지 않으므로, 1차 공급업체에서 2차 공급업체를
  위해 올바르게 세분화할 수 있도록 요구 사항을 상세화하는 것이 중
  요하다.

- **3차 공급업체**[tier 3] – 2차 공급업체와 협력하는 공급업체, 1차 공급업체와 협력하는 2차 공급업체와 유사하다. 보통 드라이버와 같이 하드웨어를 공급하는 실리콘 벤더가 된다.

4.2절에서는 이런 단계를 찾을 수 있는 다양한 유형의 요구 사항에 대해 살펴본다.

4.2.1.1 문자 요구 사항

오토사는 자동차 소프트웨어 개발 연구에 큰 부분이므로 이 표준의 요구 사항을 살펴본다. 오토사는 대부분 글로 돼 있다. 그림 4.2와 같이 차량에 열쇠 없이 탑승하는 예를 제공하기 위한 요구 사항을 명세화하고자 오토사와 동일한 템플릿을 사용한다.

요구 사항의 구조는 상당히 전형적이다. 요구 사항에는 설명, 근거, 사용 사례가 포함돼 있다. 지금까지 구체적인 내용이 없었다. 그렇지만 이러한 사양만으로 순전히 1,000장이 넘는 것을 보면 어떤 문제에 직면할 수 있다는 것을 알 수 있다. 여기서 발견할 수 있는 문제의 유형을 알아본다.

REQ-1: 열쇠 없이 승차

유형	유효
설명	RFID 열쇠로 차를 열 수 있어야 한다.
논거	우리 브랜드의 자동차는 모두 열쇠가 없는 솔루션을 사용해 차를 열 수 있어야 한다. 경쟁자들의 대다수는 차량에 RFID 센서를 갖고 있는데, 이 센서는 RFID 발신자(예, 카드)가 있는 지정된 운전자의 근접성을 기반으로 차량을 열고 시동을 건다.
유스 케이스	열쇠 없이 시동
의존성	REQ-11: RFID 구현
지원 재료	– – –

그림 4.2 오토사 요구 사항 예

논거[rationale] 글로 적힌 요구 사항은 차량의 상위 수준의 특성을 설명할 때 사용한다. 이러한 유형의 요구 사항은 대부분 상위 수준에서 차량의 기능 사양을 만드는 요구 사항 단계와 개발을 위해 대규모 소프트웨어 요구 사항을 공급업체에 보내는 컴포넌트 설계 단계와 같이 두 단계로 이뤄진다(문자 요구 사항이 종종 모델 기반 요구 사항으로 보완된다).

방법method   이런 요구 사항을 명세하는 것은 처음부터 거의 이뤄지지 않는다. 문자 요구 사항은 종종 모델(예, UML 도메인 모델)을 기반으로 구체화하고 소프트웨어 시스템의 내부 작업에 대한 세부 정보를 설명하기 위한 것이다. 종종 요구 사항이 어떻게 검증돼야 하는지를 설명하는 검증 방법과 연결돼 있다. 예를 들어 요구 사항이 올바르게 구현됐는지 검증하기 위한 테스트 절차를 설명한다.

형식format   요구 사항에 대한 글은 그림 4.2에서 볼 수 있다. 이 형식은 세부 정보를 명시할 수 있어 매우 좋지만 개요를 전달하고 요구 사항에 대한 맥락을 제공하려는 경우 좋지 않다. 이를 위해 유스 케이스 또는 모델과 같은 다른 유형의 요구 사항이 필요하다.

4.2.1.2 유스 케이스

소프트웨어 엔지니어링에서 요구 사항 지정에 대한 표준은 1990년대 제이콥슨Jacobson이 그의 Objectory 방법론과 같이 정의한 유스 케이스다 [JBR97]. 유스 케이스는 그림 4.3의 예와 같이 액터actor와 사양에 따른 시스템 간의 상호 작용을 보여 준다. 이 예에서 유스 케이스는 '열쇠 없이 시동' 유스 케이스에서 액터와 자동차 간의 상호 작용을 보여 준다. 해당 다이어그램(UML에서 유스 케이스 다이어그램으로 사용)은 기존의 상호 작용(유스 케이스)과 이 상호 작용에 포함된 액터의 수를 표현하는 데 사용한다.

그림 4.3 하나의 유스 케이스가 있는 유스 케이스 명세 예제

자동차 산업에서 이러한 종류의 요구 사항 명세는 차량의 기능과 그 의존성을 이야기할 때 흔하게 사용한다. 특정 유스 케이스를 실현하고자 액터(운

전자 또는 다른 자동차)가 지정된 차량(시스템)과 상호 작용을 하는 방법을 보여 주는 데 사용한다. 이러한 종류의 명세는 UML의 시퀀스 다이어그램을 사용해 종종 보여 주고 그림 4.4에서 이러한 예를 보여 준다.

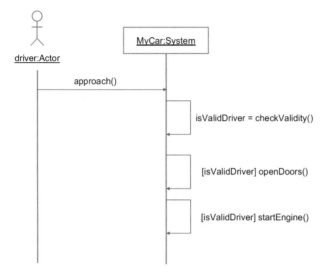

그림 4.4 메시지 시퀀스 차트/시퀀스 다이어그램을 사용한 유스 케이스 명세 예제

논거   유스 케이스 사양은 자동차와 같이 설계된 시스템의 기능에 대한 개괄적인 개요를 제공하므로 자동차 개발 초기 단계에 매우 유용하다. 기능 설계(유스 케이스 다이어그램)와 시스템 설계 초기(유스 케이스 사양)에 일반적으로 사용한다.

방법   기능 설계자는 제품 속성의 개략적인 설명을 하면서 이러한 특성을 사용 시나리오로 세분화한다. 이 사용 시나리오는 어떤 기능(유스 케이스)이 고객에게 가치가 있고 어떤 기능은 너무 성가시지 않은지 식별하는 방법을 제공한다.

형식   이러한 종류의 사양은 다음 세 부분으로 구성된다. (1) 유스 케이스 다이어그램, (2) 시퀀스 다이어그램을 사용한 유스 케이스 명세, (3) 다소 구조화된 자연어를 사용한 상호 작용 단계를 상세히 기술하는 유스 케이스의 문자 명세.

4.2.1.3 모델 기반 요구 사항

요구 사항에 더 많은 문맥을 제공하는 방법 중 하나는 모델로 표현하는 것이다. 이러한 종류의 표현은 UML과 같은 모델과 Simulink 모델 두 가지 형식으로 표현할 수 있다. 그림 4.5는 [Dem12]과 [RSB+13b]의 ABS에 대한 Simulink 모델을 보여 준다.

이 모델은 ABS를 구현하는 방법을 보여 주지만 가장 중요한 특성은 모델이 알고리듬 동작 방식을 보여 주고, 이에 따라 어떻게 검증해야 하는지를 보여 준다는 것이다.

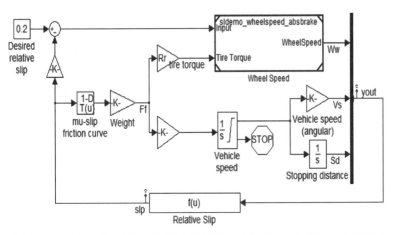

그림 4.5 ABS를 구현하는 방법을 설명한 요구 사항으로 사용할 수 있는 Simulink 모델 예제

논거 실무자는 요구 사항으로 모델을 사용하고 있고 이전 연구 [MS10b]와 [MS10a]에 따르면 자동차 소프트웨어 프로젝트에서 최대 23%의 모델이 요구 사항으로 사용되고 있다. 같은 연구에서 이러한 요구 사항을 설계하고자 소프트웨어 프로젝트에서 최대 13%의 노력이 든다.

방법 요구 사항 엔지니어링에 사용되는 시뮬레이션 모델은 종종 시스템 설계 및 기능 설계 프로세스의 일부로 사용되며 소프트웨어와 시스템 설계자는 자동차의 기능을 구현하는 방법을 보여 주는 알고리듬을 개발한다. 이러한 모델은 코드 생성기를 사용해 C/C++ 코드로 자동 변환될 수 있지만 일반적이지는 않다. 그 이유는 이러한 모델이 종종 다른 도메인으로 분할돼 여러 컴포넌트에 분산돼 있는 전체 기능을 보여 주기 때문이다. 이러한 종류의 요구 사항은 종종 이전의 하위 절에서 보여 준 문자 명세 사양으로 변환된다.

형식 이 모델은 Simulink 또는 Statemate나 Petri nets와 같은 상태 차트의 변형을 사용해 표현된다. 이 시뮬레이션 모델은 상호 작용의 시스템 뷰(블록과 신호)를 추가해 유스 케이스에 보여 주는 기능을 상세히 설명한다. 블록과 신호는 차량의 기능 구현을 나타내며 하나의 기능에만 중점을 둔다. 이 모델은 세부적인 사양을 명세하는 데 사용하는 경우가 많으며 소스 코드를 자동으로 생성하기 위해서도 사용한다.

4.3 변형 관리

자동차 소프트웨어 엔지니어링에서 성공하려면 요구 사항과 구성 요소에 대한 데이터베이스를 잘 갖추는 것이 중요하다. 이는 자동차 시장이 가변성, 즉 구성 가능한 제품(소프트웨어)의 위치를 기반으로 한다는 사실에 의해 결정된다. 고객은 하드웨어, 전자 및 소프트웨어의 최신 기능으로 자동차가 구성되기를 바란다.

자동차 소프트웨어에는 두 가지 기본 종류의 변형variability 메커니즘이 있다.

- **환경 설정**configuration – 내부 구조를 수정하지 않고 소프트웨어의 매개 변수를 설정한다. 이러한 종류의 가변성은 엔진 캘리브레이션과 같은 안전성이 중요하지 않은 기능 또는 기능의 활성화 관련 설정(예, 레인 센서rain sensor)에서 흔히 볼 수 있다.
- **컴파일**compilation – 소프트웨어 내부 구조를 변경할 때 컴파일하고 타깃 ECU에 배포한다. 이러한 종류의 가변성은 소프트웨어가 항상 같은 방식으로 동작해야 하는 경우에 사용한다(예, 브레이크를 걸 때 충돌 회피를 위한 기능 활성화).

4.3절에서 이 두 메커니즘의 기본 사항을 설명한다.

4.3.1 환경 설정

소프트웨어가 컴파일된 이후 소프트웨어를 변경을 할 수 있으므로 환경 설정을 런타임 변형이라고 한다. 그림 4.6은 이러한 종류의 변형에 대한 개념을 보여 준다.

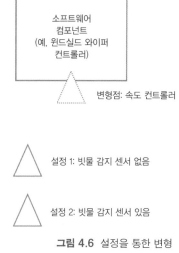

그림 4.6 설정을 통한 변형

그림 4.6에서 빗물 감지 센서의 유무에 따라 두 가지 다른 설정을 사용해 구성할 수 있는 하나의 변형 지점(점선 삼각형)을 가진 소프트웨어 컴포넌트(직사각형) 변형을 볼 수 있다. 이는 소프트웨어 컴포넌트를 한 번 컴파일하고 소프트웨어를 배포할 때 2개의 다른 설정 파일을 사용하는 것을 의미한다.

변형 메커니즘 설정은 소프트웨어 설계자에게 중요한 영향을 미친다. 소프트웨어가 여러 시나리오로 테스트돼야 한다. 예를 들어 소프트웨어 설계자는 잘못된 설정으로 소프트웨어 컴포넌트를 사용하지 못하게 할 수 있어야 한다.

4.3.2 컴파일

컴파일은 변형 메커니즘으로 컴파일 후 런타임 동안 소프트웨어 컴포넌트를 수정할 수 없기 때문에 근본적으로 다르다. 따라서 설계자가 설계 중에 개발 중인 변형 사항을 결정해야 하므로 이를 설계 시간 변형design time variability의 예 라고 할 수 있다. 빗물 감지 센서의 유무에 따라 동일한 컴포넌트의 다른 두 가지 버전에 대한 것을 그림 4.7에서 개념적으로 볼 수 있다.

그림 4.7 컴파일을 통한 변형

그림 4.7에서 제시한 바와 같이 빗물 감지 센서의 유무에 따라 소프트웨어 컴포넌트에 대한 두 가지 다른 코드 기반이 있다. 이것은 두 변형의 개발이 서로 분리될 수 있는 것을 의미하지만 설계자는 동시에 2개의 다른 코드 기반을 유지해야 한다. 이 2개의 유지 보수는 공통 코드에 결함이 있으면 양쪽 코드 모두 수정하고 테스트해야 하는 것을 뜻한다.

컴파일 변형 메커니즘의 주요 장점은 컴파일 후 어떤 식으로든 코드가 변조되지 않는다는 것을 보장한다는 점이다. 코드를 테스트할 수 있고, 배포된 후 잘못된 설정으로 인해 컴포넌트의 품질을 손상시킬 수 있는 방법은 없다.

그러나 컴파일 변형 관리 메커니즘의 주된 단점은 코드의 높은 유지 보수 비용이다.

4.3.3 실제 변형 관리

위에서 설명한 두 가지 변형 관리 메커니즘 모두 실무에서 사용한다. 컴파일 시간 변형은 소프트웨어가 ECU에 완전히 내장돼 들어갈 때 사용하는 반면, 설정은 소프트웨어가 배포하는 동안 다른 유형의 설정으로 변경할 수 있을 때 사용한다(예, 조립 라인 설정, 파워트레인 성능 설정에 따른 엔진 및 변속 장치 보정).

4.4 소프트웨어 개발의 통합 단계

V 모델의 왼쪽 주요 활동 유형은 여러 가지 방법으로 요구 사항을 개선하는 것이다. 모델의 오른쪽 주요 활동 유형은 통합 후 테스트다.

간단히 말해 통합은 소프트웨어 통합 엔지니어가 코드를 다른 컴포넌트 코드 및 하드웨어와 통합하는 활동이다. 첫 번째 통합 단계에서 하드웨어는 일반적으로 단위 및 컴포넌트 테스트(4.5절 참고)를 위해 시뮬레이션 하드웨어를 사용한다. 이후 통합 단계에서 소프트웨어 코드는 대상 하드웨어와 함께 통합되고 대상 하드웨어는 완전히 차량의 전기/전자 시스템으로 통합된다(표 4.1).

표 4.1 통합 유형

유형	설명
소프트웨어 통합	이 통합 유형은 2개 이상의 소프트웨어 컴포넌트가 결합되고 해당 기능을 테스트하는 것을 뜻한다. 일반적인 통합 수단은 통합 대상에 따라 달라진다. 통합이 소스 코드 레벨인 경우 소스 코드를 병합할 수 있다. 두 바이너리 코드가 같이 연결되거나 상호 운용성을 테스트하고자 병렬 실행이 될 수 있다. 주요 테스트 기법은 4.5절에 기술된 단위 테스트와 컴포넌트 테스트다.
소프트웨어-하드웨어 통합	이 통합 유형은 소프트웨어가 대상 하드웨어 플랫폼에 통합(배포)된다. 여기서 전체 ECU의 실행 능력에 중점을 두고 있으며 주요 테스트 기법은 4.5절에 기술된 컴포넌트 테스트다.

유형	설명
하드웨어 통합	이 통합 유형은 ECU와 전자 시스템을 통합하는 데 중점을 두고 있다. 여기서는 노드와 상호 운용성 및 통신과 같은 기본 기능에 중점을 두고 있다. 이 유형과 관련된 테스트는 시스템 테스트다.

그림 4.8은 소프트웨어 모듈과 컴포넌트를 전자 시스템에 통합하는 예를 보여 준다. 주목해야 할 것은 서로 다른 소프트웨어 모듈 개발이 다른 속도로 이뤄짐에 따라 통합 단계(수직 검은 실선)가 일치하지 않는다는 사실이다.

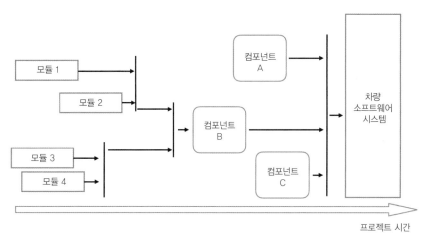

그림 4.8 단계에 따른 소프트웨어 통합

실제로 통합 계획은 여러 차원을 가진 문서이기 때문에 이 그림보다 훨씬 더 복잡하다. 각 통합 주기(그림 4.8) 프로젝트 동안 여러 번 수행된다. 먼저 기본 소프트웨어(부트 코드, 통신과 같은 기능)라는 것을 통합한 다음 2장에서 기술한 기능 아키텍처에 따른 상위 수준의 기능을 추가한다.

4.5 테스트 전략

요구 사항 엔지니어링은 더 높은 추상화 레벨에서 더 상세하고 낮은 추상화 레벨로 진행된다. 테스트는 반대다. 테스터[tester]는 소프트웨어를 테스트할 때 각 기능 및 코드 라인을 테스트하는 가장 기초적인 테스트 유형인 단위 테스트에서 시작한다. 그런 다음 전체 컴포넌트(예, 서로 연결된 여러 단위), 전체 시스템, 마지막으로 각 기능을 테스트해 점진적으로 진행한다. 그림 4.9는 테스트 단계에 중점을 둔 V 모델의 오른쪽을 보여 준다.

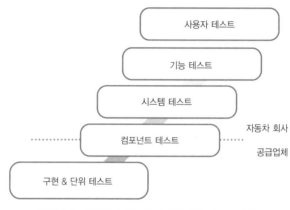

그림 4.9 자동차 소프트웨어 개발에서 테스트 단계

다음 하위 절에서는 자동차 소프트웨어의 테스트 단계에 대해 자세히 살펴본다.

4.5.1 단위 테스트

단위[unit] 테스트는 클래스, 소스 코드 모듈, 기능과 같은 소프트웨어 개별 엔티티에서 수행하는 기본 테스트다. 단위 테스트의 목표는 소스 코드에서 기본 함수/메서드의 구현과 관련된 결함을 찾는 것이다.

단위 테스트의 기본은 필요한 품질을 달성하는 데 필요한 데이터와 개별 메서드를 조합해 자동화 테스트 케이스를 만드는 것이다. 그리고 나서 일반적으로 결과는 assertion으로 구현된 예상 결과와 비교된다. 단위 테스트의 예제는 그림 4.10에 있다.

그림 4.10에 있는 단위 테스트는 'WindshieldWiper' 객체 생성의 정확성에 대한 테스트이고 UUT[Unit Under Test]다. 이 코드는 C#으로 작성됐고 실제로 테스트 코드는 거의 모든 프로그램 언어로 작성할 수 있다. 그러나 원칙은 모든 단위 테스트에서 동일하다.

```
1   using System;
2   using Microsoft.VisualStudio.TestTools.UnitTesting;
3   using WindshieldSimulator;
4
5   namespace WindshieldTest
6   {
7       [TestClass]
8       public class BasicSuite
9       {
10          // unit test method
11          [TestMethod]
12          public void TestCreationInitialState()
13          {
14              // arrange
15              WindshieldWiper pWiper;
16
17              // act
18              pWiper = new WindshieldWiper();
19
20              // assert
21              Assert.AreEqual(pWiper.Status,
22                              position.closed,
23                              "Initial status should be /closed/");
24          }
25      }
26  }
```

그림 4.10 앞유리 와이퍼 모듈의 상태를 테스트하기 위한 단위 테스트 예제

4장에서의 관심사는 실제 테스트 코드가 있는 14~23행이다. 15행은 테스트 케이스를 준비하는 단순 선언부다. 이 예에서 WindshieldWiper 클래스의 객체 할당 변수를 선언한다. 18행은 실제 테스트 코드를 실행하는 라인이고 이 예에서는 WindshieldWiper 클래스의 객체를 생성한다.

가장 흥미로운 부분은 assertion이 있는 21~23행이다. assertion은 테스트 코드의 실행 후 충족돼야 하는 조건이다. 이 예에서 assertion은 새로 생성된 객체(21행)의 상태가 'closed'(22행)다. 그렇지 않은 경우 에러 메시지가 테스트 환경(23행)에 로그로 남고 새로운 테스트 케이스가 계속 실행된다.

단위 테스트는 종종 가장 단순한 유형의 테스트로 인식되고 가장 많이 자동화된다. CppUnit, JUnit, 구글 테스트 프레임워크와 같은 프레임워크는 단위 테스트 실행을 체계화할 수 있어 수동 개입 없이 전체 테스트 집합(테스트 스위트라고 한다)을 신속하게 실행할 수 있다.

자동화된 단위 테스트는 야간 회귀[nightly regression] 테스트 스위트를 만들거나 테스터가 무작위로 테스트 케이스를 실행해 시스템이 임의의 동작을 하는지 여부를 확인하는 스모크[smoke] 테스트와 같이 여러 가지로 재사용된다.

또한 테스트 케이스의 재사용은 테스트 케이스의 우선순위를 정하는 방법이 있어야 한다. 예를 들어 소스 코드에서 위험 영역을 식별[ASM+14]하거나 마지막 테스트를 실행한 이후 변경된 코드에 중점[KSM+15, SHF+13]을 둔다. 소프트웨어 신뢰성 증가[RSM+13, RSB+13a]와 관련해 테스트 프로세스를 추적하는 것도 중요하다.

테스트 케이스에 문제(실패)가 발생하면 문제해결은 비교적 단순하다는 것도 알 수 있다. 어떤 코드가 어떤 조건에서 실행됐는지 알 수 있다. 이를 기반으로 테스터는 결함의 위치를 신속하게 설명하거나 수정 방법을 제시할 수 있다.

4.5.2 컴포넌트 테스트

컴포넌트 테스트는 많은 컴포넌트 중 하나의 코드 단위 간 통합, 즉 링크 간 테스트를 하는 것이므로 통합 테스트[integration test]라고도 부른다. 컴포넌트 테스트와 단위 테스트를 구분하는 주요 특징은 컴포넌트 테스트에서는 스텁[stub]을 사용해 테스트된 컴포넌트 또는 컴포넌트 그룹의 환경을 시뮬레이션한다는 것이다. 그림 4.11에서 볼 수 있다.

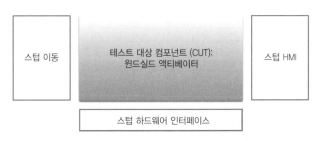

그림 4.11 시뮬레이션 환경에서 테스트하는 컴포넌트

단위 테스트와는 달리 컴포넌트 테스트는 스텁과 테스트 대상 컴포넌트 사이의 상호 작용에 중점을 둔다. 이 유형의 테스트 목적은 인터페이스의 구

조와 동작이 올바르게 구현됐는지 확인하는 것이다.

또한 개발 프로젝트가 진행됨에 따라 시스템의 스텁 수는 감소한다는 것을 알아야 한다. 개발이 진행됨에 따라 새로운 컴포넌트가 설계돼 스텁을 대체한다. 따라서 이 테스트 유형의 다른 이름은 통합 테스트다.

자동차 시스템에서 이런 유형의 테스트는 종종 모델(MIL Model In the Loop 테스트) 또는 하드웨어 시뮬레이터(HIL Hardware In the Loop 테스트)를 사용해 환경을 시뮬레이션함으로써 수행된다. HIL 테스트를 위한 장비의 예는 그림 4.12에서 볼 수 있다. 그림 4.12는 자동차 산업에서 외부 환경을 시뮬레이션해 컴포넌트를 테스트하는 데 널리 사용되는 dSpace의 테스트 장비를 보여 준다.

그림 4.12 HIL 테스트 장비 - 이미지 소스: dSPACE GmbH. Copyright 2015 dSPACE GmbH - 인쇄 허가받음

컴포넌트의 환경이 시뮬레이션되기 때문에 컴포넌트의 비기능적 특성을 종종 테스트하기 어렵거나 매우 상세한 시뮬레이션을 필요로 한다. 그러나 매우 상세한 시뮬레이션은 비용이 많이 든다.

4.5.3 시스템 테스트

시스템 테스트는 전체 시스템을 통합하고 테스트하는 단계다. 시스템 테스트의 초점은 시스템이 여러 가지 방법으로 사양을 충족하는지 확인하는 것이다. 시스템 테스트는 다음과 같은 측면을 확인하는 데 초점을 둔다.

1. **기능** - 시스템이 요구 사항 사양에 따라 지정된 기능을 갖고 있는지 테스트

2. **상호 운용성** - 시스템이 테스트 대상 시스템과 상호 작용하도록 설계된 다른 시스템에 연결할 수 있는지 테스트

3. **성능** - 테스트 대상 시스템이 지정된 한계(예, 타이밍 제한, 용량 제한) 내에 수행되는지 테스트

4. **확장성** - 시스템 동작 규모의 확대와 축소 여부 테스트(예, 통신 버스가 연결된 80 및 120개 ECU와 동작하는지 여부)

5. **스트레스** - 시스템이 높은 부하에서 올바르게 동작하는지 테스트(예, 통신 버스가 최대 용량에 도달할 때)

6. **신뢰성** - 특정 기간 동안 시스템이 올바르게 작동하는지 테스트

7. **규제 및 컴플라이언스** - 시스템이 법적 규제 요구 사항(예, 이산화탄소 배출)을 충족하는지 테스트

시스템 테스트는 일반적으로 위의 측면을 테스트할 수 있는 첫 테스트 단계이고 가장 효과적인 테스트 방법이다. 그러나 이 단계에서 발견된 결함을 수정하려면 여러 컴포넌트를 자주 변경해야 하므로 테스트 비용이 많이 들고 비효율적이다.

자동차 소프트웨어에서 이러한 종류의 테스트는 흔히 섀시와 하드웨어 컴포넌트가 없는 테이블 위에 전체 전자 시스템을 설치하는 '박스 카box car'를 사용해 수행한다.

4.5.4 기능 테스트

기능 테스트 단계는 시스템의 기능이 사양에 따라 동작하는지를 검증하는 데 중점을 둔다. 유스 케이스의 형태로 기능 요구 사항에 해당하고 유스 케이스에 따라 종종 명시된다. 그림 4.13은 테이블에 명시된 기능 테스트의 예시다.

테스트 ID	T0001
설명	앞유리 와이퍼 기본 기능 테스트. 테스트의 목적은 앞유리 와이퍼가 엔진을 끈 상태에서 한 번 움직일 수 있는지 확인하는 것이다.

동작/단계	예상 결과
시동 점화	대시보드에 배터리 아이콘이 빨간색으로 켜지고 앞유리 와이퍼가 '닫힘' 위치에 있다.
앞유리 와이퍼를 한 단계 앞으로 설정	앞유리 와이퍼가 '열림' 위치로 이동하기 시작한다.
20초 대기	앞유리 와이퍼가 '닫힘' 위치로 다시 돌아간다.
시동 끄기	차량 대시보드의 모든 아이콘이 꺼지고 앞유리 와이퍼는 '닫힘' 위치에 있다.

그림 4.13 기능 테스트 예

이 예제에서 중요한 것은 유스 케이스의 사양과 비슷한 사양이다. 즉 왼쪽의 단계에 설명과 오른쪽의 예상 결과가 같이 있다. 또한 기능 테스트에서 테스트 대상 시스템SUT, System Under Test의 실제 구성에 대한 지식은 필요로 하지 않으므로 이러한 테스트를 '블랙박스 테스트black-box test'라고도 한다.

기능 테스트는 종종 가장 많은 노력이 드는 테스트 유형이므로 예제의 단순성에 중점을 두어서는 안 된다. 수동적인 방식으로 이뤄지는 경우가 많아 정교한 장비가 필요하다.

정교한 기능 테스트 사례는 OEM이 안전 시스템을 테스트하는 안전 테스트 사례다. 이러한 기능을 테스트하려면 자동차 제조업체는 시스템이 활성화될 수 있는 상황을 재현하고 활성화돼 있는지 확인해야 한다. 또한 활성화돼서는 안 되는 상황을 재현하고 활성화되지 않았음을 테스트해야 한다.

기능 테스트가 실패하면 상호 작용에 참여하는 컴포넌트 수가 상당히 많아서 결함을 찾기가 다소 어렵다. 예를 들어 기능 테스트 실패 사례는 배터리의 기계적 고장에서부터 소프트웨어 설계 결함까지 어떤 것이든 원인이 될 수 있다. 그러므로 기능 테스트는 설계 검증보다 기능을 검증하고자 다른 테스트를 한 후 종종 수행한다.

4.5.5 대규모 소프트웨어 시스템 실용성: 반복 테스트

자동차의 전자 시스템은 매우 복잡하기 때문에 OEM은 종종 반복 테스트 개념을 개발에 적용한다. 반복 테스트 개념은 소프트웨어의 기능이 계층(2장에서 설명된 기능 아키텍처에 의해 규정한 것처럼)으로 나뉘고 기능은 계층당 단위, 컴포넌트, 시스템, 기능 테스트를 사용해 테스트된다. 즉 전자 장치의 부팅, 통신 프로토콜 시작, 진단 실행 등과 같은 기본 기능을 먼저 테스트하고 조명, 조향, 제동과 같은 고급 기능을 나중에 테스트한 다음 드라이버 경고와 같은 더 고급 기능을 수행한다.

4.6 자동차 소프트웨어 엔지니어링에서 설계 데이터베이스 및 그 역할

이러한 모든 유형의 요구 사항은 어떻게든 함께 제공돼야 하므로 요구 사항 엔지니어링을 위한 프로세스와 인프라가 필요하다. 일반적으로 설계 데이터베이스로 부르는 인프라부터 살펴보자. 웨버와 웨이스브로드[WW02]의 작업에서 보면 공통 정보 모델이라고 한다. 그림 4.14는 이 설계 데이터베이스가 어떻게 사용되는지 보여 준다. 이 설계 데이터베이스는 차량 전자 시스템의 모든 요소(컴포넌트, 전자 제어 장치, 시스템, 컨트롤러 등)가 포함된다. 이러한 데이터베이스 구조는 계층적이며 차량의 구조를 반영한다. 데이터베이스의 각 요소는 연관된 요구 사항 집합이 있다. 요구 사항은 또한 서로 연결돼 어떻게 세분화돼 있는지를 보여 준다. 이러한 데이터베이스는 시간이 지남에 따라 커지고 동일한 요소의 다른 버전이 다른 차량에서 사용(예, 동일한 자동차 또는 다른 자동차의 다른 연도 모델)될 수 있기 때문에 버전 관리가 된다.

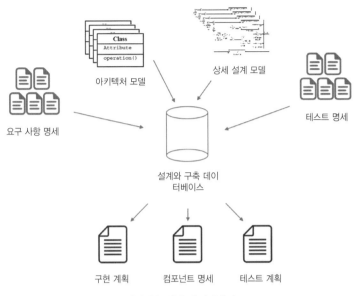

그림 4.14 설계 데이터베이스

이러한 시스템의 예는 첸[Chen] 등[CTSC06]이 설명을 하고, 차량 설계를 위한 데이터베이스를 전문으로 하는 Systemite 회사에서 개발을 하고 있다. 그러한 데이터베이스는 차량의 전자 장치 설계의 모든 요소를 구성하고 모든 내용을 컴포넌트와 연결한다. 컴포넌트의 예는 엔진의 전자 제어 장치가 있고 이 제어 장치를 사용하는 모든 기능이 데이터베이스에 연결돼 있다.

이러한 데이터베이스는 일반적으로 기능 뷰, 아키텍처 뷰, 토폴로지 뷰, 소프트웨어 컴포넌트 뷰와 같은 필요한 세부 정보 집합을 표시하는 많은 뷰가 있다. 각 뷰는 해당 진입점을 제공하고 관련 요소를 표시하지만 데이터베이스는 항상 모든 링크가 유효한 일관된 상태에 있다.

데이터베이스는 다른 행위자를 위한 설계 사양을 생성하는 데 사용된다. ECU를 납품하는 각 공급업체를 위해 데이터베이스는 ECU에 연결된 모든 요구 사항과 ECU의 동작을 설명하는 모든 모델을 생성한다. 때로는 상황에 따라 문서에 ECU에 포함될 기능에 대한 시뮬레이션 모델이 포함돼 있다.

설계 데이터베이스로 사용되는 상용 도구 중 하나는 Systemmite에서 제공하는 SystemWeaver 도구다. 이 도구의 장점은 모든 요소를 서로 연결할

수 있다는 것이다. 그림 4.15에서는 요구 사항이 소프트웨어 아키텍처 모델
과 어떻게 연결돼 있는지를 볼 수 있다. 왼쪽에 요구 사항이 요소의 일부(예,
어댑티브 크루즈 컨트롤의 일부인 '속도 조정')이고 오른쪽에서 다이어그램으로
시각화된 다른 요구 사항을 볼 수 있다.

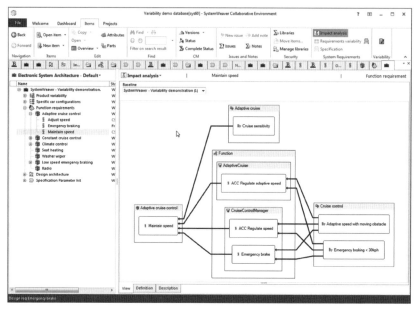

그림 4.15 요구 사항을 아키텍처 요소에 연결하는 설계 데이터베이스. Copyright 2016,
Systemite - 인쇄 허가받음

　이 도구는 그림 4.16에서 나타낸 것과 같이 특정 기능에 연결된 모든 요
구 사항을 나열하는 특정 뷰를 제공한다. 이 뷰의 일부로 분석가가 요구 사
항을 명시할 때보다 구체적이고 설계자가 요구 사항을 더 잘 이해할 수 있도
록 그림으로 텍스트를 보완하는 것을 볼 수 있다.

　다른 뷰(예, 요구 사항과 컴포넌트)에서 요소를 연결하고 이러한 요소의 그래
픽 개요를 제공하면 아키텍처가 변경 영향 분석을 신속하게 할 수 있고 아키
텍처 선택에 대해 쉽게 설명할 수 있다. 이러한 동작 뷰 생성은 아키텍처를
평가(예, ATAM 평가 중)할 때 매우 중요하다. 이러한 뷰의 예로 그림 4.17은
표시된 것처럼 특정 사용자 기능을 구현하는 데 사용되는 아키텍처 컴포넌
트의 집합을 보여 준다.

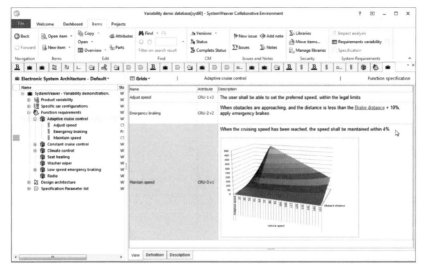

그림 4.16 특정 기능에 대한 요구 사항을 나열하는 설계 데이터베이스. Copyright 2016, Systemite – 인쇄 허가받음

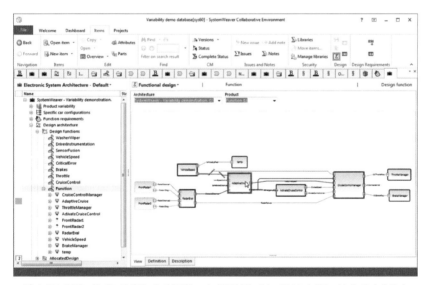

그림 4.17 특정 기능을 설계할 때 사용하는 아키텍처 컴포넌트를 보여 주는 설계 데이터베이스. Copyright 2016, Systemite – 인쇄 허가받음

시스템 설계 데이터베이스는 그림 4.18과 같이 테스트 계획 단계에서 요구 사항을 테스트 케이스와 연결하는 데도 도움을 준다.

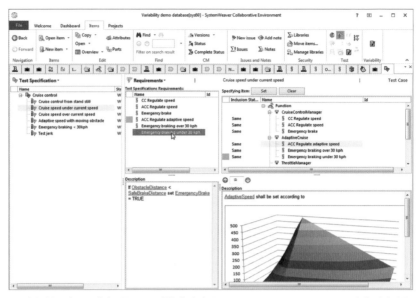

그림 4.18 테스트 케이스를 요구 사항에 연결. Copyright 2016, Systemite – 인쇄 허가받음

그림 4.19와 같이 테스트 진행 상황을 추적하는 데 도움을 주기도 한다. 자동차 시스템에서 요구 사항이 너무 많기 때문에 테스트 진행 여부를 추적하는 것도 쉽지 않다. 그러므로 프로젝트에서 특정 요구 사항을 다루고자 계획된 테스트 케이스와 실행된 테스트 케이스와 실행 결과를 추적할 수 있는 통합된 뷰가 필요하다.

그림 4.19 테스트 진행 상황 추적. Copyright 2016, Systemite – 인쇄 허가받음

설계 데이터베이스와 모델링 도구는 프로젝트 팀에게 소프트웨어 시스템에 대한 일관된 뷰를 제공한다. 소프트웨어 아키텍처의 경우 이 도구를 사용해 2장에 제시된 모든 뷰(물리, 논리, 배포와 같은)를 서로 연결할 수 있다. 따라서 문서를 안정적이고 일관된 상태로 유지해야 불필요한 작업을 피할 수 있다. 이 목적으로 사용하는 대부분의 도구는 자동차 소프트웨어 개발에 필수적인 여러 병렬 버전 및 기준점을 처리할 수 있는 가능성을 제공한다.

4.7 더 읽기

4장에서는 자동차 소프트웨어 개발의 실질적인 측면을 새로운 시각에서 살펴봤다. 관심 있는 독자들은 이 영역에 더 많은 문헌을 통해 세부 사항을 자세히 알아볼 수 있다.

자동차 소프트웨어 프로세스의 경우 저수준의 프로세서 프로그래밍에서부터 고급 기능 개발로 넘어가는 자동차 소프트웨어 개발에 대한 고전적인 견해를 제시하는 슈펠레[Schäuffele]와 주라브카[Zurawka][SZ05]의 저서를 추천한다.

브로이[Broy][Bro06]가 자동차 소프트웨어 엔지니어링의 도전을 설명한 고전 논문은 일반적으로 자동차 소프트웨어 엔지니어링의 역학을 이해하는 다음 단계다. 이것은 자동차 소프트웨어 개발의 미래에 중점을 둔 프레치너[Pretschner] 등[PBKS07]의 논문으로 보완할 수 있다.

변형에 관심이 있는 독자는 보쉬[Bosch] 등의 작업 [VGBS01, SVGB05] 또는 [BFGC01]을 살펴보면 좋다. 이 작업은 소프트웨어 제품군을 기반으로 하지만 자동차 분야에도 매우 잘 적용된다. 이는 이 분야에서 보다 최근에 개발, 즉 소프트웨어 생태계와 자동차 분야에서 이것이 구현됨에 따라 보완될 수 있다[EG13, EB14].

오토[Otto] 등[Ott12], [Ott13]은 5,800개 이상의 요구 사항 검토 프로토콜을 품질 모델에 분류한 메르세데스-벤츠의 요구 사항 엔지니어링에 관한 연구를 제시한다. 이 결과는 텍스트 요구 사항(또는 출판물에 언급된 것과 같은 자연어 요구 사항)이 불일치, 불완전성, 모호성과 같은 문제를 일으키기 쉽다는 것을 보여 줬다. 즉 요구 사항의 결함 중 약 70%가 이러한 범주에 해당한다. 이 기사를 통해 유스 케이스 모델, 사용자 스토리, 유스 케이스에서 제공하는 텍스트 요구 사항을 더 많은 문맥으로 보완할 필요가 있다는 것을 알 수 있다.

퇴르너^{Törner} 등[TIPÖ06]은 볼보 자동차 그룹의 요구 사항에 대한 유사한 사례를 발표했다. 오토 등[Ott12]의 연구와 달리 퇴르너는 텍스트 요구 사항이 아닌 유스 케이스 사양을 연구했다. 그러나 결함의 주요 유형은 누락된 요소(오토의 모델에서 정확성)와 부정확한 언어(오토의 모델에서 모호성)로 결과는 비슷하다.

엘리아손^{Eliasson} 등[EHKP15]은 볼보 자동차 그룹에서의 추가 경험을 설명하면서 메카트로닉스 개발 조직에서 요구 사항 엔지니어링에 대한 도전 과제를 탐구했다. 그들의 발견은 요구 사항 명세와 병행해 많은 의사소통이 이뤄지고 있음을 보여 줬다. 요구 사항 명세의 이해관계자는 요구 사항을 올바르게 명시하고자 좋은 네트워크를 보유할 필요가 있다고 자주 언급했다. 이는 4장의 앞에서 설명한 요구 사항이 단지 사양(특히 텍스트 사양)에서 일반적으로 제공되는 것보다 더 많은 맥락이 필요하다는 나타낸다.

마할리^{Mahally} 등[MMSB15]은 애자일 메카트로닉스 조직으로 나아가는 데 있어 주요 장벽과 지원되는 요구 사항을 식별했다. 오늘날 OEM은 신속한 메카트로닉스의 개발로 나아가고 애자일 소프트웨어 개발 접근법을 사용해 주기 시간을 줄이려고 노력하지만, 요구 사항이 전자 장치의 개발을 필요로 하는지 또는 소프트웨어 요구 사항만인지를 미리 알 수 없는 문제가 있다. 마할리 등에 따르면 이러한 종류의 문제를 해결해야 하며 후덱[Hou13]의 예측에 근거해 장치 개발이 무산되고 대부분의 요구 사항이 소프트웨어 요구 사항이 되면서 이러한 문제는 종결될 수 있다고 한다. 요구 사항 엔지니어링이 자동차 OEM을 위한 최고의 개선 영역 중 하나임을 발견한 페른스톨^{Pernstål} 등[PGFF13]에서도 유사한 문제가 제시됐다. 요구 사항을 통한 의사소통 능력도 중요한 부분이었다.

아우디에서 알만Allmann 등[AWKC06]은 OEM과 공급업체 간의 경계에 대한 요구 사항 의사소통 과제를 제시했다. 그들은 더 나은 의사소통의 필요성과 텍스트 표현을 통한 의사소통의 어려움을 파악했다. 그들은 중간 매체를 통해 지식을 전달하는 요구 사항을 통한 의사소통에 내재된 결함이 있기 때문에 더 긴밀한 파트너십의 필요성을 인식했다. 따라서 문서 전송을 통한 지식 손실을 최소화하고자 통합 시스템을 권장했다.

시글Siegl 등[SRH15]은 시간 사용 모델TUM, Time Usage Model로 요구 사항 사양을 공식화하는 방법을 제시해 독일 OEM 중 한 곳의 요구 사항 사양에 성공적으로 적용했다. 평가 연구에서 테스트 범위의 증가와 요구 사항 사양의 품질 향상을 보여 줬다.

BMW에서 하르트Hardt 등[HMB02]은 변형이 존재하는 경우 요구 사항 간의 종속성을 추론하고자 공식화된 도메인 엔지니어링 모델을 사용하는 방법을 보여 줬다. 이 접근은 단순하지만 강력한 형식주의를 제공했고 강점은 산업에 적용 가능성이 있었다.

BMW 자동차 프로젝트의 기능 아키텍처와 보겔상Vogelsang과 퓨어만Fuhrmann [VF13]에 의한 기능 관련 요구 사항에 관한 연구는 기능의 85%가 서로 의존하고 있으며 이러한 의존성이 소프트웨어 프로젝트에 상당수의 문제를 야기하는 것을 보여 줬다. 이 연구는 차량 설계의 기능적 분해의 복잡성과 설명의 복잡성을 보여 줬다.

보쉬Bosch에서 랑엔펠트Langenfeld 등[LPP16]의 5년 프로젝트 연구에 따르면 요구 사항에서 결함의 61%는 요구 사항 명세의 불완전성 또는 부정확성에서 발생한다는 것을 보여 줬다.

요구 사항 엔지니어링에서 흥미로운 동향 중 하나는 요구 사항 엔지니어의 직무 자동화다. 이러한 작업 중 하나는 비기능적 요구 사항의 발견이다. 이 작업은 기능적 요구 사항의 사양을 읽고 비기능적 요구 사항으로 변환해야 하는 문구를 식별하는 것에 기초한다. 이 자동화 과제에 관한 연구는 클레랜드 후앙Cleland-Huang 등[CHSZS07]에 의해 수행됐다. 이 연구에 따르면 요구 사항의 자동 분류가 90%나 될 수 있지만 현 단계에서는 수동 분류기를 대체할 수 없다는 것을 보여 줬다.

4.7.1 요구 사항 명세 언어

요구 사항 추적성 [DPFL10] DARWIN4Req을 위한 모델은 요구 사항의 생명 주기에 따르는 능력과 관련된 문제를 해결하고자 제안됐다. 이 모델을 사용하면 서로 다른 형식(예, UML, SysML)으로 표현된 요구 사항을 연결하고 서로를 연결할 수 있다. 그러나 모델과 도구는 아직 광범위한 규모로 채택되지 않았다.

EAST-ADL[DSLT05]은 요구 사항을 알고 이를 아키텍처 설계에 연결하는 요소를 포함하는 아키텍처 명세 언어다. 이 접근 방식은 SysML과 유사하지만 전용 요구 사항 명세 다이어그램이 없다는 것이 다르다. EAST-ADL은 업계에서 사용하는 것이 입증됐지만 아직 자동차 OEM의 표준은 아니다. 마흐무드Mahmud[MSL15]는 EAST-ADL 모델링 언어를 보완해 요구 사항(예, 기본 일관성 검사)을 분석하고 검증할 수 있는 언어 ReSA를 제시했다.

안전 영역에서 비기능적 요구 사항에 대한 페랄디Peraldi[PFA10]는 요구 사항의 추적성을 향상시키고 설계된 임베디드 소프트웨어의 비기능적 속성(예, 안전)에 대한 연결을 허용하는 EAST-ADL 언어의 또 다른 확장을 제안했다.

멜레고르드Mellegård와 스타론Staron[MS09], [MS10c]는 계층적 그래픽 요구 사항 사양을 사용해 변경 영향 평가 품질에 미치는 영향에 대한 실증적 연구를 수행했다. 이 목적을 위해 기존 형식(요구 사항 추상화 모델)을 기반으로 요구 사항 명세 언어를 설계했다. 그 결과 요구 사항 간의 종속성에 대한 그래픽 개요가 크게 개선됐음을 보여 줬다[KS02].

마지막으로, 자동차 영역에서 소프트웨어 개발의 핵심 결과물로 모델을 사용하는 것이 MDAModel-Driven Architecture[SKW04a, SKW04b, SKW04c]의 맥락에서 연구됐다. 중요한 측면은 생명 주기 전체에 걸친 모델의 진화다.

4.8 요약

정확하고 명확하며 일관성 있는 요구 사항 규격은 특히 자동차 임베디드 시스템에서 고품질 소프트웨어의 기초가 된다. 4장에서는 자동차 영역에서 사용되는 가장 일반적인 유형의 요구 사항을 소개하고 주요 강점을 설명했다.

자동차 소프트웨어의 현재 발전 상태를 바탕으로 자동차 임베디드 시스템의 요구 사항 엔지니어링에서의 세 가지 추세, 즉 (1) 요구 사항 명세에서 애자일 (2) 비기능 요구 사항에 더 집중하는 것 (3) 요구 사항의 영역으로서 보안에 대해 더 집중하는 것을 관찰할 수 있다. 4장의 마지막에 이러한 회사에서의 문서화된 경험을 바탕으로 일부 차량 제조업체(메르세데스 벤츠, 아우디, BMW, 볼보)의 요구 사항 관행에 대한 개요도 제공했다. 또한 관심 있는 독자들을 위해 더 자세한 내용 파악을 위한 자료를 제시했다.

향후에는 주요 자동차 OEM에서 요구 사항 엔지니어링 관행을 검토하고 차이점과 공통점을 파악할 예정이다.

참고 문헌

ASM+14. Vard Antinyan, Miroslaw Staron, Wilhelm Meding, Per Österström, Erik Wikstrom, Johan Wranker, Anders Henriksson, and Jörgen Hansson. Identifying risky areas of software code in agile/lean software development: An industrial experience report. In *Software Maintenance, Reengineering and Reverse Engineering (CSMR-WCRE), 2014 Software Evolution Week-IEEE Conference on*, pages 154–163. IEEE, 2014.

AWK+06. Christian Allmann, Lydia Winkler, Thorsten Kölzow, et al. The requirements engi- neering gap in the OEM-supplier relationship. *Journal of Universal Knowledge Management*, 1(2):103–111, 2006.

BFG+01. Jan Bosch, Gert Florijn, Danny Greefhorst, Juha Kuusela, J Henk Obbink, and Klaus Pohl. Variability issues in software product lines. In *International Workshop on Software Product-Family Engineering*, pages 13–21. Springer, 2001.

Bro06. Manfred Broy. Challenges in automotive software engineering. In *Proceedings of the 28th international conference on Software engineering*, pages 33–42. ACM, 2006.

C+90. IEEE Standards Coordinating Committee et al. IEEE Standard glossary of software engineering terminology (IEEE Std 610.12–1990). Los Alamitos. *CA: IEEE Computer Society*, 1990.

CHSZS07. Jane Cleland-Huang, Raffaella Settimi, Xuchang Zou, and Peter Solc. Automated classification of non-functional requirements. *Requirements Engineering*, 12(2):103– 120, 2007.

CTS+06. DeJiu Chen, Martin Törngren, Jianlin Shi, Sebastien Gerard, Henrik Lönn, David Servat, Mikael Strömberg, and Karl-Erik Årzen. Model integration in the development of embedded control systems-a characterization of current research efforts. In *Computer Aided Control System Design, 2006 IEEE International Conference on Control Applications, 2006 IEEE International Symposium on Intelligent Control, 2006 IEEE*, pages 1187–1193. IEEE, 2006.

DB15. Jan Dannenberg and Jan Burgard. 2015 car innovation: A comprehensive study on innovation in the automotive industry. 2015.

Dem12. Simulink Demo. Modeling an anti-lock braking system. *Copyright 2005–2010 The MathWorks*, Inc, 2012.

DPFL10. Hubert Dubois, Marie-Agnès Peraldi-Frati, and Fadoi Lakhal. A model for require- ments traceability in a heterogeneous model-based design process: Application to automotive embedded systems. In *Engineering of Complex Computer Systems (ICECCS), 2010 15th IEEE International Conference on*, pages 233–242. IEEE, 2010.

DSLT05. Vincent Debruyne, Françoise Simonot-Lion, and Yvon Trinquet. EAST– ADL – An architecture description language. In *Architecture Description Languages*, pages 181– 195. Springer, 2005.

EB14. Ulrik Eklund and Jan Bosch. Architecture for embedded open software ecosystems. *Journal of Systems and Software*, 92:128–142, 2014.

EG13. Ulrik Eklund and Håkan Gustavsson. Architecting automotive product lines: Industrial practice. *Science of Computer Programming*, 78(12):2347– 2359, 2013.

EHKP15. Ulf Eliasson, Rogardt Heldal, Eric Knauss, and Patrizio Pelliccione. The need of complementing plan-driven requirements engineering with emerging communication: Experiences from Volvo Car Group. In *Requirements Engineering Conference (RE), 2015 IEEE 23rd International*, pages 372–381. IEEE, 2015.

HMB02. Markus Hardt, Rainer Mackenthun, and Jürgen Bielefeld. Integrating ECUs in vehicles- requirements engineering in series development. In *Requirements Engineering, 2002. Proceedings. IEEE Joint International Conference on*, pages 227–236. IEEE, 2002.

Hou13. Frank Houdek. Managing large scale specification projects. In *Requirements Engineering foundations for software quality, REFSQ*, 2013.

JBR97. Ivar Jacobson, Grady Booch, and Jim Rumbaugh. The objectory software development process. *ISBN: 0-201-57169-2, Addison Wesley*, 1997.

KS02. Ludwik Kuzniarz and Miroslaw Staron. On practical usage of stereotypes in UML- based software development. *the Proceedings of Forum on Design and Specification Languages, Marseille*, 2002.

KSM+15. Eric Knauss, Miroslaw Staron, Wilhelm Meding, Ola Söder, Agneta Nilsson, and Magnus Castell. Supporting continuous integration by code-churn based test selection. In *Proceedings of the Second International Workshop on Rapid Continuous Software Engineering*, pages 19–25. IEEE Press, 2015.

LPP16. Vincent Langenfeld, Amalinda Post, and Andreas Podelski. Requirements Defects over a Project Lifetime: An Empirical Analysis of Defect Data from a 5-Year Automotive Project at Bosch. In *Requirements Engineering: Foundation for Software Quality*, pages 145–160. Springer, 2016.

MMSB15. Mahshad M Mahally, Miroslaw Staron, and Jan Bosch. Barriers and enablers for shortening software development lead-time in mechatronics organizations: A case study. In *Proceedings of the 2015 10th Joint Meeting on Foundations of Software Engineering*, pages 1006–1009. ACM, 2015.

MS08. Niklas Mellegård and Miroslaw Staron. Methodology for requirements engineering in model-based projects for reactive automotive software. In *18th ECOOP Doctoral Symposium and PhD Student Workshop*, page 23, 2008.

MS09. Niklas Mellegård and Miroslaw Staron. A domain specific modelling language for specifying and visualizing requirements. In *The First International Workshop on Domain Engineering, DE@ CAiSE, Amsterdam*, 2009.

MS10a. Niklas Mellegård and Miroslaw Staron. Characterizing model usage in embedded software engineering: a case study. In *Proceedings of the Fourth European Conference on Software Architecture: Companion Volume*, pages 245–252. ACM, 2010.

MS10b. Niklas Mellegård and Miroslaw Staron. Distribution of effort among software development artefacts: An initial case study. In *Enterprise, Business-Process and Information Systems Modeling*, pages 234–246. Springer, 2010.

MS10c. Niklas Mellegård and Miroslaw Staron. Improving efficiency of change impact assessment using graphical requirement specifications: An experiment. In *Product- focused software process improvement*, pages 336–350. Springer, 2010.

MSL15. Nesredin Mahmud, Cristina Seceleanu, and Oscar Ljungkrantz. ReSA: An ontology- based requirement specification language tailored to automotive systems. In *Industrial Embedded Systems (SIES), 2015 10th IEEE International Symposium on*, pages 1–10. IEEE, 2015.

Org11. International Standards Organization. 26262–road vehicles-functional safety. *Interna- tional Standard ISO*, 26262, 2011.

Ott12. Daniel Ott. Defects in natural language requirement specifications at Mercedes- Benz: An investigation using a combination of legacy data and expert opinion. In *Requirements Engineering Conference (RE), 2012 20th IEEE International*, pages 291– 296. IEEE, 2012.

Ott13. Daniel Ott. Automatic requirement categorization of large natural language specifi- cations at Mercedes-Benz for review improvements. In *Requirements Engineering: Foundation for Software Quality*, pages 50–64. Springer, 2013.

PBKS07. Alexander Pretschner, Manfred Broy, Ingolf H Kruger, and Thomas Stauner. Software engineering for automotive systems: A roadmap. In *2007 Future of Software Engineer- ing*, pages 55–71. IEEE Computer Society, 2007.

PFA10. Marie-Agnès Peraldi-Frati and Arnaud Albinet. Requirement traceability in safety crit- ical systems. In *Proceedings of the 1st Workshop on Critical Automotive applications: Robustness & Safety*, pages 11–14. ACM, 2010.

PGFF13. Joakim Pernstål, Tony Gorschek, Robert Feldt, and Dan Florén. Software process improvement in inter-departmental development of software-intensive automotive systems – A case study. In *Product-Focused Software Process Improvement*, pages 93–107. Springer, 2013.

RSB+13a. Rakesh Rana, Miroslaw Staron, Christian Berger, Jörgen Hansson, Martin Nilsson, and Fredrik Torner. Evaluating long-term predictive power of standard reliability growth models on automotive systems. In *Software Reliability Engineering (ISSRE), 2013 IEEE 24th International Symposium on*, pages 228–237. IEEE, 2013.

RSB+13b.Rakesh Rana, Miroslaw Staron, Christian Berger, Jörgen Hansson, Martin Nilsson, and Fredrik Törner. Improving fault injection in automotive model based development using fault bypass modeling. In *GI-Jahrestagung*, pages 2577–2591, 2013.

RSM+13. Rakesh Rana, Miroslaw Staron, Niklas Mellegård, Christian Berger, Jörgen Hansson, Martin Nilsson, and Fredrik Törner. Evaluation of standard reliability growth models in the context of automotive software systems. In *Product-Focused Software Process Improvement*, pages 324–329. Springer, 2013.

SHF+13. Miroslaw Staron, Jorgen Hansson, Robert Feldt, Anders Henriksson, Wilhelm Meding, Sven Nilsson, and Christoffer Hoglund. Measuring and visualizing code stability – A case study at three companies. In *Software Measurement and the 2013 Eighth International Conference on Software Process and Product Measurement (IWSM- MENSURA), 2013 Joint Conference of the 23rd International Workshop on*, pages 191–200. IEEE, 2013.

SKW04a. Miroslaw Staron, Ludwik Kuzniarz, and Ludwik Wallin. Case study on a process of industrial MDA realization: Determinants of effectiveness. *Nordic Journal of Computing*, 11(3):254–278, 2004.

SKW04b. Miroslaw Staron, Ludwik Kuzniarz, and Ludwik Wallin. A case study on industrial MDA realization – Determinants of effectiveness. *Nordic Journal of Computing*, 11(3):254–278, 2004.

SKW04c. Miroslaw Staron, Ludwik Kuzniarz, and Ludwik Wallin. Factors determining effective realization of MDA in industry. In K. Koskimies, L. Kuzniarz, Johan Lilius, and Ivan Porres, editors, *2nd Nordic Workshop on the Unified Modeling Language*, volume 35, pages 79–91. Abo Akademi, 2004.

SRH15. Sebastian Siegl, Martin Russer, and Kai-Steffen Hielscher. Partitioning the require- ments of embedded systems by input/output dependency analysis for compositional creation of parallel test models. In *Systems Conference (SysCon), 2015 9th Annual IEEE International*, pages 96–102. IEEE, 2015.

SVGB05. Mikael Svahnberg, Jilles Van Gurp, and Jan Bosch. A taxonomy of variability realization techniques. *Software: Practice and Experience*, 35(8):705–754, 2005.

SZ05. Jörg Schäuffele and Thomas Zurawka. *Automotive software engineering – Principles, processes, methods and tools*. 2005.

TIPÖ06. Fredrik Törner, Martin Ivarsson, Fredrik Pettersson, and Peter Öhman. Defects in automotive use cases. In *Proceedings of the 2006 ACM/IEEE international symposium on Empirical software engineering*, pages 115–123. ACM, 2006.

VF13. Andreas Vogelsang and Steffen Fuhrmann. Why feature dependencies challenge the requirements engineering of automotive systems: An empirical study. In *Requirements Engineering Conference (RE), 2013 21st IEEE International*, pages 267–272. IEEE, 2013.

VGBS01. Jilles Van Gurp, Jan Bosch, and Mikael Svahnberg. On the notion of variability in software product lines. In *Software Architecture, 2001.*

Proceedings. Working IEEE/IFIP Conference on, pages 45–54. IEEE, 2001.

WW02. Matthias Weber and Joachim Weisbrod. Requirements engineering in automotive development-experiences and challenges. In *Requirements Engineering, 2002. Pro- ceedings. IEEE Joint International Conference on,* pages 331–340. IEEE, 2002.

5

오토사

다르코 두리식^{Darko Durisic}, 볼보 자동차 그룹

개요 5장에서는 자동차 소프트웨어/시스템 아키텍처 개발에서 오토사 AUTOSAR 표준의 역할을 설명한다. 오토사는 오토사 플랫폼(미들웨어) 위에 구축된 자동차 소프트웨어 시스템 개발을 위한 레퍼런스 아키텍처와 방법론을 정의한다. 또한 아키텍처 모델에 대한 언어(메타 모델)도 제공한다. 오토사 플랫폼은 실내 온도 조절 및 문과 같은 전통적인 메카트로닉스 시스템 개발을 위해 설계된 오토사 클래식 플랫폼과 자율주행 및 연결성 등의 최신 자동차 소프트웨어 시스템 개발을 위해 설계된 오토사 어댑티브 플랫폼 두 가지가 있다. 두 플랫폼 모두 오토사의 레퍼런스 아키텍처를 보여 주고 제안된 개발 방법론을 설명한다. 또한 오토사 클래식 및 어댑티브 플랫폼의 개발 프로세스에서 오토사 메타 모델의 역할을 설명하고 이러한 메타 모델을 인스턴스화하는 아키텍처 모델의 예를 보여 준다. 마지막으로 미들웨어 계층에서 오토사 플랫폼 모듈을 구성하기 위한 오토사 메타 모델의 사용에 대해 설명한다.

5.1 소개

전통적으로 자동차 분야에서 가장 가치 있는 엔지니어링 기술은 기계 엔지니어의 기술이었으며, '가솔린'에 대한 열정이 주된 동기 부여 요인으로 작용했다. 요즘에는 '코드'에 대한 열정이 주요 동기 요인인 전기/소프트웨어 엔지니어의 기술이 이를 대신하고 있다[Mer20]. 이러한 변화의 주된 이유는 자동차의 기계적 특성을 '바퀴 달린 컴퓨터'[Hil17]로 전환하는 것을 목표로 오늘날 대부분의 자동차 기능이 소프트웨어로 제어되기 때문이다. 소프트웨어는 또한 오늘날 자동차 영역에서 핵심 혁신 요소를 대표하고 있으며 자동차 제조업체 OEM에 경쟁 우위를 제공한다.

기계 공학 기술을 선호하는 OEM의 소프트웨어 엔지니어링 기술 격차는 대부분의 기존 자동차 기능에 대한 완전한 솔루션을 OEM에 제공하는 다수의 소프트웨어 및 하드웨어 전자 제품 공급업체에 의해 빠르게 채워졌다. 이러한 기능의 몇 가지 예는 엔진 제어, 변속기, 도어 잠금/잠금 해제, 운전자 헤드업 디스플레이의 디지털화다. 이로 인해 다음 두 가지 주요 영역에서 자동차 소프트웨어 시스템 개발에 대한 표준화의 필요성이 제기됐다.

1. **방법론** – 시스템 설계 및 검증에 대한 책임은 OEM에게 있고 구현은 일반적으로 여러 공급업체에 분산돼 있기 때문에 완전한 자동차 소프트웨어 시스템을 설계하고 검증하기 위한 표준화된 방법론이 필요하다.

2. **아키텍처** – 서로 다른 OEM 간에 소프트웨어 공급업체가 개발한 아키텍처 구성 요소의 재사용성을 높이고 비용을 줄이려면 표준화된 레퍼런스 아키텍처가 필요하다.

이러한 요구는 2003년 자동차 OEM과 소프트웨어 및 하드웨어 전자 제품 공급업체의 공동 파트너십으로 오늘날 오토사 클래식 플랫폼[AUT19b]으로 알려진 오토사 표준의 도입으로 성공적으로 해결됐다. 오늘날 오토사는 200개 이상의 글로벌 파트너[AUT20]로 구성돼 있으므로 자동차 소프트웨어 시스템 개발에서 사실상의 표준으로 간주된다.

오토사 개발 초기 10년 동안 자동차 영역에서 전기 공학 및 보다 정확하게는 소프트웨어 엔지니어링 역량이 빠르게 상승했다. 이로 인해 미래 자동차에 대한 완전히 새로운 기대가 생겼다. 첫째, 자동차 개발 중 탄소와 질소 배출량(EU의 목표는 2035년까지 신규 생산 차량 모두에 대해 배출량이 0이 되는 것)과 배터리와 같은 부품 개발을 포함한 자동차 개발 과정에서의 저 배출량 등을 목표로 하는 것이 환경 지속 가능성에 기여할 것으로 기대한다. 많은 사람은 전기차가 이 목표를 달성하기 위한 해결책이라고 믿고 있다.

둘째, 미래 자동차는 모든 교통 수단에서 사망 또는 중상자 0을 달성할 때까지 안전한 운송 시스템의 목표에 기여할 것으로 기대된다. 벨트 및 에어백과 같은 자동차의 수동적 안전 시스템과 일반적으로 차량의 구성이 안전 개선 측면에서 서서히 한계에 도달하고 있음이 오늘날 더욱 분명해지고 있다. 이는 사람의 개입 없이 전체 여정을 완전히 자율적으로 수행할 수 있도록 하는 소프트웨어의 궁극적인 목표와 함께 소프트웨어에 의존하는 능동 안전 시스템을 통해서만 목표를 달성할 수 있음을 의미한다.

미래차의 세 번째 기대는 두 번째(자율주행차)와 밀접한 관련이 있으며, 이를 '연결성'이라고 말한다. 자율주행차와 관련된 연결성은 자동차가 환경에 대한 관련 데이터를 실시간으로 수집하고자 사람들의 '스마트' 기기를 포함한 자동차와 도로 인프라(교통표지판 등) 간 통신이나 자동차 간 통신과 관련이 있다. 하지만 자동차 사용자로부터 직접 연결성과 관련된 또 다른 기대치가 있는데, 그것은 직관적이고 완벽하게 통합 가능한 자동차 인포테인먼트 시스템이다.

소프트웨어로 이러한 기대를 충족시키려면 자동차 소프트웨어 개발 프로세스에 대한 속도와 유연성(적응성)을 확보해야 한다. 즉 이미 OTA^Over-The-Air 소프트웨어 업데이트를 사용하는 자동차에 새로운 소프트웨어 기능을 빠르고 원활하게 배치하려면 Scrum 또는 Lean과 같은 잘 알려진 애자일 개발 방법 중 하나를 따라야 한다. 여기에는 자율주행차의 안전에 중요한 소프트웨어가 포함된다.

이러한 자동차 도메인의 새로운 미래는 오토사의 아키텍처와 개발 방법론의 급격한 변화를 요구한다. 이러한 변화는 오토사 클래식 플랫폼의 발전으로 수용하기 어렵기 때문에 오토사는 2016년에 클래식 플랫폼의 진화보다 더 혁신적인 새로운 오토사 어댑티브 플랫폼(AUT19a)을 도입하기로 결정했다. 오토사 클래식 플랫폼에서 잘 작동하던 기존의 자동차 기능이 미래의 자동차에도 존재해야 하기 때문에 오토사의 어댑티브 플랫폼의 목표는 클래식 플랫폼을 대체하는 것이 아니라 하나의 소프트웨어 시스템에서 다른 플랫폼(예, GENIVI [GEN20] 및 안드로이드)과 공존할 수 있는 것이다.

이러한 이유로 5장에서는 5.2절의 오토사 클래식 플랫폼과 5.3절의 오토사 어댑티브 플랫폼을 설명하고, 5.4절에서 두 플랫폼 간에 공유되는 공통 부분을 예제와 함께 설명한 후, 5.5절에 오토사에 대한 추가 읽기 지침을 제공한 다음, 5.6절에서 간략한 요약과 함께 마무리한다.

5.2 오토사 클래식 플랫폼

전통적으로 자동차 소프트웨어 시스템 아키텍처는 소프트웨어가 집약된 시스템으로 4+1 아키텍처 뷰 모델[Kru95]에서 크뤼슈텐^{Kruchten}이 더 자세히 설명하는 바와 같이 뷰의 집합에서 볼 수 있다. 5장에서는 두 가지 아키텍처 뷰, 즉 논리적 뷰와 물리적 뷰를 중점적으로 다루기 때문에 여기서도 간략하게 설명한다.

자동차 소프트웨어의 논리적 아키텍처는 보행자가 자동차 운행 중 감지됐을 때 자동 제동과 같은 고급 차량 기능을 정의하고 구조화하는 역할을 한다. 이 기능은 일반적으로 많은 논리적 소프트웨어 컴포넌트로 구현된다. 예를 들어 PedestrianSensor 컴포넌트는 보행자를 감지하고 BrakeControl 컴포넌트로 완전 자동 제동을 요청한다. 이 컴포넌트는 (예, 차량 앞에서 탐지된 보행자에 대한) 정보를 교환해 통신한다. 논리적 소프트웨어 컴포넌트는 보통 구현된 기능 기반으로 서브시스템으로 그룹화되는데 능동 안전과 파워트레인과 같은 논리적 도메인으로 그룹화된다.

자동차 소프트웨어 시스템의 물리적 아키텍처는 일반적으로 ECU로 불리는 여러 컴퓨터(오늘날 일반적으로 200개 이상 프리미엄 자동차)로 분산돼 있다.

ECU는 다른 종류(Can, FlexRay, Ethernet)의 전자 버스electronic bus로 연결돼 있고 논리적 아키텍처에 정의된 하나 이상의 고급 차량 기능을 실행한다. 각 논리적 소프트웨어 컴포넌트는 적어도 하나의 ECU에 할당되지만 논리적 소프트웨어 컴포넌트와 실행 가능한 소프트웨어 컴포넌트 간의 매핑은 일반적으로 일대일이 아니다.

각 ECU에는 다음과 같은 주요 부분으로 구성된 고유한 물리적 아키텍처(종종 ECU 아키텍처라고도 한다)가 있다.

- 응용 소프트웨어application software는 여러 실행 가능한 소프트웨어 컴포넌트로 구성돼 있고 ECU에 구현된 차량 기능(예, 차량 운전 궤도에서 보행자 감지)을 실행하는 역할을 한다.
- 미들웨어 소프트웨어middleware software는 전자 버스에서 데이터 전송/수신 및 진단 이벤트 추적과 같은 응용 소프트웨어에 서비스를 제공한다.
- 하드웨어는 전자 버스 및 ECU의 CPU와 같은 다른 하드웨어 장치를 제어하는 여러 드라이버를 포함한다.

자동차 소프트웨어 시스템과 ECU의 논리적 아키텍처 뷰와 물리적 아키텍처 뷰 개발은 대부분 MDAModel-Driven Architecture 접근법을 따른다[Obj14]. 이는 논리적 및 물리적 시스템 아키텍처와 물리적 ECU 아키텍처가 아키텍처 모델로 설명된다는 것을 뜻한다. 반면에 프로세스 관점에서 전통적인 자동차 아키텍처 설계를 살펴보면 자동차 제조업체OEM는 일반적으로 시스템의 논리 및 물리적 설계를 담당하고 공급업체들은 특정 ECU의 물리적 설계, 응용 및 미들웨어 소프트웨어 구현, 필요한 하드웨어를 담당한다[BKPS07].

자동차 소프트웨어 시스템과 그 아키텍처 컴포넌트의 분산된 설계 및 개발을 용이하게 하도록 오토사 표준은 2003년 자동차 OEM과 소프트웨어 및 하드웨어 공급업체의 공동 파트너십으로 시작됐다. 오늘날 오토사는 150개 이상 글로벌 파트너[AUT16a]로 구성돼 있으며 자동차 분야에서 사실상 표준으로 간주된다. 오토사는 다음과 같은 주요 목표를 기반으로 한다.

1. **레퍼런스 ECU 아키텍처 및 해당 계층의 표준화** – 동일한 소프트웨어 공급 업체가 개발한 여러 자동차 프로젝트(하나 이상의 OEM)에서 응용 소프트웨어 컴포넌트의 재사용성을 향상시킨다.

2. **개발 방법론 표준화** – 시스템의 모든 ECU에 대한 소프트웨어 개발 프로세스에서 여러 다른 회사(OEM 및 공급업체들) 간에 협업이 가능하도록 한다.

3. **시스템/ECU 아키텍처 모델에 대한 언어**(메타 모델) **표준화** – 개발 프로세스에서 다른 회사가 사용하는 다른 모델링과 코드 생성 도구 간에 아키텍처 모델을 원활하게 교환하도록 한다.

4. **ECU 미들웨어**(기본 소프트웨어, BSW) **아키텍처 및 기능 표준화** – OEM 엔지니어는 ECU 미들웨어와 달리 경쟁 우위를 창출할 수 있는 고급 차량 기능의 설계 및 구현에 집중할 수 있도록 한다.

2017년 오토사 어댑티브 플랫폼이 도입된 이후 오토사의 이 부분을 오토사 클래식 플랫폼이라고 한다. 다음 4개의 하위 절(5.2.1~5.2.4)에서 이 플랫폼이 이 네 가지 목표를 각각 달성하는 방법을 보여 준다.

5.2.1 레퍼런스 아키텍처

오토사에 기반한 ECU 소프트웨어 아키텍처 설계는 그림 5.1에서 제시된 바와 같이 ECU 하드웨어 계층에 구축된 마이크로컨트롤러상에서 실행할 수 있는 3계층 아키텍처에 따른다.

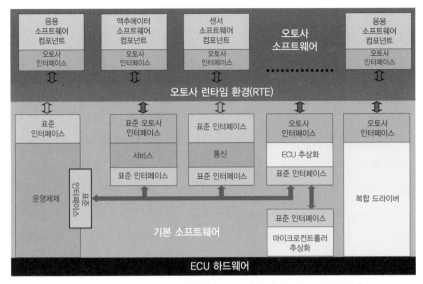

그림 5.1 계층 소프트웨어 아키텍처: 오토사 클래식 플랫폼[AUT16g]

첫 번째 계층인 응용 소프트웨어는 컴포넌트에 정의된 인터페이스(포트 - port라고 함)를 사용해 데이터를 교환해 특정 차량 기능을 구현하는 여러 소프트웨어 컴포넌트로 구성된다. 이 계층은 시스템의 논리적 아키텍처를 기반으로 한다. 두 번째 계층인 RTE$^{Run\text{-}Time\ Environment}$는 소프트웨어 컴포넌트 간 통신을 제어해 동일하거나 같은 ECU에 배치될 수 있는 것을 추상화한다. 이 계층은 일반적으로 소프트웨어 컴포넌트 인터페이스 기반으로 자동적으로 생성된다. 두 소프트웨어 컴포넌트가 다른 ECU에 배치된 경우 전자 버스에 각 신호 전송이 필요하고 이는 세 번째 계층인 기본 소프트웨어$^{basic\ software}$에서 다뤄진다.

기본 소프트웨어 계층은 여러 BSW 모듈로 구성되며 비응용 관련 ECU 기능을 담당한다. 가장 중요한 기본 소프트웨어 기능 중 하나는 신호 교환 같은 ECU 간의 통신^{communication}이다. 신호 전송과 수신을 담당하는 COM $^{COmmunication\ Manager}$과 같은 BSW 모듈로 구성된다. 그러나 오토사 기본 소프트웨어는 응용 소프트웨어 레이어에 여러 서비스를 제공한다. 예를 들면 오류 이벤트 로깅 및 진단 메시지 전송을 각각 담당하는 DEM$^{Diagnostic\ Event}$ ^{Manager}과 DCM$^{Diagnostic\ Communication\ Manager}$ BSW 모듈로 구현한 진단 서비스와

ECU 실행 시 스케줄링을 위한 운영체제가 있다. BSW 모듈의 대부분은 물리적 시스템[LH09](예, 특정 버스상 프레임에 패킹된 신호 집합의 주기적 전송)의 아키텍처 모델을 기반으로 자동으로 구성된다.

ECU 기본 소프트웨어의 고급 기능과 마이크로컨트롤러 Abstraction 레이어의 BSW 모듈로 구현한 ECU 하드웨어를 제어하는 드라이버 간의 통신은 ECU Abstraction 레이어로 수행된다. 예를 들어 CanIf와 같은 버스 인터페이스 모듈은 CAN 버스에서 신호를 포함하는 프레임 전송을 담당한다. 마지막으로 오토사는 응용 소프트웨어 컴포넌트가 하드웨어와 직접 통신할 수 있는 가능성을 제공해 Complex Driver의 커스텀 구현을 통해 오토사 아키텍처의 계층을 우회할 수 있다. 그러나 이 접근 방법은 표준으로 고려되지 않는다.

Complex Driver, RTE, 다른 BSW 모듈 외에 기본 소프트웨어 계층의 모듈은 오토사에 의해 완전히 표준화된다. 예를 들어 오토사는 각 모듈의 상세 기능 사양과 설정 매개 변수를 제공한다. 이 표준화는 응용 소프트웨어, RTE, 기본 소프트웨어 계층 간의 명확한 구분과 함께 ECU 설계자와 개발자가 기본 미들웨어와 하드웨어에 대해 생각할 필요 없이 고급 차량 기능 구현에 초점을 맞출 수 있게 한다. 응용 소프트웨어 컴포넌트와 BSW 모듈은 이후의 절에서 자세히 설명할 이 영역에 전문화된 다른 공급업체에서 개발하기도 한다.

5.2.2 개발 방법론

가장 높은 추상화 수준에서 오토사 클래식 플랫폼의 방법론에 따라 아키텍처 컴포넌트를 개발하는 자동차 공급업체는 자동차 개발 프로세스에서 다음 네 가지 주요 역할 중 하나로 분류할 수 있다.

- OEM: 논리적 및 물리적 시스템 설계 담당
- **1차 공급업체**[tier 1]: 물리적 ECU 설계와 ECU에 할당된 소프트웨어 컴포넌트 구현 담당
- **2차 공급업체**[tier 2]: ECU 기본 소프트웨어 구현 담당

- **3차 공급업체**[tier 3]: ECU 하드웨어, 하드웨어 드라이버, ECU 소프트웨어를 빌드하기 위한 해당 컴파일러 담당

대부분의 경우에 다른 역할은 개발 프로세스에 관련된 다른 조직/회사를 나타낸다. 예를 들어 한 자동차 제조업체가 OEM 역할을 하고, 두 소프트웨어 공급업체는 1, 2차 공급업체 역할을 각각 하며, 하나의 실리콘 공급업체는 3차 공급업체 역할을 한다. 그러나 경우에 따라 이러한 역할을 동일한 회사가 수행할 수도 있다. 예를 들어 한 자동차 제조업체는 논리적 및 물리적 시스템 설계, 물리적 ECU 설계, 할당된 소프트웨어 컴포넌트 구현 (사내 개발)을 해 OEM과 1차 공급업체 역할을 수행하거나 한 소프트웨어 공급업체가 소프트웨어 컴포넌트와 BSW 모듈 모두를 구현해 1, 2차 공급업체 역할을 할 수도 있다. 또 다른 예는 소프트웨어 컴포넌트와 BSW 모듈을 모두 구현해 1, 2차 공급업체의 역할을 수행하는 소프트웨어 공급업체다. 그림 5.2는 모든 역할과 임무를 합하는 개발 과정을 보여 주고 있다.

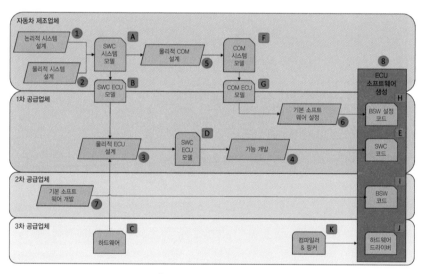

그림 5.2 오토사 개발 프로세스

OEM은 여러 복합 논리 소프트웨어 컴포넌트와 데이터 교환 지점을 나타내는 포트를 모델링해 논리적 시스템 설계(1)로 시작한다. 컴포넌트는 일반적으로 논리 도메인으로 그룹화되는 서브시스템으로 그룹화된다. 개발 프

로세스의 후반에 일반적으로 물리적 ECU 설계(3)에서 복합 소프트웨어 컴
포넌트는 여러 기본 소프트웨어 컴포넌트로 분류되지만 OEM에 의해 이미
논리 시스템 설계 단계에서 수행했을 수 있다. 차량 속도를 계산하고 그 값
을 운전자에게 알려 주는 작은 시스템의 논리 시스템 설계 예는 그림 5.3에
있다.

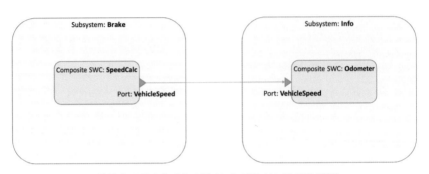

그림 5.3 OEM에 의해 수행되는 논리적 시스템 설계 예(1)

그림 5.3의 예에는 각각 하나의 복합 소프트웨어 컴포넌트인 SpeedCalc
와 Odometer로 구성된 Brake와 Info 두 서브시스템이 있다. SpeedCalc
컴포넌트는 차량 속도 계산을 담당하고 VehicleSpeed 전송 포트를 통해 이
정보를 제공한다. Odometer 컴포넌트는 차량 속도 정보를 운전자에게 제
공하는 역할을 하고 VehicleSpeed 수신 포트를 통해 이 정보를 요구한다.

논리적 시스템 설계 단계(1)에서 다수의 서브시스템과 소프트웨어 컴포넌
트가 정의되면 OEM은 다른 전자 버스를 사용하고 ECU에 소프트웨어 컴포
넌트를 배치해 다수의 ECU를 모델링하는 작업을 포함하는 물리적 시스템
설계(2)를 시작할 수 있다. (연결된 포트로) 통신하는 두 소프트웨어 컴포넌트
가 다른 ECU에 할당된 경우에 이 단계에 두 ECU를 연결하는 전자 버스를
통해 전송될 시스템 신호 생성도 포함된다. 작은 시스템에서 물리적 시스템
설계 예는 그림 5.4에 있다.

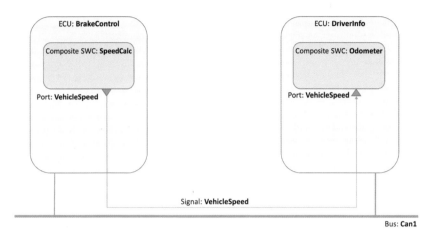

그림 5.4 OEM에 의해 수행되는 물리적 시스템 설계 예

그림에는 Can1 버스를 사용해 연결된 BreakControl과 DriverInfo 두 ECU가 있다. SpeedCalc 컴포넌트는 BrakeControl ECU에 Odometer 컴포넌트는 DriverInfo ECU에 있다. 이 두 컴포넌트는 다른 ECU에 있고 차량 속도 정보는 VehicleSpeed라는 시스템 신호 형태로 교환된다.

물리적 시스템 설계 단계(2)가 완료된 후 다른 ECU(물리적 ECU 설계)에 배치된 복합 소프트웨어 컴포넌트에 할당된 자동차의 기능 상세 설계는 1차 공급업체(3)에 의해 수행될 수 있다. 다른 ECU는 일반적으로 1차 공급업체에 의해 개발되므로 OEM은 생성된 SWC 시스템 모델(A)에서 ECU Extract로 알려진 SWC ECU 모델(B)로 배포된 소프트웨어 컴포넌트에 관한 정보를 추출할 책임이 있다. 물리적 ECU 설계 단계의 주요 목표는 복합 소프트웨어 컴포넌트를 ECU 런타임에 결국 실행 가능한 엔티티로 나타내는 다수의 기본 소프트웨어 컴포넌트로 세분화하는 것이다. 작은 시스템의 물리적 ECU 설계의 예는 그림 5.5에서 볼 수 있다.

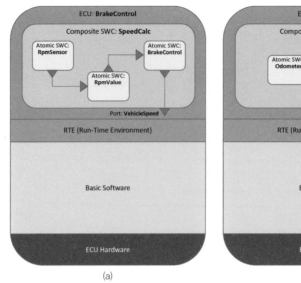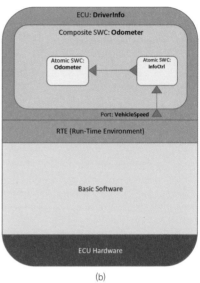

그림 5.5 티어 1에 의해 수행되는 물리적 ECU 설계 예(3). (a) BrakeControl ECU. (b) DriverInfo ECU

그림에서 SpeedCalc와 Odometer 복합 소프트웨어 컴포넌트를 최종 ECU 소프트웨어에서 실행 가능한 다수의 기본 소프트웨어 컴포넌트로 자세하게 보여 준다. SpeedCalc는 축 회전 속도를 측정하는 RpmSensor 센서 컴포넌트, 회전 값을 계산하는 RpmValue 기본 컴포넌트, 축 회전 값을 기준으로 실제 차량 속도를 계산하는 BrakeControl 기본 소프트웨어 컴포넌트로 구성된다. Odometer는 차량 속도에 대한 정보를 받는 InfoControl 기본 소프트웨어 컴포넌트와 운전자에게 차량 속도 값을 보여 주는 Odometer 기본 소프트웨어 컴포넌트로 구성된다.

ECU 설계 단계는 3차 공급업체가 제공하는 실제 ECU 하드웨어(C)에 기반해 소프트웨어 컴포넌트 간에 교환되는 데이터의 코드에서 사용되는 실제 구현 데이터 형태를 결정하는 데도 사용된다. 예를 들어 선택한 CPU가 부동소수점 작업을 지원하는 경우 데이터는 float로 저장할 수 있다.

아토믹 소프트웨어 컴포넌트(D)를 포함하는 세부 SWC ECU 모델을 기반으로 1차 공급업체는 컴포넌트에 할당된 자동차 기능(4)의 기능 개발을 계속할 수 있다. 일반적으로 5.2절의 설명처럼 Matlab/Simulink 모델

[LLZ13]에서 자동으로 아토믹 소프트웨어 컴포넌트(E)에 대한 소스 SWC 코드를 생성할 수 있는 Matlab/Simulink와 같은 모델링 도구를 사용해 행동 모델링을 통해 수행된다. 이 부분은 오토사의 범위에서 벗어난다.

1차 공급업체가 수행하는 물리적 ECU 설계와 기능 개발 단계 동안 OEM은 전자 버스에서 전송되는 프레임에 신호를 패킹해 시스템 모델을 완성하는 것을 목표로 하는 물리적 COM 설계(5)를 할 수 있다. 이 단계는 오토사 기본 소프트웨어 설정(6)의 통신(COM) 부분을 구성하는 데 필요하다. 이 작은 시스템의 물리적 COM 설계 예제는 그림 5.6에서 볼 수 있다.

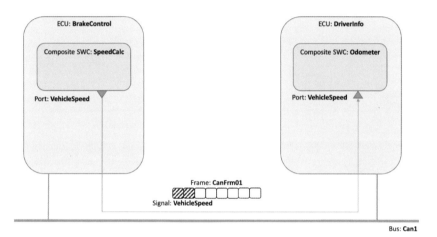

그림 5.6 OEM이 하는 물리적 COM 설계 예

이 예제는 Can1 버스를 통해 BrakeControl ECU가 전송하고 DriverInfo ECU가 수신하는 CanFrm01로 불리는 8바이트의 한 프레임을 보여 준다. 첫 2바이트로 VehicleSpeed를 전송한다.

전체 시스템에 대한 물리적 COM 설계 단계가 완료된 후 OEM은 COM 설계에 대한 ECU 관련 정보만 포함하는 각 ECU에 대한 생성된 COM 시스템 모델(F)에서 COM ECU 모델 추출물(G)을 생성할 책임이 있다. 이 단계는 응용 소프트웨어 컴포넌트에 대한 ECU 관련 정보 추출과 관련된 논리적이고 물리적인 시스템을 설계한 후 취하는 단계와 비슷하다. 그런 다음 이 ECU 추출물은 1차 공급업체에 전송되고 1차 공급업체는 이를 ECU 기본 소프트웨어 구성(6)의 COM 부분 설정을 위한 입력으로 사용하고 나머지 BSW(진단 서비스, 운영체제 등) 구성과 함께 개발된 ECU에 대한 전체 BSW 설정 코드(H)를 생성한다. 작은 시스템의 BSW 구성 설계는 그림 5.7에서 볼 수 있다.

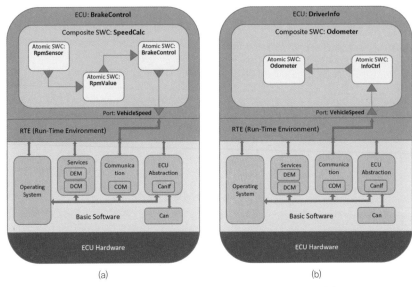

그림 5.7 1차 공급업체의 BSW 구성 설계 예. (a) BrakeControl ECU. (b) DriveInfo ECU

이 예제는 운영체제, DEM과 DCM과 같은 모듈을 포함한 서비스, COM 같은 모듈을 포함한 통신, Can 버스에서 프레임 전송에 필요한 CanIf 같은 모듈을 포함한 ECU 추상화Abstraction와 같은 여러 BWM 모듈을 보여 준다.

실제 ECU 기본 소프트웨어 개발(7)은 오토사 표준에서 제공하는 각 BSW 모듈의 상세 사양(예, COM, CanIf, DEM 모듈)을 기반으로 2차 공급업체에 의해 수행된다. 이 단계의 결과는 일반적으로 2차 공급업체가 라이브러리 형태로 제공하는 전체 기본 소프트웨어에 대한 완전한 BSW 코드(I)다. 이 예에서 선택된 하드웨어(J)에 대한 하드웨어 드라이버(이 예에서는 CAN 드라이버)는 3차 공급업체에서 제공된다.

ECU 소프트웨어 생성(8)에서 마지막 단계는 기능 SWC 코드(E), BSW 설정 코드(H), 기능 BSW 코드(I), 하드웨어 드라이버(J)를 컴파일하고 링크하는 것이다. 이 작업은 일반적으로 3차 공급업체가 제공하는 컴파일러와 링커를 사용해 수행된다.

오토사에서 설명된 방법론이 ECU 기능 코드와 ECU BSW 코드의 분리된 개발을 제외하고 기존의 폭포 개발 방식을 연상시킨다는 사실에도 실제로는 전체 개발 프로세스의 단 하나의 주기에 불과하다. 다시 말해서 (1), (2), (3), (4), (5), (6)단계는 일반적으로 여러 번 반복해 시스템과 ECU에 새로운 기능을 추가한다. 예를 들어 새로운 복합 소프트웨어 컴포넌트가 논리 시스템 설계(1)에서 도입돼 물리적 시스템 설계에 새로운 신호가 필요하고(2), 물리적 ECU 설계에 있는 새로운 복합 소프트웨어 컴포넌트의 일부로 새로운 아토믹 소프트웨어 컴포넌트로 소개돼(3) 기능 개발로 구현되고(4) 새로운 신호 전송을 위해 새로운 프레임이 물리적 COM 설계에 도입되고 BSW 설정 설계(6) 단계에서 구성된다. 때로는 ECU 하드웨어(C), 컴파일러/링커(K), 드라이버(J)도 추가 기능을 지원할 수 없는 경우 서로 다른 주기로 변경될 수 있다.

위에서 설명한 대로 빈복적인 개발을 시원할 수 있음에도 오토사 클래식 플랫폼의 개발 방법론은 실제로 애자일 개발 접근 방식을 지원할 수 없다 [Agi01]. 이것은 주로 상대적으로 긴 개발 주기(수일보다는 수개월)가 필요한 개발 및 하향식 설계 접근 방식에 여러 행위자/회사가 관여하기 때문이다.

오토사 클래식 기반 논리 시스템 설계(1), 물리 시스템 설계(2), 물리 ECU 설계(3), 물리 COM 설계(5)는 5.2.3절에서 제시된다. 오토사 클래식 기반 기본 소프트웨어 개발(7)과 기본 소프트웨어 구성(6)은 5.2.4절에서 설명한다. 이미 설명한 바와 같이 소프트웨어 컴포넌트 기능 개발(4)은 오토사 및 5장의 범위 밖에 있다.

5.2.3 오토사 메타 모델

5.2.2절에서 본 것처럼 개발 방법론의 여러 단계의 결과인 여러 아키텍처 모델이 개발 프로세스에서 서로 다른 역할 사이에서 교환된다. 논리적(1), 물리적(2), 통신 시스템 설계(5) 단계에서 OEM이 사용하는 모델링 도구가 물리

적 ECU 설계(3), BSW 설정 단계(6)에서 1차 공급업체가 사용하는 모델링 도구로 판독할 수 있는 모델을 만들 수 있다. 오토사는 이러한 교환 모델의 언어를 명시하는 메타 모델을 정의한다[NDWK99]. 따라서 모델(A), (B), (D), (F), (G)는 UML 언어로 추상적 문법을 명시하는 오토사 메타 모델의 인스턴스를 나타낸다. 이 모델 자체는 XML(ARXML, 오토사 XML)로 직렬화되며, 오토사 메타 모델에서 생성된 오토사 XML 스키마로 검증된다[PB06].

5.2.3절에서는 먼저 5.2.3.1절의 오토사 메타 모델링 환경에 대해 설명한다. 그런 다음 5.2.2절에서 제시된 작은 시스템을 사용해 5.2.3.2절에서 논리적 시스템 설계(1), 물리적 시스템 설계(2), 물리적 ECU 설계(3), 물리적 COM 설계(5) 단계에서 오토사 메타 모델의 사용 예를 보여 주고 이러한 모델의 예를 ARXML 문법으로 제시한다. 마지막으로 5.2.3.3절에서 오토사 템플릿 규격에 설명된 오토사 모델의 의미semantics를 보여 준다.

5.2.3.1 오토사 메타 모델링 환경

4개의 레이어[BG01]를 정의하는 MOF[Obj04]의 일반적으로 허용되는 메타 모델링 계층 구조와 반대로 오토사 모델링 환경은 다음과 같이 5개의 계층 구조를 갖고 있다(계층 이름은 오토사 일반 구조 규격[AUT19i]에서 갖고 온다).

1. **ARM4**: MOF 2.0, 예, MOF 클래스
2. **ARM3**: UML과 오토사 UML, 예, UML 클래스
3. **ARM2**: 메타 모델, 예, 소프트웨어 컴포넌트
4. **ARM1**: 모델, 예, 앞유리 와이퍼
5. **ARM0**: 객체, 예, ECU 메모리에 있는 앞유리 와이퍼

MOF와 오토사에서 정의한 여러 계층 사이의 불일치는 MOF가 언어적 인스턴스화로 연결된 계층만을 고려하지만(예. SystemSignal은 UML 클래스의 인스턴스다), 오토사는 언어적이고 존재론적 계층 모두를 고려한다는(예. VehicleSpeed는 System Signal의 인스턴스다) 사실에 있다[Küh06]. 메타 모델링 계층의 이러한 두 해석을 연결하도록 그림 5.8과 같이 이차원 표현(OCA – 직교 분류 아키텍처[AK03])을 사용해 오토사 메타 모델링 계층 구조를 시각

화할 수 있다. 언어 인스턴스화(MOF에서 'L' 계층)는 수직으로, 존재론적 계층('O 레이어')은 수평으로 나타낸다.

ARM2 계층은 일반적으로 '오토사 메타 모델'이라고 하며, UML 구문(즉 오토사 메타 모델은 UML 인스턴스로 정의된다)을 사용해 M1 계층에 있는(오토사 메타 모델과 오토사 모델 모두 L1 계층에 있다) 오토사 모델을 온톨로지ontology로 정의한다. 오토사 메타 모델은 ARM3 계층에서 UML 메타 모델을 확장하는 UML 프로파일을 사용하며, 이 프로파일은 사용된 스테레오 타입과 태그 값을 지정한다.

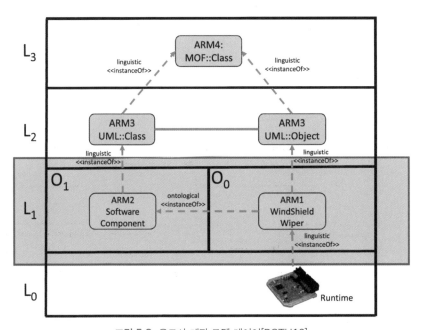

그림 5.8 오토사 메타 모델 레이어[DSTH16]

구조적으로 오토사 메타 모델은 '템플릿'이라는 여러 최상위 패키지로 나뉘며, 여기서 각 템플릿은 자동차 시스템의 한 부분을 모델링하는 방법을 정의한다. 설계 요구 사항과 제약 조건인 모델링 시맨틱은 오토사 템플릿 사양[Gou10]에 명시돼 있다.

아마 자동차 소프트웨어 시스템 설계를 위한 가장 중요한 템플릿은 소프트웨어 컴포넌트와 그 상호 작용을 모델링하는 방법을 정의한 SWCom ponentTemplate, ECU와 그 통신을 모델링하는 방법을 정의한 System Template, ECU 기본 소프트웨어를 구성하는 방법을 정의한 ECUCPara meterDefTemplate과 ECUCDescriptionTemplate일 것이다. 이 템플릿 외에도 오토사 GenericStructure 템플릿은 다른 차량과 관련된 아키텍처 모델에서 다양한 변형을 다루는 등 다른 모든 템플릿에서 사용하는 일반 개념(메타 클래스)을 정의하는 데 사용한다. 5.2.3.2절에서 이러한 템플릿과 이를 인스턴스화하는 오토사 모델의 예를 보여 준다.

5.2.3.2 오토사 메타 모델에 기반한 아키텍처 설계

차량 속도를 계산하고 그 값을 운전자에게 보여 주는 작은 예에 대한 논리적 시스템과 물리적 ECU 설계에 필요한 SWComponentTemplate의 간단한 부분을 그림 5.9(SWComponentTemplate에서 메타 클래스는 연한 초록색으로 표시됨)에서 보여 준다.

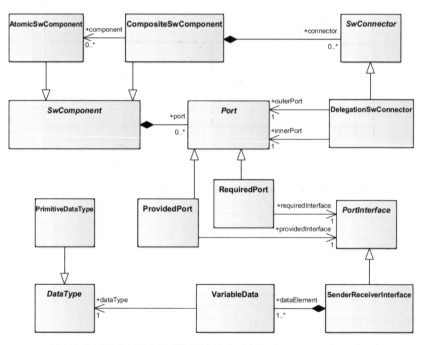

그림 5.9 논리적 시스템과 물리적 ECU 설계 예제(SwComponentTemplate)

여기서 AtomicSwComponent 또는 CompositeSwComponent 중 하나일 수 있는 추상적 메타 클래스 SwComponent 를 보여 주며, 여러 AtomicSwComponent를 참조할 수 있다. 두 유형의 SwComponent 모두 시스템의 다른 컴포넌트에서 데이터를 제공하는 ProvidedPorts 또는 시스템의 다른 컴포넌트로부터 데이터를 요구하는 RequiredPorts 중 하나일 수 있다. CompositeSwComponents의 포트는 CompositeSwComponents 에 속하는 DelegationSwConnectors를 사용해 AtomicSwComponents 의 포트로 연결된다. 즉 DelegationSwConnector는 CompositeSwComponent의 outerPort와 AtomicSwComponent의 innerPort를 가리킨다. 마지막으로 Port는 이 포트에 의해 제공되거나 필요한 DataType(예. 32비트 unsigned integer 또는 integer와 float로 구성된 C언어에서 구조체)을 실제 정의하는 SenderReceiverInterface나 ClientServerInterface와 같은 해당 PortInterface를 참조한다.

메타 모델의 SWComponentTemplate 부분을 인스턴스화하는 그림 5.3 에 표시된 논리 시스템 설계의 예제는 ARXML 구문으로 그림 5.10에서 보여 준다. 여기서는 OEM과 1차 공급업체 간에 모델 교환 형식으로 사용되는 ARXML을 보여 주지만, UML이나 다른 형식도 사용할 수 있다.

이 예제는 VehicleSpeed 제공 포트(4~9행)를 사용해 SpeedCalc 복합 소프트웨어 컴포넌트(1~11행)와 VehicleSpeed 제공 포트(15~20행)를 사용하는 Odometer 복합 소프트웨어 컴포넌트(12~22행)의 정의를 보여 준다. 두 포트 모두 제공된/필요한 데이터에 16비트 unsigned integer 유형 (34~36행)을 나타내는 송신자-수신자 인터페이스(23~33행)를 참조한다.

```
1    <COMPOSITE-SW-COMPONENT UUID="...">
2        <SHORT-NAME>SpeedCalc</SHORT-NAME>
3        <PORTS>
4            <PROVIDED-PORT UUID="...">
5                <SHORT-NAME>VehicleSpeed</SHORT-NAME>
6                <PROVIDED-INTERFACE-REF DEST="SENDER-RECEIVER-INTERFACE">
7                    /.../VehicleSpeedInterface
8                </PROVIDED-INTERFACE-REF>
9            </PROVIDED-PORT>
10       </PORTS>
11   </COMPOSITE-SW-COMPONENT>
12   <COMPOSITE-SW-COMPONENT UUID="...">
13       <SHORT-NAME>Odometer</SHORT-NAME>
14       <PORTS>
15           <REQUIRED-PORT UUID="...">
16               <SHORT-NAME>VehicleSpeed</SHORT-NAME>
17               <REQUIRED-INTERFACE-REF DEST="SENDER-RECEIVER-INTERFACE">
18                   /.../VehicleSpeedInterface
19               </REQUIRED-INTERFACE-REF>
20           </REQUIRED-PORT>
21       </PORTS>
22   </COMPOSITE-SW-COMPONENT>
23   <SENDER-RECEIVER-INTERFACE UUID="...">
24       <SHORT-NAME>VehicleSpeedInterface</SHORT-NAME>
25       <DATA-ELEMENTS>
26           <VARIABLE-DATA UUID="...">
27               <SHORT-NAME>VehicleSpeed</SHORT-NAME>
28               <DATA-TYPEREF DEST="PRIMITIVE-DATA-TYPE">
29                   /.../UInt16
30               </DATA-TYPE-REF>
31           </VARIABLE-DATA>
32       </DATA-ELEMENTS>
33   </SENDER-RECEIVER-INTERFACE>
34   <PRIMITIVE-DATA-TYPE UUID="...">
35       <SHORT-NAME>UInt16</SHORT-NAME>
36   </PRIMITIVE-DATA-TYPE>
```

그림 5.10 오토사 모델 예제: 논리적 설계

오토사 방법론에 따르면 이 복합 소프트웨어 컴포넌트는 선택된 ECU에 할당한 후 물리적 ECU 설계 단계에서 여러 아토믹 소프트웨어 컴포넌트로 세분화된다. 메타 모델의 SWComponentTemplate 부분을 인스턴스화한 그림 5.5를 표현한 물리적 ECU 설계의 예제는 ARXML 구문으로 그림 5.11 에서 보여 준다.

이 예제는 SpeedCalc 복합 소프트웨어 컴포넌트(1~30행)에서 참조하는 VehicleSpeed 제공 포트(34~39행)로 BrakeControl 아토믹 소프트웨어 컴 포넌트를 정의하는 것을 보여 준다. SpeedCalc와 BrakeControl 소프트웨 어 컴포넌트의 제공된 포트에 연결하는 SpeedCalc 복합 소프트웨어 컴포 넌트(20~28행) 내 위임delegation 커넥터 Delegation1도 볼 수 있다.

```
1   <COMPOSITE-SW-COMPONENT UUID="...">
2       <SHORT-NAME>SpeedCalc</SHORT-NAME>
3       <PORTS>
4           <PROVIDED-PORT UUID="...">
5               <SHORT-NAME>VehicleSpeed</SHORT-NAME>
6               <PROVIDED-INTERFACE-REF DEST="SENDER-RECEIVER-INTERFACE">
7                   /.../VehicleSpeedInterface
8               </PROVIDED-INTERFACE-REF>
9           </PROVIDED-PORT>
10      </PORTS>
11      <COMPONENTS>
12          <COMPONENT>
13              <SHORT-NAME>BrakeControl</SHORT-NAME>
14              <COMPONENT-REF DEST="ATOMIC-SW-COMPONENT">
15                  /.../BrakeControl
16              </COMPONENT-REF>
17          </COMPONENT>
18      </COMPONENTS>
19      <CONNECTORS>
20          <DELEGATION-SW-CONNECTOR UUID="...">
21              <SHORT-NAME>Delegation1</SHORT-NAME>
22              <INNER-PORT-REF DEST="P-PORT-PROTOTYPE">
23                  /.../BrakeControl/VehicleSpeed
24              </INNER-PORT-REF>
25              <OUTER-PORT-REF DEST="P-PORT-PROTOTYPE">
26                  /.../SpeedCalc/VehicleSpeed
27              </OUTER-PORT-REF>
28          </DELEGATION-SW-CONNECTOR>
29      </CONNECTORS>
30  </COMPOSITE-SW-COMPONENT>
31  <ATOMIC-SW-COMPONENT UUID="...">
32      <SHORT-NAME>BrakeControl</SHORT-NAME>
33      <PORTS>
34          <PROVIDED-PORT UUID="...">
35              <SHORT-NAME>VehicleSpeed</SHORT-NAME>
36              <PROVIDED-INTERFACE-REF DEST="SENDER-RECEIVER-INTERFACE">
37                  /.../VehicleSpeedInterface
38              </PROVIDED-INTERFACE-REF>
39          </PROVIDED-PORT>
40      </PORTS>
41  </ATOMIC-SW-COMPONENT>
```

그림 5.11 오토사 모델 예제: ECU 설계

이 예제는 물리적 COM 시스템 설계에 필요한 SystemTemplate의 간략한 부분을 그림 5.12(SystemTemplate에서 메타 클래스는 연한 파란색으로 표시된다)에서 볼 수 있다.

물리적 시스템 설계와 관련해 이 그림에서는 PhysicalChannel에서 Ecu Instance의 연결을 하는 (예, CanCommunicationConnector는 하나의 Ecu Instance를 CanPhysicalChannel에 연결한다) 여러 CommunicationConnector 가 있을 수 있는 diagnosticAddress 속성attribute을 가진 EcuInstance 메타 클래스를 보여 준다. 논리적 설계에서 생성된 여러 SwCmponent(Composite

SwComponent 또는 AtomicSwComponent)는 SwcToEcuMapping를 통해 하나의 EcuInstance에 할당될 수 있다.

물리적 COM 설계와 관련해 이 그림에서는 SystemSignal의 논리적 설계에서 생성된 VariableData의 SenderReceiverToSignalMapping을 보여준다. 또한 서로 다른 ISignal을 만들고 차례로 Frame에 매핑하는 Ipdu에 매핑함으로써 하나의 SystemSignal을 여러 버스로 전송할 수 있는 것을 보여 준다. IPdu는 신호 전송에 사용하는 Pdu^Protocol data unit의 한 유형이며 진단 메시지 전송을 위한 DcmPdu와 같은 다른 유형의 Pdu가 될 수 있다.

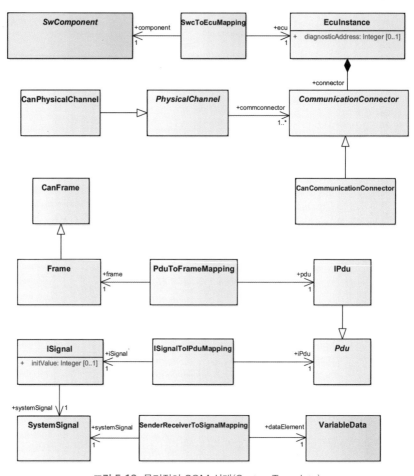

그림 5.12 물리적인 COM 설계(SystemTemplate)

메타 모델의 SystemTemplate 부분을 인스턴스화하는 그림 5.4에 제시된 물리적 시스템 설계의 예제 모델을 그림 5.13에서 보여 준다.

이 예제는 CAN 통신 커넥터(5~7행)에 진단 주소 10(1~9행)을 가진 Brake Control ECU의 정의를 보여 준다. SpeedCalc 복합 소프트웨어 컴포넌트를 BrakeControl ECU(10~14행)에 매핑하는 것도 보여 준다. 마지막으로 BrakeControl ECU(19~21행)의 CAN 통신 커넥터를 가리키는 Can1 물리 채널의 정의도 보여 줘 ECU가 Can1에 연결됐음을 나타낸다.

```
1    <ECU-INSTANCE UUID="...">
2        <SHORT-NAME>BrakeControl</SHORT-NAME>
3        <ECU-ADDRESS>10</ECU-ADDRESS>
4        <CONNECTORS>
5            <CAN-COMMUNICATION-CONNECTOR UUID="...">
6                <SHORT-NAME>Can1Connector</SHORT-NAME>
7            </CAN-COMMUNICATION-CONNECTOR>
8        </CONNECTORS>
9    </ECU-INSTANCE>
10   <SWC-TO-ECU-MAPPING UUID="...">
11       <SHORT-NAME>Mapping1</SHORT-NAME>
12       <COMPONENT-REF DEST="SW-COMPONENT">/.../SpeedCalc</SW-REF>
13       <ECU-REF DEST="ECU-INSTANCE">/.../BrakeControl</ECU-REF>
14   </SWC-TO-ECU-MAPPING>
15   <CAN-PHYSICAL-CHANNEL UUID="...">
16       <SHORT-NAME>Can1</SHORT-NAME>
17       <COMM-CONNECTORS>
18           <COMMUNICATION-CONNECTOR-REF-CONDITIONAL>
19               <COMMUNICATION-CONNECTOR-REF DEST="CAN-COMMUNICATION-CONNECTOR">
20                   /.../BrakeControl/Can1Connector
21               </COMMUNICATION-CONNECTOR-REF>
22           </COMMUNICATION-CONNECTOR-REF-CONDITIONAL>
23       </COMM-CONNECTORS>
24   </CAN-PHYSICAL-CHANNEL>
```

그림 5.13 오토사 모델 예제: 물리적 설계

메타 모델의 SystemTemplate 부분을 인스턴스화하는 그림 5.6에 제시된 COM 시스템 설계의 예제 모델을 그림 5.14에서 보여 준다.

이 예는 논리적 설계 단계(라인 4~12)에서 정의된 SpeedCalc 변수 데이터 요소에 매핑되는 VehicleSpeed 시스템 신호(라인 1~3)의 정의를 보여 준다. 이 예는 또한 물리적 설계 단계에서 정의된 Can1 버스에서 차량 속도를 전송하기 위한 초기 값이 0인 ISignal VehicleSpeedCan1(13~19행) 생성을 보여 준다. 이 ISignal은 ISignalToIPduMapping(23~27행)을 사용해 Pdu1(20~22행)에 매핑되고, 차례로 IPduToFrameMapping(31~35행)을 사용해 CanFrame1(28~30행)에 매핑된다.

```
 1   <SYSTEM-SYGNAL UUID="...">
 2       <SHORT-NAME>VehicleSpeed</SHORT-NAME>
 3   </SYSTEM-SYGNAL>
 4   <SENDER-RECEIVER-TO-SIGNAL-MAPPING UUID="...">
 5       <SHORT-NAME>Mapping2</SHORT-NAME>
 6       <DATA-ELEMENT-REF DEST="VARIABLE-DATA">
 7           /.../VehicleSpeedInterface/SpeedCalc
 8       </DATA-ELEMENT-REF>
 9       <SYSTEM-SIGNAL-REF DEST="SYSTEM-SIGNAL">
10           /.../VehicleSpeed
11       </SYSTEM-SIGNAL-REF>
12   </SENDER-RECEIVER-TO-SIGNAL-MAPPING>
13   <I-SYGNAL UUID="...">
14       <SHORT-NAME>VehicleSpeedCan1</SHORT-NAME>
15       <INIT-VALUE>0</INIT-VALUE>
16       <SYSTEM-SIGNAL-REF DEST="SYSTEM-SIGNAL">
17           /.../VehicleSpeed
18       </SYSTEM-SIGNAL-REF>
19   </I-SYGNAL>
20   <I-PDU UUID="...">
21       <SHORT-NAME>IPdu1</SHORT-NAME>
22   </I-PDU>
23   <I-SIGNAL-TO-I-PDU-MAPPING UUID="...">
24       <SHORT-NAME>Mapping3</SHORT-NAME>
25       <I-PDU-REF DEST="I-PDU">/.../IPdu1</I-PDU-REF>
26       <I-SIGNAL-REF DEST="I-SIGNAL">/.../VehicleSpeedCan1</I-SIGNAL-REF>
27   </I-SIGNAL-TO-I-PDU-MAPPING>
28   <CAN-FRAME UUID="...">
29       <SHORT-NAME>CanFrame1</SHORT-NAME>
30   </CAN-FRAME>
31   <I-PDU-TO-FRAME-MAPPING UUID="...">
32       <SHORT-NAME>Mapping4</SHORT-NAME>
33       <PDU-REF DEST="I-PDU">/.../IPdu1</PDU-REF>
34       <FRAME-REF DEST="CAN-FRAME">/.../CanFrame1</FRAME-REF>
35   </I-PDU-TO-FRAME-MAPPING>
```

그림 5.14 오토사 모델 예제: COM 설계

5.2.3.3 오토사 템플릿 사양

다른 언어 정의와 마찬가지로 오토사 메타 모델은 메타 클래스를 사용해 특정 의미를 달성하는 방법을 설명하지 않고 여러 유형의 아키텍처 모델의 구문만을 정의한다. 이는 오토사 메타 모델의 다른 부분을 설명하는 SwComponentTemplate과 SystemTemplate과 같은 템플릿[Gou10]으로 불리는 자연 언어 사양으로 보여 준다. 이 템플릿은 다음과 같은 주요 항목으로 구성된다.

- 모델 (사양 항목)로 충족돼야 하는 설계 요구 사항
- 모델로 충족돼야 하고 모델링 도구로 확인돼야 하는 제약 조건
- 메타 클래스 그룹의 사용을 설명하는 그림

- 메타 클래스와 해당 속성/커넥터를 설명하는 클래스 표

차량 속도를 계산하고 그 값을 운전자에게 표시하는 간단한 예제와 관련된 사양 항목의 예로, CommunicationConnectors의 사용을 기술하는 SystemTemplate[AUT19t]에서 명세 번호 01009를 보여 준다.

[TPS_SYST_01009] CommunicationConnector 정의 [EcuInstance는 버스 인터페이스를 설명하고 송신/수신 동작을 지정하기 위해 Communication Connector 요소를 사용한다.]

제약 조건의 예제로 DelegationSwConnectors 사용 제약을 설명하는 SwComponentTemplate [AUT19q]의 제약 조건 번호 1032를 보여 준다.

[constr_1032] DelegationSwConnector는 같은 종류의 포트만을 연결할 수 있다. [DelegationSwConnector는 ProvidedPort에서 ProvidedPort로, RequiredPort에서 RequiredPort로처럼 같은 종류의 포트로만 연결할 수 있다.]

constr_1032를 포함한 대부분의 제약 조건은 OCL^Object Constraint Language을 사용해 오토사 메타 모델에서 직접 명시할 수 있다. 그러나 OCL의 복잡성과 오토사 기반으로 자동차 소프트웨어 컴포넌트를 개발하는 수백 개 이상의 OEM과 공급업체의 수천 명의 자동차 엔지니어로 인해, 자연어 명세가 이러한 광범위한 사용자에게 더 나은 접근 방법으로 간주된다[NDWK99].

메타 모델 그림은 UML 표기법을 사용한 여러 메타 클래스 간의 관계를 보여 주며, 5.2.3.2절에서 보여 준 그림 5.9, 그림 5.12와 비슷하다. 이 그림은 일반적으로 그림에서 메타 클래스를 더 자세히 설명하는 클래스 표 다음에 온다. 예를 들어 엔터프라이즈 아키텍트 도구로 관리하는 오토사 메타 모델을 오토사 명세 독자가 직접 살펴볼 필요 없도록 하고자 메타 클래스,부모 클래스, 속성/커넥터를 설명한다.

사양 항목, 제약 조건, 그림, 클래스 표외에도 오토사 템플릿 사양에는 사양 항목과 제약 조건에 대한 주제 소개와 참고 사항과 같은 추가적인 설명을 제공하는 많은 일반 텍스트도 포함한다.

5.2.4 오토사 ECU 미들웨어

오토사는 미들웨어 계층(기본 소프트웨어 모듈)의 모듈에 대한 상세한 기능 사양을 제공한다. 예를 들어 COM 사양은 ECU 간의 통신(예를 들어 RTE에서 수신한 신호를 전자 버스로 전송 또는 그 반대로 전송)을 주로 처리하는 통신 관리자 모듈 기능을 설명한다. 이 사양은 다음과 같은 주요 항목으로 구성된다.

- BSW 모듈의 구현에 의해 충족돼야 하는 기능 요구 사항
- BSW 모듈의 API 설명
- BSW 모듈 간의 상호 작용을 설명하는 시퀀스 다이어그램
- BSW 모듈을 구성하는 데 사용하는 설정 매개 변수

오토사 BSW 모듈 사양(기능 요구 사항, API, 시퀀스 다이어그램)의 기능적 측면은 5장에서 다루지 않는다. 그러나 여기서 오토사 메타 모델과 그 템플릿을 기반으로 수행되는 BSW 모듈의 구성에 대한 일반적인 접근 방식을 설명한다.

오토사 템플릿 중 두 가지는 오토사 기본 소프트웨어인 ECUCParameter DefTemplate과 ECUCDescriptionTemplate의 구성을 ARM2 계층에 명시한다. ECUCParameterDefTemplate는 설명 매개 변수의 일반적인 정의를 명시한다. 예를 들어 매개 변수는 매개 변수의 컨테이너로 그룹할 수 있고 다른 설정 시간(예, 전체 ECU 소프트웨어를 구축하기 전이나 후)을 구성할 수 있다. ECUCDescriptionTemplate은 ECUCParameterDef 템플릿에서 해당 정의를 참조하는 실제 매개 변수와 컨테이너 값의 모델링을 명시한다.

ECUCDescriptionTemplate 모델의 설정 매개 변수 값은 Software ComponentTemplate와 SystemTemplate과 같은 다른 템플릿 모델에서 자동으로 파생될 수 있다. 이 프로세스를 '업스트림 매핑upstream mapping'이라고 하며 ECU 설정 도구[LH09]의 지원을 받아 자동으로 수행될 수 있다. 업스트림 매핑 프로세스를 포함한 ECUCParameterDefTemplate, ECUC ParameterDefTemplate, 그 모델의 간단한 예제는 UML 구문으로 그림 5.15에 나와 있다.

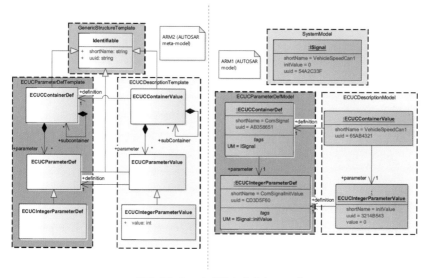

그림 5.15 오토사 템플릿 예제와 그 모델

ARM2 계층(왼쪽 파란색 블록)에 ECUCParameterDefTemplate은 integer 매개 변수 정의(ECUCIntegerParameterDef)의 예제와 함께 설정 매개 변수(ECUCParameterDef)와 컨테이너(ECUCContainerDef)의 정의에 대한 모델링을 명시한다. ECUCDescriptionTemplate(왼쪽 노란 블록)은 integer 매개 변수 값(ECUCIntegerParameterValue)의 예와 함께 컨테이너(ECUCContainer Values)와 매개 변수(ECUCParameterValues) 값의 모델링을 명시한다. Sw ComponentTemplate과 SystemTemplate의 요소와 같이 이 두 템플릿의 요소는 Identifiable이라는 GenericStructureTemplate(녹색 블록)의 공통 요소로 상속되므로 짧은 이름과 범용 고유 식별자^{UUID, Universally Unique IDentifier}를 제공한다.

ECUCParameterDefTemplate의 (오토사에서 제공하는) 표준화된 모델은 ARM1 계층(오른쪽 파란 블록)에서 볼 수 있다. shortName 'ComSignalInit Value'인 ECUCParameterDef 인스턴스를 나타내는 shartName 'Com Signal'인 ECUCContainerDef를 보여 준다. 이 두 요소 모두 업스트림 매핑을 나타내는 UM이라는 태그 값을 갖고 있다. 'ComSignal' 컨테이너 인스턴스의 UM 태그 값은 SystemTemplate에 ISignal 메타 클래스를 참조

한다. 'ComSignalInitValue' 매개 변수 인스턴스의 UM 태그 값은 ISignal의 initValue 속성을 참조한다. 이는 SystemModel에서 모든 ISignal 인스턴스에 대해 ECUCDescriptionModel에서 하나의 ECUCContainerValue를 ECUCParameterValue 인스턴스와 함께 생성해야 함을 의미한다. 이 매개 변수 인스턴스 값은 SystemSignal 인스턴스의 InitValue 속성과 같아야 한다.

그림 5.15(COM 설계 단계)에 있는 SystemModel에서 정의한 'initValue' 0(주황색 블록)의 'VehicleSpeedCan1' ISignal을 고려해 ECUCDescription Model(오른쪽 노란색 블록)이 생성될 수 있다. 이 모델은 'ComSignal' 컨테이너 정의에 의해 정의된 shortName 'VehicleSpeedCan1'을 갖는 ECUCContainerValue의 한 인스턴스를 포함하고 'ComSignalInitValue' 매개 변수 정의에 의해 정의된 shortName 'initValue'이 0인 ECUC ParameterValue 의 한 인스턴스를 참조한다.

오토사는 ECU 기본 소프트웨어의 모든 설정 매개 변수와 컨테이너에 대해 ECUCParameterDefTemplate의 표준화된 ARM1 모듈을 제공한다. 예를 들어 ComSignalInitValue가 있는 ComSignal 컨테이너는 COM BSW 모듈에 대해 표준화된다. 가장 작은 단위로 ECUCParameterDefTemplate의 표준화된 모델은 여러 패키지로 나뉘며, 각 패키지는 하나의 기본 소프트웨어 모듈의 설정 매개 변수를 포함한다. 가장 높은 단계에서 이 모델은 ECU 통신, 진단, 메모리 접근, IO 접근 등 서로 다른 논리 패키지로 나뉜다.

5.3 오토사 어댑티브 플랫폼

오토사는 기존의 자동차 ECU(예, 엔진 및 브레이크를 제어하거나 시트 및 도어와 같은 차량의 편안함 및 차체 기능을 처리하는 ECU)용으로 설계된 오토사 클래식 플랫폼의 개발과 병행해 새로운 플랫폼을 개발했다. 자율주행 및 연결성과 같은 고성능 컴퓨팅을 요구하는 새로운 자동차 기능의 개발을 지원하도록 설계됐고 '오토사 어댑티브 플랫폼'이라고 한다. 두 플랫폼은 함께 운용될 계획이다. 즉 오토사 어댑티브 플랫폼은 오토사 클래식 플랫폼을 대체할 수 없다.

다음은 오토사 어댑티브 플랫폼이 설계돼 사용된 사례의 몇 가지 예다(목록이 완전하지 않다).

1. **고도로 자동화된 주행**: NHSTA^{National Highway Safety Traffic Administration}의 주행 자동화 수준 3 또는 그 이상을 지원한다. 즉 운전자가 가끔 자동차의 제어권을 갖고 있는 제한적인 주행 자동화와 차량이 전체 여정을 수행하는 전체 주행 자동화가 있다. 여기에는 교차 도메인 컴퓨팅 플랫폼, 고성능 마이크로컨트롤러, 분산 및 원격 진단 등에 대한 지원이 포함된다.

2. **Car-2-X**: 공통 운송 수단 에코 시스템의 일부로 다른 차량 및 오프보드 시스템과 차량의 상호 작용을 지원한다. 여기에는 GENIVI[GEN20], 안드로이드 등을 기반으로 하는 오토사가 아닌 ECU를 갖고 자동차 시스템을 설계된 것에 대한 지원도 포함된다.

3. **클라우드 내 차량**: 차량 간 데이터 교환을 포함해 OTA(무선 소프트웨어 업데이트) 및 오프보드 계산(예, 복잡한 기계 학습 알고리듬)을 가능하게 하는 차량 대 클라우드 통신을 지원한다. 여기에는 보안 온보드 통신, 보안 아키텍처, 보안 상호 작용의 개발이 포함된다.

어댑티브 오토사가 적용된 차량에 대한 아이디어는 그림 5.16[AUT19a]에서 볼 수 있다. 그림에는 엔진과 브레이크 제어 유닛과 같은 전통적인 차량 기능을 담당하는 몇 가지 오토사 클래식 ECU('C')가 표시돼 있다. 인포테인먼트 기능 또는 외부와의 통신을 하는 GENIVI 또는 안드로이드 ECU와 같은 비오토사^{non-AUTOSAR} ECU('N')도 표시돼 있다. 마지막으로 그림에는 car-2-X 응용 프로그램과 같은 클래식과 비오토사 ECU에 입력을 요구하거나 출력을 제공하는 고급 자동차 기능을 가진 특정 오토사 어댑티브 ECU('A')도 표시돼 있다. 이러한 ECU는 일반적으로 애자일 개발 방법론에 따라 개발되며 OTA 업데이트되고 런타임 설정이 가능하다.

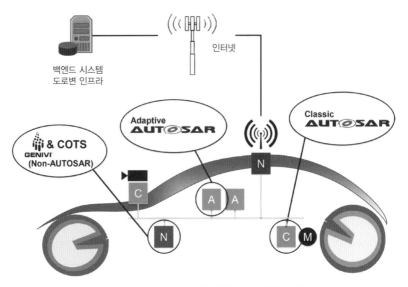

그림 5.16 어댑티브 오토사 자동차 아키텍처[AUT19g]

어댑티브 플랫폼의 기능적 드라이버와 위에서 설명한 어댑티브 차량 아키텍처의 아이디어를 고려할 때, 어댑티브 ECU는 다음과 같은 원칙과 기술을 사용해 설계될 것으로 예상된다(목록은 완벽하지 않다).

- 최소한의 실행 가능한 제품으로 시작해 지속적인 기능 성장을 가능하게 하는 애자일 개발 방법론
- 응용 프로그램 소프트웨어의 OTA(무선) 업데이트. 이를 통해 자동차를 정비소에 가져갈 필요 없이 '주행 중' 소프트웨어 업데이트가 가능하므로 빠른 소프트웨어 혁신 주기를 보장할 수 있다.
- 보안 서비스 지향 지점 간 통신
- 런타임 구성 지원(예, 서비스 검색 프로토콜을 통해). 이를 통해 소프트웨어 컴포넌트가 구독할 수 있는 사용 가능한 서비스를 기반으로 시스템을 동적으로 조정할 수 있다.
- ECU 간 통신을 이더넷 기반으로 하는 고대역폭. 이를 통해 대용량 데이터를 더 빠르게 전송할 수 있다.
- 교환 네트워크(이더넷 스위치). 이를 통해 서로 다른 이더넷 버스 간에 스마트한 데이터 교환이 가능하다.

- 마이크로컨트롤러 대신 외부 메모리가 있는 마이크로프로세서. 이를 통해 더 많은 양의 메모리와 주변 장치를 확장할 수 있다.
- 멀티 코어 프로세서, 병렬 컴퓨팅 및 하드웨어 가속. 이를 통해 차량 기능을 더 빠르게 실행할 수 있다.
- 기존 오토사 ECU 또는 기타 비오토사 ECU(예, GENIVI, Android)와의 통합. 이를 통해 이기종 자동차 소프트웨어 시스템을 일관되게 설계할 수 있다.
- 완전한 접근 또는 샌드박싱과 같이 자유로운 실행 모델. 이것은 실행 중인 프로그램을 서로 분리하기 위한 보안 메커니즘을 가능하게 한다.

이를 기반으로 오토사 어댑티브와 클래식 플랫폼 간의 주요 상위 수준 차이점을 다음과 같이 요약할 수 있다.

- 응용 프로그램(소프트웨어 컴포넌트) 간의 신호 기반 통신 대신 서비스 지향 통신
- 설계 타임 바인딩 대신 소프트웨어 컴포넌트의 제공 및 필수 서비스 인터페이스의 런타임 바인딩
- C 대신 소프트웨어 컴포넌트를 구현하기 위한 C++ 언어(다른 언어도 허용되지만 표준화되지는 않음)
- 오토사의 운영체제 대신 POSIX(PSE51) 호환 운영체제(예, 기성 구현 또는 리눅스Linux 또는 QNX[Bla20]). PSE51은 기존 POSIX 응용 프로그램에 대한 이식성을 가능하게 하고자 선택됐다.
- 일반적으로 단일 코어 CPU 대신 계산을 위한 그래픽 처리 장치GPU, Graphic Processing Unit를 가진 멀티 코어 중앙 처리 장치CPU, central Processing Unit (멀티 코어 CPU도 오토사 클래식 플랫폼에서 지원된다).
- 각 시스템에서 단일 처리 대신 동일한 시스템에서 병렬 처리(예, 하이퍼바이저 사용)
- CAN/Lin/FlexRay를 기본 통신 버스로 사용하는 대신 이더넷을 유일한 통신 버스로 사용(이더넷은 오토사 클래식 플랫폼에서도 사용할 수 있

으며 오토사 클래식과 오토사 어댑티브 소프트웨어 컴포넌트 간의 통신에 사용하는 것이 좋다)

- V 모델 기반 개발 대신 OTA에 의존하는 빠른 혁신 주기를 가능하게 하는 애자일(스크럼) 소프트웨어 개발
- '종이' 검증(예, 검사 수단) 대신 프로토타입 구현(오토사 데모라고 함)에 의한 개념 검증

다음 4개의 하위 절(5.3.1~5.3.4)에서 오토사 어댑티브 플랫폼이 5.2절에 설명된 네 가지 주요 오토사 목표를 달성하는 방법을 보여 준다. 이 절들은 오토사 클래식 플랫폼이 동일한 목표를 달성하는 방법을 보여 주는 5.2.1~5.2.4절에 해당한다.

5.3.1 레퍼런스 아키텍처

실제 하드웨어 또는 가상 머신(둘 모두 잠재적 가상화를 추상화하는 머신이라고 한다)에서 실행되는 오토사 어댑티브 플랫폼의 논리적 아키텍처는 그림 5.17에 나와 있다.

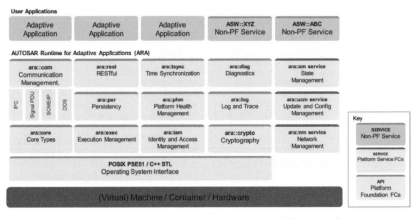

그림 5.17 논리 아키텍처: 오토사 어댑티브 플랫폼[AUT19a]

오토사 어댑티브 응용 프로그램은 기능 클러스터에 대한 인터페이스를 제공하는 ARA^AUTOSAR Runtime for Adaptive Applications 위에서 실행된다. ARA는 오토사

클래식 플랫폼의 RTE^{RunTime Environment}와 유사하며, 그 목표는 응용 프로그램이 다른 프로세스 또는 머신의 일부로 실행될 수 있다는 사실을 추상화하는 것이다. 그러나 RTE가 일반적으로 설계 시간 동안 서비스와 클라이언트를 연결하는 오토사 클래식 플랫폼과 비교해 ARA는 런타임 중에 항상 동적으로 연결한다. 기능 클러스터는 오토사 클래식 플랫폼의 BSW 모듈과 유사한 전용 플랫폼 기능을 실현하며 (가상) 시스템당 최소 하나의 인스턴스가 필요하다. 기능 클러스터 및 해당 기능의 몇 가지 예가 아래에 나와 있다.

실행 관리^{Execution Management} 클러스터는 적응형 플랫폼의 초기화와 적응형 응용 프로그램의 시작 및 종료를 담당한다. 진단 관리^{Diagnostic Management}는 ISO 14229-1(UDS)[ISO20] 및 ISO 13400-2(DoIP)[ISO19] 표준에 따른 진단 통신을 가능하게 한다. Persistency는 적응형 응용 프로그램이 데이터를 비휘발성 메모리에 저장할 수 있도록 한다. 통신 관리^{Communication Management}는 적응형 응용 프로그램(또는 ARA 인터페이스를 사용하는 다른 응용 프로그램)이 SOME/IP [AUT19r] 및 IPC(프로세스 간 통신)와 같은 다른 통신 프로토콜을 사용해 통신할 수 있는 수단을 제공한다. 시간 동기화 클러스터는 이벤트에 동일하고 정확한 타임스탬프를 제공해 이벤트의 상관관계를 가능하게 한다.

오토사 어댑티브 플랫폼을 실행하는 머신의 물리적 아키텍처는 적응형 응용 프로그램과 기능적 클러스터를 실행하는 일련의 프로세스로 구성된다. 각 프로세스는 하나 이상의 스레드^{thread}로 구성될 수 있다. 런타임 시 이러한 프로세스의 스케줄링은 운영체제^{OS, Operating System}에 의해 수행된다. 오토사 어댑티브 OS는 클래식 플랫폼의 경우처럼 새로운 OS를 나타내지 않고 오히려 적응형 응용 프로그램이 POSIX PSE51 호환 OS[AUT19s]에서 사용할 수 있는 인터페이스를 지정한다. 이미 언급했듯이 오토사 어댑티브 플랫폼에서 사용하는 일반적인 POSIX 호환 OS는 리눅스 또는 QNX다.

5.3.2 개발 방법론

오토사 클래식 플랫폼의 주요 신호 기반 패러다임과 달리 오토사 어댑티브 플랫폼은 서비스 지향 아키텍처^{SOA, Service-Oriented Architecture}[Erl16]를 기반으로 한다. '서비스'라는 용어는 적응형 응용 프로그램에서 제공하는 기능을 나타 내는 데 사용한다. 즉 기능 클러스터에서 제공하는 기능이 아니다. 5.3.1절 에서 설명한 대로 통신 관리 기능 클러스터는 기계 내 및 기계 간 통신을 위 해 이러한 서비스를 제공하거나 소비하는 메커니즘을 제공한다. 각 서비스 는 다음 요소 중 하나 이상으로 구성된다.

1. **이벤트**: 서버 측에서 이벤트(예, 특정 데이터 업데이트 또는 타이머 만료)가 발생하면 서버가 이벤트가 발생했음을 구독 클라이언트에 알리도록 (서버가 결정할 때) 서버를 트리거한다.

2. **메서드**: 클라이언트의 요청에 따라 서버 측에서 실행하는 기능

3. **필드**: 클라이언트가 액세스할 수 있는 서버에서 호스팅하는 데이터 조 각(일반적으로 get 및 set 접근자를 통해). 클라이언트는 필드 업데이트를 구독할 수도 있다.

서버와 클라이언트 간의 통신은 설계 시간(정적) 또는 시작/런타임(동적)에 설정할 수 있다. 후자는 브로커 역할을 하는 통신 관리 기능 클러스터의 서 비스 레지스트리^{Service Registry} 컴포넌트에 의존하는 서비스 디스커버리^{Service Discovery} 프로토콜의 도움으로 달성한다. 서비스를 제공하는 각 응용 프로그 램은 서비스 레지스트리에 서비스를 등록한다. 소비자 응용 프로그램은 서 비스 검색이라고 하는 서비스 레지스트리를 쿼리해 요청된 서비스를 찾아야 한다. 이 프로세스는 그림 5.18에 나와 있다.

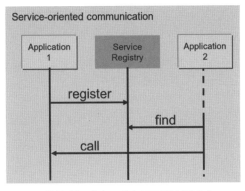

그림 5.18 서비스 레지스트리[AUT19g]

응용 프로그램 1(서버)은 서비스 레지스트리에 서비스를 등록한다. 응용 프로그램 2(클라이언트)가 특정 서비스를 찾으면 해당 필드에 액세스하거나 메서드를 호출하거나 이벤트 또는 필드 변경 사항을 구독할 수 있다. 오토사 어댑티브 플랫폼에 기반한 소프트웨어 개발 프로세스는 일반적으로 시스템에서 서비스를 정의하는 것으로 시작되며 프로세스의 스케치는 그림 5.19에 나와 있다.

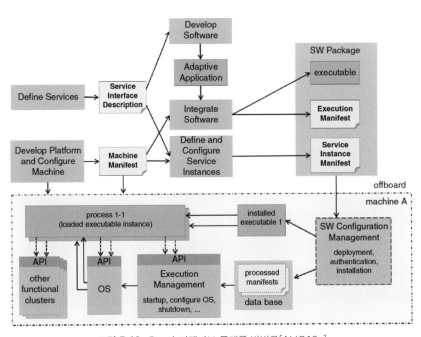

그림 5.19 오토사 어댑티브 플랫폼 방법론[AUG19g]

서비스는 서비스 개발, 방법, 필드, 이벤트(Adaptive Application)의 입력 역할을 하는 Service Interface Description 파일에 정의돼 있으며, 다른 한편으로는 서비스 지향 통신의 설정에 정의돼 있다. 서비스 지향 통신 설정에 대한 또 다른 입력은 CPU 및 코어 측면에서 실제 시스템^{Machine Manifest}에 대한 기술이다. CPU 코어의 서비스 인터페이스 인스턴스화는 Service Instance Manifest에서 기술한다. Machine Manifest에서는 시스템 하드웨어와 함께 이 시스템에서 사용할 수 있는 OS, functional cluster, process에 대해서도 기술한다. 구현된 Adaptive Application이 실행 파일의 형태로 매핑될 수 있도록 프로세스가 필요하다. 실행 파일은 Execution Manifest에 기술돼 있다.

Adaptive Application은 C++ 언어로 구현한다. 통신 관리 소프트웨어용 개발 도구의 일부인 생성기는 각 서비스에 대한 필드, 이벤트, 메서드의 유형 안전한 표현을 포함하는 C++ 클래스를 생성한다. 서버 측에서는 이렇게 생성된 클래스를 서비스 공급자 스켈레톤^{skeleton}이라고 한다. 클라이언트 측에서는 서비스 요청자 프록시[AUT19g]라고 한다.

Service Instance Manifest, Machine Manifest, Execution Manifest 는 실행 파일과 함께 대상 시스템에 설치된다. 이 작업은 실행 관리자와 OS (예, 실행 파일의 스케줄링)의 시작 순서를 구성하기 위해 수행된다.

5.3.3 오토사 메타 모델

오토사 클래식 및 어댑티브 플랫폼에 대한 하나의 오토사 메타 모델이 있다. 두 플랫폼 사이에 많은 모델링 개념이 공유되기 때문인데, 이는 아래 예에서도 확인할 수 있다. 오토사 어댑티브 플랫폼의 모델링 개념은 오토사 메타 모델에서 다른 '매니페스트^{manifest}'로 구조화되며(그림 5.19 참고), 지원 매니페스트 규격[AUT19m]에 설명돼 있다. 오토사 클래식 플랫폼의 템플릿과 유사하게, 오토사 어댑티브 플랫폼 매니페스트는 MOF[Obj04]의 M2 계층에 위치한다. 매니페스트라는 이름에도 불구하고 매니페스트에는 설계 모델 요소(메타 클래스)와 배치와 관련된 모델 요소가 모두 설명돼 있다.

배포와 관련된 오토사 매니페스트의 인스턴스를 오토사 플랫폼 머신에 업로드해 해당 구성을 지원할 수 있다. 즉 매니페스트에서 실제 구성을 직접 인스턴스화할 수 있다. 따라서 템플릿 인스턴스가 있는 오토사 클래식 플랫폼의 경우와 같이 매니페스트 인스턴스의 업스트림 매핑으로 채워진 추가 구성 모델이 필요하지 않다.

오토사 클래식 플랫폼의 모델과 마찬가지로 매니페스트 모델의 직렬화 형식은 ARXML이며 여러 개의 물리적 파일로 나눌 수 있다. 이것은 단지 표준화된 형식일 뿐이며 실제로는 YAML이나 JSON과 같은 다른 형식도 사용될 수 있다는 것을 이해하는 것이 중요하다.

어댑티브 플랫폼용 오토사 메타 모델은 다음과 같은 네 가지 주요 매니페스트 [AUTO19m]로 나뉜다.

- Application Design Manifest는 오토사 어댑티브 플랫폼에서 실행되는 응용 프로그램 소프트웨어를 설계하는 방법을 지정한다. 다음 두 매니페스트에 설명된 응용 프로그램 소프트웨어 배포의 사전 요구 사항으로 주로 사용되므로 머신에 배포할 필요가 없다.
- Execution Manifest는 오토사 어댑티브 플랫폼에서 실행 중인 응용 프로그램의 배포를 지정하는 데 사용한다. 머신에 배포하는 것을 지원하고자 실행 코드와 함께 번들로 제공된다.
- Service Instance Manifest는 기본 전송 프로토콜에 대해 서비스 지향 통신을 구성하는 방법을 지정하는 데 사용한다. 각각의 서비스 지향 통신을 구현하는 실행 코드와 함께 번들로 제공된다.
- Machine Manifest는 응용 프로그램이 실행되고 있지 않은 머신에 대한 배포 정보를 설명하는 데 사용한다. 오토사 어댑티브 플랫폼 인스턴스를 나타내는 소프트웨어와 함께 제공한다.

이러한 매니페스트 외에도 오토사 메타 모델은 오토사 클래식 ECU와 오토사 어댑티브 머신을 모두 사용해 자동차 소프트웨어 시스템을 설계하는 방법을 명시한다. 여기에는 어댑티브 플랫폼의 서비스 지향 통신과 클래식 플랫폼의 신호 기반 통신 사이에 브리지를 만들기 위한 서비스에 대한 신호의 잠재적 매핑이 포함된다.

5.3.3.1 오토사 메타 모델 기반의 아키텍처 설계

5.3.1절에 제시된 4개의 매니페스트 파일로 구성된 오토사 메타 모델의 오토사 어댑티브 플랫폼 부분에서 발췌한 내용을 보여 준다. 이러한 파일의 실제 ARXML 모델(M1 레이어)의 예는 그림 5.10, 그림 5.11, 그림 5.13에 제시된 ARXML 모델과 동일한 방식으로 메타 모델의 어댑티브 플랫폼 부분을 인스턴스화하므로 이번에는 제시되지 않는다.

Application Design Manifest에서 발췌한 단순화된 부분을 보여 주는 그림 5.20부터 시작한다(Application Design Manifest의 메타 클래스는 진한 녹색으로 표현되는 반면, 두 플랫폼 간에 공유되는 SwComponentTemplate 메타 클래스는 그림 5.9에서도 밝은 녹색으로 표현된다).

발췌문은 오토사 어댑티브 플랫폼 위에서 실행되는 소프트웨어 컴포넌트를 나타내는 데 사용되는 SwComponent 메타 클래스의 새로운 Adaptive SwComponent를 보여 준다. 또한 ProvidedPort 및 RequiredPort를 사용해 AdaptiveSwComponent 간의 서비스 지향 통신을 나타내는 데 사용되는 PortInterface 메타 클래스의 새로운 ServiceInterface도 보여 준다. 각 ServiceInterface에는 서버 AdaptiveSwComponent에서 제공하거나 클라이언트 AdaptiveSwComponent에서 요청할 수 있는 여러 이벤트, 메서드, 필드가 포함될 수 있다.

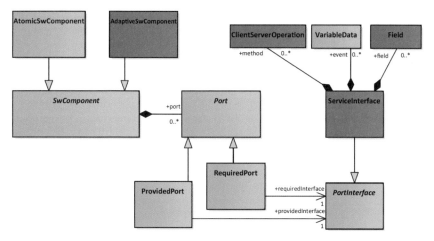

그림 5.20 Application Design Manifest에서 단순화해 발췌

이러한 두 가지 유형의 AdaptiveSwComponent 간의 매핑은 일반적으로 그림 5.18에서와 같이 서비스 검색을 사용해 런타임에 수행되지만 특정 머신에 배포된 ServiceInterface를 나타내는 구체적인 ServiceInstance를 연결해 디자인 타임에 매핑할 수도 있다. 이는 그림 5.21에 나와 있다 (Service Instance Manifest의 메타 클래스는 짙은 파란색으로 표현된 반면, 그림 5.12 의 SwComponentTemplate과 그림 5.12의 SystemTemplate의 메타 클래스는 각각 연한 녹색과 연한 파란색으로 표현돼 있다).

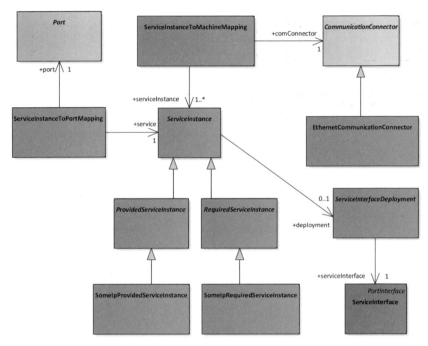

그림 5.21 Service Instance Manifest에서 단순화해 발췌

ServiceInstance는 이 ServiceInstance의 필드, 메서드, 이벤트가 특수 메타 클래스를 사용해 SOME/IP와 같은 특정 전송 프로토콜에 바인딩되는 방법을 정의하는 추상 ServiceInterfaceDeployment 메타 클래스를 통해 ServiceInterface에 의해 정의된다. 시스템 설계의 다른 부분과의 연결에 관해 ServiceInstances는 Application Design Manifest에 한 면에 매핑돼 있고 해당 매핑 메타 클래스를 사용해 아래 Machine Manifest에 정의된 머신의 특정 CommunicationConnector(즉 이더넷)는 다른 한쪽 면에 매핑돼 있다.

이미 설명했듯이 오토사 어댑티브 플랫폼 위에서 실행되는 응용 프로그램은 서비스 지향 방식으로 통신한다. 완전한 자동차 시스템은 일반적으로 오토사 클래식 ECU와 오토사 어댑티브 머신 모두로 구성되기 때문에 오토사 어댑티브와 오토사 클래식 소프트웨어 컴포넌트 간의 통신을 가능하게 하는데도 필요하다. 오토사 클래식 ECU가 SOME/IP on Ethernet을 통해 서비스 지향 방식으로 통신하는 경우 오토사 어댑티브 머신과의 통신은 조정 없이 작동한다. 오토사 클래식 ECU가 기존 자동차 버스(예, CAN)의 신호를 사용해 통신하는 경우 신호를 서비스로 변환(예, 오토사 클래식 게이트웨이 ECU)해야 한다. 이 변환의 모델링 솔루션은 그림 5.22에 나와 있다.

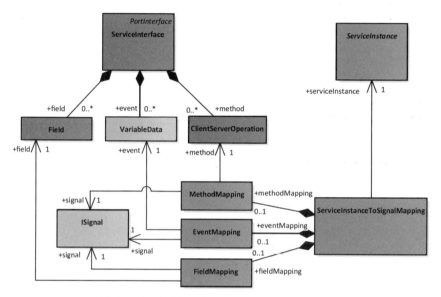

그림 5.22 신호에 대한 서비스 인스턴스 매핑에서 단순화해 발췌

이 다이어그램에서 ServiceInstance의 각 이벤트, 메서드, 필드가 그림 5.12에서 설명한 하나의 ISignal에 매핑되는 것을 볼 수 있다.

마지막으로, 그림 5.23은 Machine Manifest 및 Execution Manifest에서 간략하게 발췌한 내용을 보여 준다(관련 새 메타 클래스는 회색으로 표시된다).

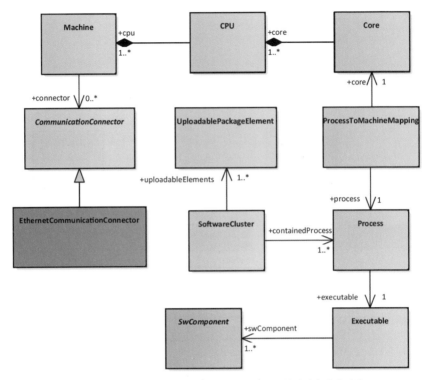

그림 5.23 Machine과 Execution manifests로부터 단순화해 발췌

Machine Manifest는 주로 하나의 머신에 속하는 CPU와 코어를 설명하는 데 사용한다. 머신은 일반적으로 오토사 클래식 ECU의 멀티 CPU/멀티 코어 버전으로 이해될 수 있지만 머신이 가상 실행 환경을 나타낼 수도 있기 때문에 항상 그런 것은 아니다(ECU에는 항상 하드웨어가 포함된다). 머신은 일반적으로 EthernetCommunicationConnector 메타 클래스와의 관계로 표시된 이더넷 버스에 연결된다.

Execution Manifest는 대부분 두 가지 목적으로 사용한다. 첫 번째 목적은 AdaptiveSwComponents를 포함하는 여러 실행 파일을 실행하는 프로세스를 정의하고 이를 머신의 특정 코어(및 CPU)에 매핑하는 것이다. SoftwareCluster 메타 클래스는 예를 들어 ServiceInstance가 될 수 있는 여러 UploadablePackageElement를 참조해 실행 소프트웨어의 구조를 설명하는 데 사용한다. 두 번째 목적은 시작 구성과 작업의 초기화 순서를 설명하는 것이다. 이 부분은 5.3.3절에서 다루지 않는다.

5.3.3.2 오토사 매니페스트 사양

오토사 어댑티브 플랫폼[AUT19m]의 매니페스트 사양은 오토사 클래식 플랫폼의 템플릿 사양과 동일한 방식으로 구성된다. 이는 설계 요구 사항, 제약 조건, 그림, 클래스 테이블, 앞서 언급한 항목에 대한 추가 설명을 제공하는 일반 텍스트로 구성됨을 뜻한다. 그러나 한 가지 차이점은 오토사 클래식 플랫폼의 열두 가지 템플릿 사양과 비교해 오토사 어댑티브 플랫폼에는 매니페스트 사양이 하나만 있다는 것이다. 또한 템플릿 사양의 많은 개념(예, 클래스 테이블, 요구 사항, 제약 조건)은 5.3.3.1절의 그림에서 밝은 녹색 및 밝은 파란색으로 표시된 것처럼 매니페스트 사양에서도 사용한다.

5.3.4 오토사 ECU 미들웨어

각 기본 소프트웨어 모듈의 구성 매개 변수에 대한 M1 모델을 제공하는 오토사 클래식 플랫폼과 비교해 오토사 어댑티브 플랫폼은 다른 접근 방식을 갖고 있다. 특정 기능 클러스터 모듈의 구성은 메타 모델의 Platform Module Development 부분과 M2 계층의 매니페스트 사양에 설명돼 있다. 각 기능 클러스터 모듈의 실제 구성은 거기에 설명된 메타 클래스에서 직접 인스턴스화할 수 있으므로 오토사 클래식 플랫폼에서와 같이 모델 간의 업스트림 맵핑이 필요하지 않다. 메타 모델의 Platform Module Development 부분에서 단순화된 발췌가 그림 5.24에 나와 있다(Machine, CPU, Core, ProcessToMachineMapping 메타 클래스는 Machine 및 Execution Manifest에서 가져온 것이다).

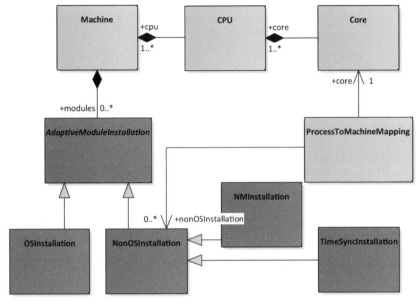

그림 5.24 Platform Module Development로부터 단순화해 발췌

메타 클래스 OSInstallation 및 관련 메타 클래스에서 설정을 제공하는
OS 모듈과 NonOSInstallation의 전문 메타 클래스(예, NMInStallation 및
TimeSync Installation)에서 설정을 제공하는 비OS 모듈 및 관련 메타 클래스
간에 차이가 있다. 이러한 구분은 비OS 모듈을 OS 모듈(예, 리눅스 또는 QNX)
자체에는 해당되지 않는 특정 프로세스에 매핑해야 하기 때문에 필요했다.

5.4 오토사 파운데이션

오토사 파운데이션[AUT19c]의 목표는 오토사 클래식과 오토사 어댑티브
플랫폼 간의 상호 운용성을 가능하게 하는 것이다. 이는 오토사 표준의 이
파트가 제공하는 공통 요구 사항과 기술 사양을 충족함으로써 달성된다. 오
토사 파운데이션 규격의 예로는 이더넷을 통한 통신을 위한 SOME/IP 프로
토콜[AUT19r], 안전에 중요한 통신을 위한 E2E 프로토콜[AUT19f], 또는
미들웨어에서 응용 프로그램 소프트웨어를 분리하는 것과 같은 두 플랫폼의

일반 목표[AUT19p] 및 요구 사항[AUT19l]이 있다.

오토사 클래식 플랫폼의 기본 소프트웨어 모듈에 대한 기능 설명과 유사하게 오토사 어댑티브 플랫폼의 기능 클러스터에 대한 기능 설명은 기능 요구 사항, API, 시퀀스 다이어그램을 포함하는 지원 사양에서 제공된다. 이것도 이 문서의 범위에서 벗어난다.

5.5 더 읽기

오토사 표준에 대한 세부 사항을 배우길 원하는 독자를 위해 오토사는 200개 이상의 사양과 2만 개 이상의 요구 사항을 갖춘 거대한 표준이기 때문에 여기 모든 기능에서 전문가가 되는 것은 거의 불가능하다는 것을 이해해야 한다. 오토사 사양은 표준과 보조 사양으로 구분되며, 표준 사양만 준수하면 전체 오토사 컴플라이언스를 달성할 수 있다. 그럼에도 표준 사양과 보조 사양은 모두 위에서 설명한 오토시 플랫폼에 대한 세부 사항을 배우고자 하는 독자들이 관심을 가질 수 있다.

모든 오토사 초보자는 다른 사양에 대해 자세히 알아보기 전에 알아야 할 오토사 아키텍처의 고급 기능을 정의하는 Layered Software Architecture 문서[AUT19j]를 읽고 시작하는 것을 추천한다. 클래식과 어댑티브 플랫폼 모두를 포함하는 오토사 방법론 사양[AUT19n]은 오토사 개발 프로세스에서 서로 다른 분야에서 생성한 가장 중요한 결과물에 대해 설명하고 있어 자연스럽게 이어서 볼 수 있다. 그러나 현 시점에서 이해할 수 없는 많은 세부 사항도 포함하고 있어서 처음부터 익숙한 주제에 초점을 맞춰 대충 훑어봐야 한다.

나머지 읽기는 독자의 관심 주제에 따라 달라진다. 오토사 클래식 플랫폼 기반 자동차 소프트웨어의 아키텍처 설계에 관심 있는 독자는 오토사 플랫폼 사양^{TPS, TemPlate Specification}을 살펴보면 좋다. 예를 들어 논리 시스템/ECU 설계에 관심이 있는 경우 오토사 소프트웨어 컴포넌트 템플릿[AUT19q]을 살펴보고 응용 프로그램 소프트웨어 컴포넌트 및 데이터 교환 지점을 정의

하는 방법을 이해해야 한다. 모든 템플릿에 사용된 일반적인 개념은 일반적 구조 템플릿[AUT19i]에서 찾을 수 있지만, 일반 구조 템플릿의 구체적인 절까지 읽기 전에 템플릿을 참조하는 것이 가장 좋을 것이다. 문서 전체를 한 번에 이해하기 어려울 수 있기 때문이다. 모든 관련 다이어그램이 템플릿 사양으로 내보내기 때문에 오토사 메타 모델의 UML 모델을 실제로 살펴볼 필요는 없다.

오토사 어댑티브 플랫폼에 구축된 자동차 소프트웨어 시스템의 아키텍처 설계에 관심이 있는 독자는 플랫폼 설계 보고서[AUT19g]에 기술된 목표, 방법론, 이 플랫폼의 요소에 대한 일반적인 설명을 읽는 것으로 시작해야 한다. 이를 읽고 오토사 클래식 플랫폼의 일반적인 모델링 개념을 숙지한 후 독자들은 매니페스트 사양[AUT19m]을 살펴볼 준비가 돼 있으며, 그중에서도 오토사 어댑티브 플랫폼 위에서 실행되는 소프트웨어 컴포넌트의 설계, 배포, 실행의 측면을 다룰 수 있다.

클래식 플랫폼에서 오토사 기본 소프트웨어의 기능에 관심 있는 독자는 관련 기본 소프트웨어 모듈의 소프트웨어 사양SWS, SoftWare Specification을 읽어야 한다. 예를 들어 ECU 진단 기능에 관심이 있으면 오토사 진단 이벤트 관리자[AUT19e]와 진단 설정 관리자[AUT19e] 사양을 검토해야 한다. 모든 기본 소프트웨어 모듈에 적용되는 요구 사항은 기본 소프트웨어 모듈 사양의 일반 요구 사항[AUT19h]에서 확인할 수 있다. 예를 들어 Persistency [AUT19o]의 SWS 사양이 비휘발성 메모리에 정보를 저장하는 방법을 지정하고 SWS 사양이 Log 및 Trace[AUT19k]는 버스에서 로깅 데이터를 전송하거나 파일 시스템에 저장하기 위한 인터페이스를 정의한다.

보다 세분화된 수준에서의 TPS 사양 설계 요구 사항은 요구 사항 규격RS, Requirement Specification 문서에서 더 정형화된 요구 사항으로 추적할 수 있다. 마찬가지로 SWS 사양의 기능 기본 소프트웨어 요구 사항과 기능 클러스터의 요구 사항은 소프트웨어 요구 사항 규격SRS, Software Requirement Specification 문서에서 좀 더 정형화된 요구 사항으로 추적할 수 있다[MDS16]. RS와 SRS 요구 사항은 일반 오토사 기능 및 오토사 목표를 설명하는 것과 같은 더 높은 수준의 사양으로 추적할 수 있다. 그러나 오토사 초보자는 오토사 기능을 상세하게 이해하는 데 필요한 설명과 다이어그램이 수록돼 있어 TPS 및 SWS 사양을 적어도 처음부터 보는 것이 좋다.

오토사 표준에 대해 더 자세히 알고 싶은 독자에게 제공할 수 있는 두 가지 추가 권장 사항이 있다. 첫 번째, 오토사 사양은 처음부터 끝까지 읽지 않아야 한다. 특정 주제와 관련된 설명을 검색할 때 서로 다른 사양으로 전환하는 것을 추천한다. 두 번째, 오토사 표준의 현재 특징에 대한 최신 정보를 포함하고 있기 때문에 독자는 항상 최신 오토사 사양을 읽어야 한다. 이러한 사양은 AUTOSAR 웹사이트[AUT20]에서 확인할 수 있다.

오토사가 릴리스한 사양과 별도로 독자는 오토사 표준에 대해 더 많이 알고자 하는 독자들은 몇 가지 과학 논문에서 유용할 정보를 찾을 수 있다. 오토사 방법론에 관련된 브리시우Briciu 등[BFH13] 및 성Sung 등[SH13]은 오토사에 따라 오토사 소프트웨어 컴포넌트가 설계하는 방법의 예제를 보여 준다. 보스Boss 등[Bos12]은 오토사 개발 프로세스에서 OEM과 1차 공급업체와 같이 서로 다른 역할 간 산출물 교환에 대해 자세히 설명한다.

오토사 메타 모델과 관련해 두리식Durisic 등[DSTH16]은 오토사 메타 모델의 구성을 분석하고 엄격한 메타 모델링의 이론적 메타 모델링 개념을 준수하고자 재작업할 수 있는 가능한 방법을 보여 준다. 동일한 저자는 또한 오토사 메타 모델의 진화가 다양한 기능과 관련해 정량적으로 분석될 수 있는 방법을 설명하고[DSTH17] 이를 위한 도구를 제공한다[DST15]. 또한 파겔Pagel 등[PB06]은 오토사 메타 모델에서 오토사 XML 스키마 생성에 대해 자세하게 설명한다. 브로큰스Brorkens 등은 오토사 교환 형식으로 XML을 사용하는 것에 대한 이점을 설명한다.

오토사 기본 소프트웨어 구성과 관련해 리Lee 등[LH09]은 오토사 기본 소프트웨어 모듈 구성을 위한 오토사 메타 모델의 사용에 대해 추가적으로 설명한다. 마지막으로 메다Mjeda 등[MLW07]은 오토사를 기반으로 하는 자동차 아키텍처 설계 단계와 Simulink의 오토사 소프트웨어 컴포넌트의 기능적 구현을 연결하는 것을 보여 준다.

5.6 요약

오토사는 2003년부터 시작돼 전 세계 대다수의 자동차 제조업체와 해당 소프트웨어/하드웨어 공급업체가 수용하는 자동차 소프트웨어 아키텍처 개발의 세계적인 표준이 됐다. 최근(2017년)까지 오토사는 오토사 클래식 플랫폼에 구현된 엔진 및 실내 온도 조절 장치와 같은 전통적인 자동차 기능의 개발을 지원하는 데 중점을 뒀다. 오늘날 오토사는 오토사 어댑티브 플랫폼에 구현된 자율주행 및 외부 세계와의 연결과 같은 미래 자동차에서 기대되는 기능의 개발도 지원한다.

5장에서는 수십 개의 자동차 ECU(클래식) 및 Machines(어댑티브)에서 인스턴스화되는 클래식 및 어댑티브 오토사 플랫폼 모두에 의해 정의된 레퍼런스 아키텍처를 설명했다. 또한 오토사 방법론에 따라 일반적으로 서로 다른 아키텍처 컴포넌트가 어떻게 개발되는지 보여 줬다. 두 플랫폼의 개발 방법론에서 오토사 메타 모델의 역할과 자동차 개발 프로세스에서 서로 다른 역할 간의 아키텍처 모델 교환을 보여 줬다. 또한 오토사 미들웨어 계층의 주요 컴포넌트(클래식 플랫폼의 기본 소프트웨어 및 어댑티브 플랫폼의 기능 클러스터)와 구성 방법도 설명했다.

오토사의 미래에 관해서는 자동차 소프트웨어 시스템 개발의 새로운 두드러진 트렌드를 어떻게 다룰지 아직 알 수 없다. 이러한 추세 중 하나는 자동차 제조업체의 자체 개발이 증가해 개발 프로세스에서 여러 계층에서 기존 공급업체가 필요하지 않다는 것이다. 또 다른 두드러진 추세는 하드웨어(예, 고성능 처리 장치)와 소프트웨어(예, 자율주행 및 운영체제용 알고리듬)를 모두 사용해 엔비디아[NVidia] 및 구글[Google]과 같은 자동차 도메인에 실리콘 밸리 플레이어가 진입하는 것이다. 제조업체는 경쟁 및/또는 협력해야 한다. 이러한 추세는 의심할 여지없이 자동차 소프트웨어/시스템 아키텍처의 표준화에 대한 다양한 요구 사항을 제시할 것이다.

참고 문헌

Agi01. *Agile Manifesto*. www.agilemanifesto.org/, 2001.

AK03.C. Atkinson and T. Kühne. Model-Driven Development: A Metamodeling Foundation. *Journal of IEEE Software*, 20(5):36–41, 2003.

AUT19a. AUTOSAR *Adaptive Platform*. www.autosar.org/standards/adaptive-platform/, 2019.

AUT19b. AUTOSAR *Classic Platform*. www.autosar.org/standards/classic-platform/, 2019.

AUT19c. AUTOSAR *Foundation*. www.autosar.org/standards/foundation/, 2019.

AUT19d. AUTOSAR, www.autosar.org. *Diagnostic Communication Manager R19-11*, 2019.

AUT19e. AUTOSAR, www.autosar.org. *Diagnostic Event Manager R19-11*, 2019.

AUT19f. AUTOSAR, www.autosar.org. *End to End Protocol Specification R19-11*, 2019.

AUT19g. AUTOSAR, www.autosar.org. *Explanation of AUTOSAR Platform Design R19-11*, 2019.

AUT19h. AUTOSAR, www.autosar.org. *General Requirements on Basic Software Modules R19-11*, 2019.

AUT19i. AUTOSAR, www.autosar.org. *Generic Structure Template R19-11*, 2019.

AUT19j. AUTOSAR, www.autosar.org. *Layered Software Architecture R19-11*, 2019.

AUT19k. AUTOSAR, www.autosar.org. *Log and Trace Specification R19-11*, 2019.

AUT19l. AUTOSAR, www.autosar.org. *Main Requirement R19-11*, 2019.

AUT19m. AUTOSAR, www.autosar.org. *Manifest Specification R19-11*, 2019.

AUT19n. AUTOSAR, www.autosar.org. *Methodology Template R19-11*, 2019.

AUT19o. AUTOSAR, www.autosar.org. *Persistency Specification R19-11*, 2019.

AUT19p. AUTOSAR, www.autosar.org. *Project Objectives R19-11*, 2019.

AUT19q. AUTOSAR, www.autosar.org. *Software Component Template R19-11*, 2019.

AUT19r. AUTOSAR, www.autosar.org. *SOME/IP Protocol Specification R19-11*, 2019.

AUT19s. AUTOSAR, www.autosar.org. *Specification of Operating System Interface R19-11*, 2019.

AUT19t. AUTOSAR, www.autosar.org. *System Template R19-11*, 2019.

AUT20. AUTOSAR, www.autosar.org. *Automotive Open System Architecture*, 2020.

BFH13. C. Briciu, I. Filip, and F. Heininger. A New Trend in Automotive Software: AUTOSAR Concept. In *Proceedings of the International Symposium on Applied Computational Intelligence and Informatics*, pages 251–256, 2013.

BG01. Jean Bézivin and Olivier Gerbé. Towards a Precise Definition of the OMG/MDA Framework. In *International Conference on Automated Software Engineering*, pages 273–280, 2001.

BK07. M. Brörkens and M. Köster. Improving the Interoperability of Automotive Tools by Raising the Abstraction from Legacy XML Formats to Standardized Metamodels. In *Proceedings of the European Conference on Model Driven Architecture-Foundations and Applications*, pages 59–67, 2007.

BKPS07. M. Broy, I. Kruger, A. Pretschner, and C. Salzmann. Engineering Automotive Software. In *Proceedings of the IEEE*, volume 95 of 2, 2007.

Bla20. BlackBerry, www.blackberry.qnx.com. QNX, 2020.

Bos12. B. Boss. Architectural Aspects of Software Sharing and Standardization: AUTOSAR for Automotive Domain. In *Proceedings of the International Workshop on Software Engineering for Embedded Systems*, pages 9–15, 2012.

DST15. D. Durisic, M. Staron, and M. Tichy. ARCA - Automated Analysis of AUTOSAR Meta-Model Changes. In *International Workshop on Modelling in Software Engineering*, pages 30–35, 2015.

DSTH16. D. Durisic, M. Staron, M. Tichy, and J. Hansson. Addressing the Need for Strict Meta- Modeling in Practice - A Case Study of AUTOSAR. In *International Conference on Model-Driven Engineering and Software Development*, 2016.

DSTH17. D. Durisic, M. Staron, M. Tichy, and J. Hansson. Assessing the Impact of Meta- Model Evolution: A Measure and its Automotive Application. *Journal of Systems and Software Modeling*, 18(5):1–27, 2017.

Erl16. T. Erl. *Service-Oriented Architecture: Analysis and Design for Services and Microser- vices*. Pearson, 2nd Edition, 2016.

GEN20. GENIVI, www.genivi.org. *GENIVI*, 2020.

Gou10. P. Gouriet. Involving AUTOSAR Rules for Mechatronic System Design. In *Interna-tional Conference on Complex Systems Design & Management*, pages 305–316, 2010.

Hil17. M. Hiller. *Surviving in an Increasingly Computerized and Software Driven Automotive Industry*. http://icsa-conferences.org/2017/attending/ keynotes/, 2017.

ISO19. ISO 13400-2:2019. *Road vehicles Diagnostic communication over Internet Protocol (DoIP)*, 2019.

ISO20. ISO 14229-1:2020. *Road vehicles Unified Diagnostic Services (UDS)*, 2020.

Kru95. P. Kruchten. Architectural Blueprints - The "4+1" View Model of Software Architec-ture. *IEEE Software*, 12(6):42–50, 1995.

Küh06. T. Kühne. Matters of (Meta-) Modeling. *Journal of Software and Systems Modeling*, 5(4):369–385, 2006.

LH09. J. C. Lee and T. M. Han. ECU Configuration Framework Based on AUTOSAR ECU Configuration Metamodel. In *International Conference on Convergence and Hybrid Information Technology*, pages 260–263, 2009.

LLZ13. Y. Liu, Y. Q. Li, and R. K. Zhuang. The Application of Automatic Code Generation Technology in the Development of the Automotive Electronics Software. In *International Conference on Mechatronics and Industrial Informatics Conference*, volume 321–324, pages 1574–1577, 2013.

MDS16. C. Motta, D. Durisic, and M. Staron. Should We Adopt a New Version of a Standard? - A Method and its Evaluation on AUTOSAR. In *International Conference on Product Software Development and Process Improvement*, 2016.

Mer20. P. Mertens. *There Will Be Blood*. https://cleantechnica.com/2020/06/13/there-will-be-blood-peter-mertens-former-head-of-audi-rd-we-all-did-sleep/, 2020.

MLW07. A. Mjeda, G. Leen, and E. Walsh. The AUTOSAR Standard - The Experience of Applying Simulink According to its Requirements. *SAE Technical Paper*, 2007.

NDWK99. G. Nordstrom, B. Dawant, D. M. Wilkes, and G. Karsai. Metamodeling - Rapid Design and Evolution of Domain-Specific Modeling Environments. In *IEEE Conference on Engineering of Computer Based Systems*, pages 68–74, 1999.

NHT20. NHTSA, www.nhtsa.gov. *National Highway Traffic Safety Administration*, 2020.

Obj04. Object Management Group, www.omg.org. *MOF 2.0 Core Specification*, 2004.

Obj14. Object Management Group, www.omg.org/mda/. *MDA guide 2.0*, 2014.

PB06. M. Pagel and M. Brörkens. Definition and Generation of Data Exchange Formats in AUTOSAR. In *European Conference on Model Driven Architecture-Foundations and Applications*, pages 52–65, 2006.

SH13. K. Sung and T. Han. Development Process for AUTOSAR-based Embedded System. *Journal of Control and Automation*, 6(4):29–37, 2013.

Tra20. Transportation & Environment, www.transportenvironment.org/publications/road-zero-last-eu-emission-standard-cars-vans-buses-and-trucks. *Road to Zero: the last EU emission standard for cars, vans, buses and trucks*, 2020.

6

자동차 소프트웨어
상세 설계

개요 아키텍처 스타일과 자동차 소프트웨어 시스템의 아키텍처 설계에 영향을 미치는 주요 표준 중 하나를 설명했고, 이제 다음 추상화 수준인 상세 설계에 대해서 설명한다. 6장에서는 자동차 소프트웨어 아키텍처의 기술적인 측면을 계속 살펴보고 특정 소프트웨어 컴포넌트 내에서 소프트웨어를 설계할 때 작업하는 방법을 살펴본다. Simulink 모델링을 이용해 기능을 모델링하는 방법을 제시하고 자동차 산업에서 어떻게 사용되는지를 보여 준다. 제동 알고리듬의 예와 Simulink에서의 구현을 제시함으로써 Simulink를 사용한 소프트웨어 시스템 모델링의 필요성을 자세히 다룬다 (이 예제는 Matlab.com의 Simulink 튜토리얼로 확장될 수 있다). 가장 일반적인 설계 방법인 Simulink 모델링을 살펴보고 C/C++에서 안전에 중요한 시스템의 설계 원칙에 대해 논의한다. 안전에 중요한 시스템에서 C/C++ 코드를 문서화하고 구조화하는 표준인 MISRA^{Motor Industry Software Reliability Association}도 소개한다.

6.1 소개

자동차 소프트웨어의 설계와 상위 수준의 명세는 대부분 OEM의 영역이다. OEM은 자동차에서 무엇을 원하는지 소프트웨어 시스템과 전자 시스템에 어떤 요구 사항을 제기하는지를 결정한다. OEM은 시스템 레벨의 요구 사항을 특정 소프트웨어 컴포넌트에 대한 요구 사항으로 세분화할 책임이 있다.

그러나 소프트웨어 컴포넌트의 상세 설계와 후속 구현은 공급업체(1차, 2차, 3차) 또는 사내 개발 소프트웨어 팀의 영역이다.

이러한 공급업체와 사내 개발팀은 컴포넌트의 요구 사항을 이해하고 컴포넌트 아키텍처를 설계하며, 소프트웨어를 구현하고 통합한 후 OEM에 납품 전에 테스트한다.

6장에서는 자동차 소프트웨어의 상세 설계 원칙을 살펴본다. 널리 사용되는 방법인 Simulink 모델링을 설명하고, 안전에 중요한 임베디드 시스템의 프로그램 원칙을 이야기한다. 마지막으로 MISRA 표준에 따른 우수한 프로그래밍의 원칙에 대해 알아본다.

6.2 Simulink 모델링

자동차 소프트웨어의 설계에 사용되는 모델은 흔히 자동차 기능의 행동을 반영하므로 소프트웨어 세계보다 물리적 세계를 반영하는 형식으로 작성된다.

이러한 종류의 설계는 설계 프로세스와 설계자의 역량에 영향을 미친다. 이 프로세스는 그림 6.1에서 볼 수 있다.

먼저 프로세스는 데이터 흐름에 초점을 맞춰 자동차의 기능을 입력 및 출력 측면에서 수학적 함수로 기술하는 것부터 시작한다. 설계자들이 자동차의 기능을 설명하고자 수학적 모델을 사용하기도 한다. 예를 들어 ABS (Matlab/Simulink의 잘 알려진 예)를 설명하고자 설계자는 시간 함수로 바퀴 미끄러짐, 토크, 속도의 물리적 프로세스로 설명해야 한다. 수학적 설명이 준비되면 각 방정식은 Simulink 블록 집합으로 변환된다.

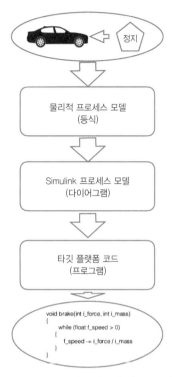

그림 6.1 Simulink 모델을 사용한 설계 – 개념적 개요

수학 등식을 Simulink 블록, 전이, 함수로 변환할 때, 설계자는 데이터 흐름과 피드백 루프에 초점을 맞춘다. 예를 들어 ABS 예에서 바퀴 미끄러짐은 속도에 따라 달라지고 속도는 미끄러짐에 따라 달라진다. 이러한 피드백 루프는 모델에 있다. 좀 더 발전된 경우 설계자는 표준 Simulink 라이브러리에서 사용할 수 없는 기능의 일부를 표현하고자 Matlab에 코드를 작성해야 한다.

모델이 완성되고 테스트되면 시스템의 대상 프로그래밍 언어(주로 C 또는 C++)에 코드를 생성하는데 사용된다.

6.2절에서는 이 프로세스에 대해 좀 더 깊게 알아본다.

6.2.1 Simulink 기초

Simulink에는 설계자가 그 시스템을 모델링하는 데 도움이 되는 풍부한 기능과 블록 라이브러리가 있다. 주요 블록을 제시하고 사용법을 설명한다.

각 Simulink 모델의 기본 원칙은 소스source에서 시작해서 싱크sink에서 끝나는 것으로서, 소스에서 시작해서 싱크에서 끝나는 프로세스에서 여러 단계를 거쳐 데이터가 흐른다는 것을 뜻한다.

데이터의 일반적인 소스는 function 블록이나 step 블록이다. 모델에서 일반적인 싱크는 scope 블록(결과 관찰용) 또는 모델의 출력 포트다.

6.2.1.1 소스

모델은 일반적으로 전체 모델에 기본 입력을 제공하고 시뮬레이션을 허용하는 step 블록으로 '시작'한다. 표준 소스 블록은 그림 6.2에서 볼 수 있다. 이 그림은 자동차 소프트웨어 설계에서 가장 일반적으로 사용되는 소스 블록 중 일부만을 보여 준다.

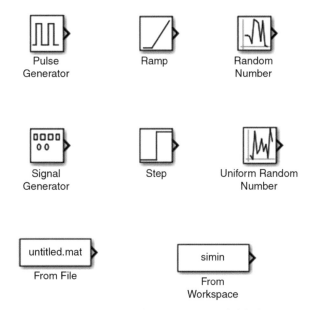

그림 6.2 Simulink 기본 블록 - Simulink 모델에서 신호 소스

이 블록의 의미는 다음과 같다.

- Constant – 상수 값의 신호를 생성한다.
- Clock – 시뮬레이션의 현재 시간인 신호를 생성한다.
- Digital clock – 특정 시간에 시뮬레이션 신호를 생성한다.
- Pulse generator – 모든 매개 변수를 지정할 수 있는 펄스를 생성한다.
- Ramp – 특정 비율로 지속적으로 증가 또는 감소하는 신호를 생성한다.
- Random number – 시뮬레이션을 위해 난수를 생성한다.
- Signal generator – 사인파 또는 특정 함수와 같은 가장 일반적으로 사용되는 신호를 생성한다.
- Step – 값과 주파수를 지정할 수 있는 이산 단계 신호를 생성한다.
- Uniform random number – 특정 간격으로 고르게 분포된 난수를 생성한다.
- From file – (다른 모델에서 시뮬레이션 결과를 알 수 있는) 파일에 저장된 신호 집합을 생성한다.
- From workspace – 파일과 유사하지만 시간을 저장하지 않는 신호다.

소스 블록은 연속적인 신호(예. 사인파), 이산 신호(예. step 블록), 임의 신호(예. 난수), 사전에 정의된 순서(예. 파일)로 입력 신호를 제공할 수 있다.

6.2.1.2 일반적으로 사용되는 블록

가장 일반적으로 사용되는 블록의 범주에 있는 블록은 다음과 같다.

- Gain – 출력을 입력의 곱으로 제공한다(승수는 설계자가 지정한다).
- Product – 출력은 두 입력(예. 신호)의 곱으로 제공한다.
- Sum – Product 블록과 유사하지만 두 신호의 합으로 출력을 표시한다.
- Saturation – 입력 신호에 상한과 하한을 가한다.
- Subsystem – 서브시스템을 나타내는 블록(예. 임베디드 모델). 이 유형의 블록은 모델을 계층 구조로 구성하고 한 모델을 다른 모델의 일부로 사용하는 데 매우 자주 사용된다.

- Out1 – 현재 모델의 외부에 있는 신호를 모델링한다(예, 다른 모델).
- In1 – 현재 모델의 외부에서 시뮬레이션으로 신호를 수신하는 데 사용되는 Out1의 반대 개념이다.
- Integrator – 여기서 출력은 입력의 적분이다.
- Switch – 두 번째 입력의 값에 따라 첫 번째와 세 번째 입력 사이에 선택하는 블록이다.
- Terminator – 다른 블록에 연결되지 않는 신호를 캡처하는 데 사용되는 블록이다.

이 블록의 그래픽 기호는 그림 6.3에 있다.

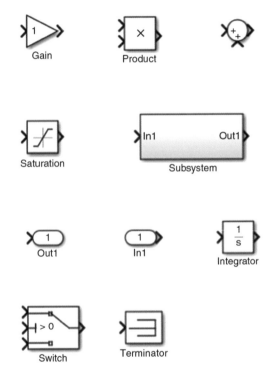

그림 6.3 Simulink에서 일반적으로 사용되는 블록

6.2.1.3 싱크

모델의 싱크로 사용되는 표준 블록은 다음과 같다.

- Display - 시뮬레이션의 특정 위치에서 시뮬레이션의 단계의 현재 값
- Scope - 시뮬레이션의 시간 함수로 디스플레이를 보여 주는 다이어 그램
- Stop - 신호가 0이 아닐 때 시뮬레이션을 중지
- To file - 지정된 파일로 신호를 전송
- To workspace - 시간 변화 없이 신호를 저장
- XY graph - 서로 반대되는 두 신호를 그리는 데 사용되는 다이어그램 (시간 대비)

이 블록의 그래픽 기호는 그림 6.4에 있다.

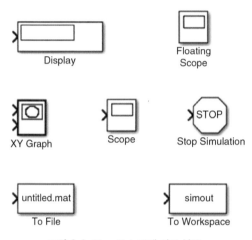

그림 6.4 Simulink 모델 싱크 블록

물리적 프로세스의 설계에서 수학적 함수로 프로세스를 설명해야 하는 경우가 있다. Matlab 환경은 이러한 목적에 적합하고 Simulink 환경은 모든 내장 기능과 사용자 정의 기능을 활용할 수 있다. 이를 위해 사용된 기본 블록은 그림 6.5에 있다.

그림 6.5 Simulink 기본 블록 - Simulink 모델의 Matlab 함수 캡슐화

6.2.2 신호의 디지털화 샘플 모델

이제 아날로그 신호를 디지털 신호로 변환하는 간단한 Simulink 모델을 설명한다. 이 과정은 공식 6.1에 있다.

$$f(x) = \begin{cases} 1, if\,x > 0 \\ 0, if\,x \leq 0 \end{cases} \tag{6.1}$$

이 등식은 그림 6.6에서 보여 주는 Simulink 모델에 해당한다.

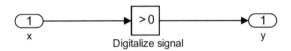

그림 6.6 Simulink에서 설계된 신호 값의 디지털화

등식은 그림 6.7에서 볼 수 있듯이 '디지털화 신호'라는 이름의 '상수와 비교' 블록인 중간 블록에 지정된다.

그림의 주요 부분은 Operator와 Constant 두 가지 옵션이 있다. 이것도 그림 6.6에서 아이콘으로 표시된다.

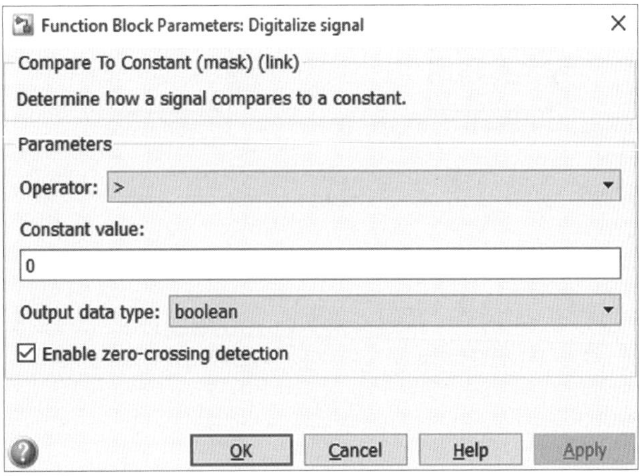

그림 6.7 디지털화 신호 블록에서 디지털화 기능 사양

이제 디지털화 기능이 있으니 입력과 출력 두 포트가 있는 블록으로 패키징해야 한다. 또한 그림 6.8에서 제시된 바와 같이 블록 테스트에 사용되는

신호를 생성하는 예제 함수를 추가할 수 있다.

그림 6.8은 세 가지 블록을 보여 준다. 사인파 함수(왼쪽)는 디지털화하고 자 신호를 생성하며 scope 블록(오른쪽)은 시뮬레이션의 결과를 시각화하는 데 사용된다. scope 블록에는 2개의 입력이 있다. 하나는 사인파 기능 자체 에서 오고, 다른 하나는 디지털 함수에서 온다. 이 두 입력은 그림 6.9와 같 이 시뮬레이션 후 2개의 다이어그램으로 시각화된다.

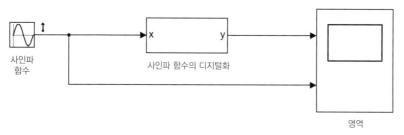

그림 6.8 디지털화를 Simulink 블록으로 만들기

그림 6.9 시뮬레이션의 결과 2개의 다이어그램으로 시각화된다. 위는 디 시털화된 결과이고 아래는 사인파 소스에서 제공된 원래 입력이다.

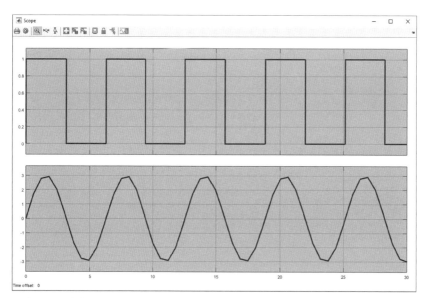

그림 6.9 2개의 병렬 다이어그램으로 시각화된 시뮬레이션 결과 – 상단에는 디지털화된 결과, 하단에는 사인파 소스가 제공하는 원래 입력 표시

새로 디자인된 블록은 그림 6.6에 제시된 다이어그램을 포함하며 '사인파 함수의 디지털화'라고 한다.

이 예제에 제시된 모델은 매우 단순하며 Simulink를 사용해 수학 방정식을 모델링하는 방법을 보여 준다. 이제 특별한 방정식은 신호의 디지털화 과정에 관한 것인데 실제 생활에서의 물리적 프로세스에 기초하지 않는다. 이 모델은 제어 시스템 설계에 중요한 피드백 루프와 같은 요소들도 포함하지 않는다.

디지털화 블록을 기반으로 한 시스템 설계의 다음 단계는 모델에서 C/C++ 코드를 생성하는 것이다. 이 Simulink 모델에서 생성된 코드는 사람이 읽기 어려운 속성을 갖고 있으므로 Simulink 환경은 생성된 보고서를 제공한다. 이 모델의 보고서는 그림 6.10에 있다.

이 보고서는 생성된 모든 파일(그림 왼쪽에 '모델 파일')을 안내하고 기본 창에 요약을 제공한다.

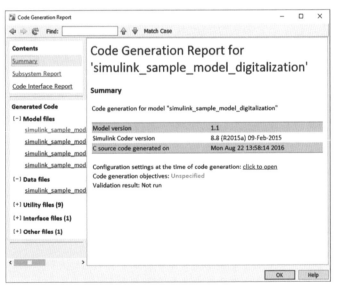

그림 6.10 디지털 함수를 위한 코드 보고서

실제 코드는 그림 6.11에 제시된 코드처럼 볼 수 있다. 그림의 코드는 블록의 초기화가 포함된 C 구조를 나타낸다(예, 사인파 매개 변수 및 디지털화 임계값 '0').

```
21  #include "simulink_sample_model_digitalization.h"
22  #include "simulink_sample_model_digitalization_private.h"
23
24  /* Block parameters (auto storage) */
25  P_simulink_sample_model_digit_T simulink_sample_model_digital_P = {
26    0.0,                            /* Mask Parameter: Digitalizesignal_const
27                                     * Referenced by: '<S2>/Constant'
28                                     */
29    3.0,                            /* Expression: 3
30                                     * Referenced by: '<Root>/Sine Wave Function'
31                                     */
32    0.0,                            /* Expression: 0
33                                     * Referenced by: '<Root>/Sine Wave Function'
34                                     */
35    1.0,                            /* Expression: 1
36                                     * Referenced by: '<Root>/Sine Wave Function'
37                                     */
38    0.0                             /* Expression: 0
39                                     * Referenced by: '<Root>/Sine Wave Function'
40                                     */
41  };
42
```

그림 6.11 블록의 초기화를 위한 생성된 소스 코드

6.2.2.1 샘플 모델 설명

이 단순한 예에서 Simulink의 강력함을 볼 수 있고 동시에 그림 6.1에서 표시된 자동차 소프트웨어 설계 프로세스를 따를 수 있다. 자동차 소프트웨어 설계에는 이러한 종류의 프로세스를 처리하는 라이브러리가 있다. 그러나 이러한 라이브러리는 자동차 소프트웨어의 가장 낮은 계층의 일부이며 CAN 버스 통신에서 통신 계층의 아키텍처 다이어그램에서 볼 수 있다.

6.2.3 Simulink에서 물리적 프로세스로 변환

신호의 디지털화를 사용한 예제는 다소 사소하고 모델링되는 물리적 과정이 없다. 그러나 자동차 소프트웨어에서 Simulink 모델링의 대부분의 경우는 이러한 모델이 있다.

이러한 프로세스가 수학적 방정식과 Simulink 블록으로 모델링된다는 것을 설명하고자 휠^{wheel} 속도를 기준으로 휠의 선형 속도를 계산하는 예를 생각해 보자. 그림 6.12는 반지름이 'radius' 휠에 대한 이 두 종류의 속도 사이의 관계를 보여 준다.

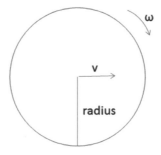

그림 6.12 선형과 휠 속도 사이의 관계

두 방정식 모두 좀 더 단순하다. 이제 2개의 스칼라 값을 사용해 선형 속도를 계산하는 모델을 만들어 보자. 그림 6.13에서 그 모델을 볼 수 있다.

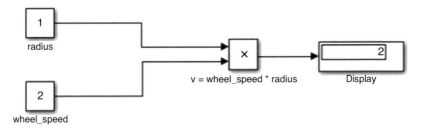

그림 6.13 선형 속도를 계산하는 Simulink 모델

이 모델은 2개의 스칼라 값(휠 속도와 반지름), 그 제품과 display sink로 구성된다. 모델을 실행하면 display sink에 결과가 표시된다.

선형 속도에 기반한 휠 속도를 계산하는 모델은 제품을 분수로 변경해야 한다. 이 결과 모델은 그림 6.14에서 볼 수 있다.

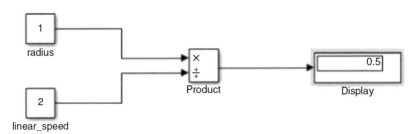

그림 6.14 휠 속도를 계산하는 Simulink 모델

두 속도 간의 관계를 설명하는 방정식은 다음과 같다.

$$v = \omega * radius \qquad (6.2)$$

$$\omega = \frac{v}{radius} \qquad (6.3)$$

제품 블록의 속성은 그림 6.15와 같이 변경된다.

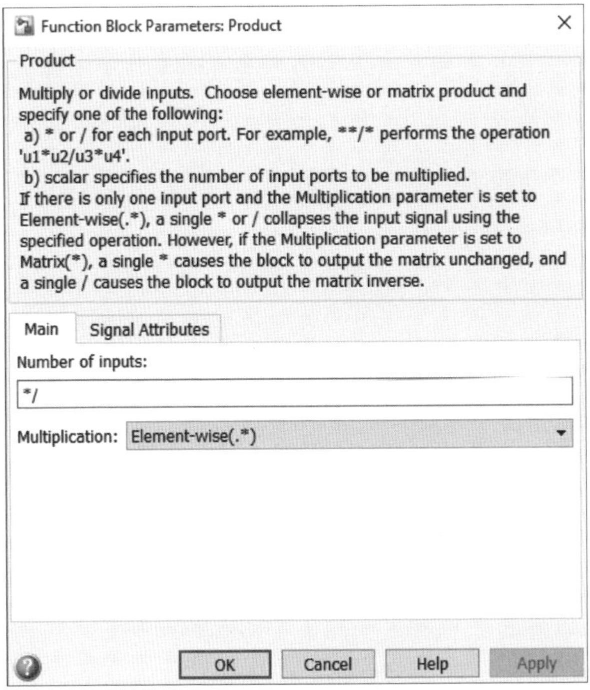

그림 6.15 제품 블록 속성

'Number of inputs' 필드에서 곱하기 대신에 나누기를 나타내는 변경을 수행한다.

다른 예를 설명하기 전에 Simulink를 사용하는 제어 시스템 설계의 또 다른 중요한 개념인 피드백 루프를 설명하자. 피드백 루프의 개념은 제어 시스템에서 자체 조절 시스템을 설계하는 데 자주 사용된다. 그림 6.16에서 간단한 피드백 루프의 예를 볼 수 있다.

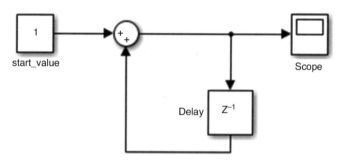

그림 6.16 간단한 피드백 루프 예제

이 그림에서 루프가 합산 출력에서 직접 신호를 가져와서 delay와 같이 상태로 되돌리는 것을 볼 수 있다. 시뮬레이션의 첫 번째 반복이 합산에서 합산에서 초기 값을 갖도록 하고자 delay가 필요하다. delay 블록의 속성은 그림 6.17에서 볼 수 있다.

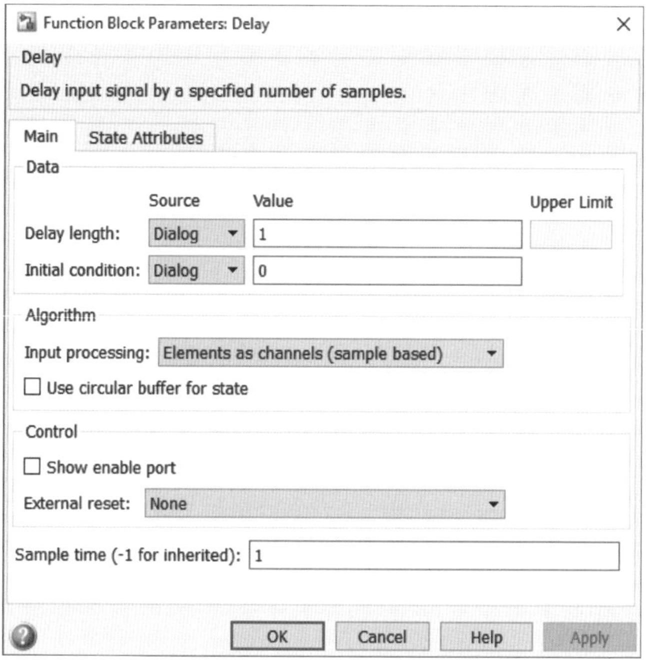

그림 6.17 제품 블록 속성

중요한 부분은 입력 신호가 늦춰지는 시뮬레이션 사이클 수를 나타내는 'Delay length' 속성이다. 시뮬레이션을 실행하면 그림 6.18과 같이 합산 결과 신호가 점진적으로 증가하는 것을 볼 수 있다.

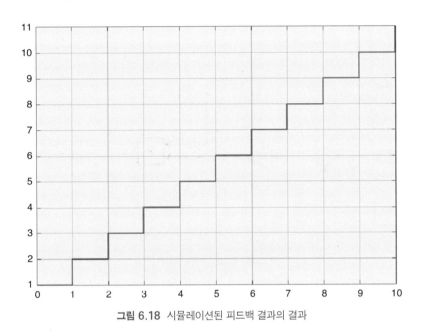

그림 6.18 시뮬레이션된 피드백 결과의 결과

6.2.4 자동차 실내 난방기 샘플 모델

이제 좀 더 복잡한 모델인 자동차 난방기를 살펴보자. 이 모델은 피드백 루프를 소개하고 Matlab/Simulink 표준 모델 라이브러리의 주택 난방 모델에서 영감을 받았으나 제어 루프를 가진 모델링 시스템의 가장 중요한 측면만을 설명하도록 단순화했다.

일반적으로 난방기 모델은 세 가지 구성 요소가 포함돼 있고 이를 블록으로 변환한다.

- **자동차 실내** - 열 손실을 포함해 자동차 내부 온도 설명
- **난방기** - 온/오프 상태 및 난방 온도 설명
- **온도 조절기** - 난방기 스위치 설명

시뮬레이션 모델에는 실외 온도와 원하는 실내 온도 두 가지 입력이 있다.
난방기 자체 모델링부터 시작한다. 난방기는 난방기 소자와 공기 흐름을
위한 온/오프on/off 스위치가 있다. 즉 전원을 켰을 때 주어진 온도에서 뜨거
운 공기를 모델링된 자동차의 내부 공간으로 불어넣는다. 간단한 모델은 그
림 6.19에서 볼 수 있다.

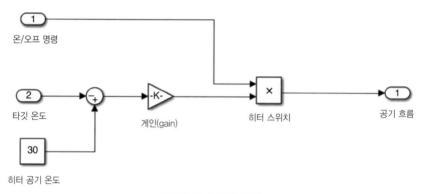

그림 6.19 난방기 모델

이 모델에서 난방기는 주어진 비율(Gain K로 모델링된다)로 섭씨 30도의 뜨
거운 공기를 불어넣는다. gain 블록은 그림 6.20과 같이 설정된다.

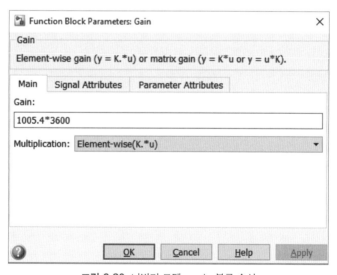

그림 6.20 난방기 모델 - gain 블록 속성

서로 곱해지는 두 상수는 (1) 시간당 공기 흐름이며, 1kg/s의 일정한 속도로 가정해 3600kg/h가 주어지고 (2) 공기의 열용량, 실온에서 1005.4J/kg-K다.

여기서 잠깐 관찰을 해야 한다. Simulink에서 알고리듬을 설계하는 방법을 설명하고자 하므로 모델에서 사용하는 값은 대부분 일정하다. 그러나 실생활에서의 과제는 이러한 상수를 함수로 모델링하는 것이다. 예를 들어 공기의 열 용량을 일정하다고 가정하는데, 이것은 공기의 온도에 따라 변하기 때문에 정확하지 않다. 난방기가 가동될 때 팬이 회전을 시작하는 데 약간의 시간이 필요하기 때문에 난방기의 유량도 일정하지 않으므로 변경된다. 실제로 이 두 프로세스를 모델링하는 2개의 방정식을 가질 수 있으며 상수를 제공하는 대신 입력으로 사용할 수 있다.

이제 자동차 외부 온도차에 따라 난방기를 켜고 끄는 난방기 스위처 모델로 넘어가 본다. 온/오프 편차를 원하는 온도와 비교해 섭씨 3도로 구성한다. 그림 6.21과 같이 릴레이 블록을 사용해 모델링을 할 수 있다.

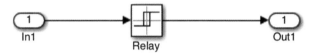

그림 6.21 스위처(switcher) 모델

릴레이의 속성은 그림 6.22와 같이 온/오프 기준(+/-3도)과 온(1)과 오프(0)에 대한 출력 신호다.

그림 6.22 스위처 모델 - 릴레이 속성

다음 단계는 그림 6.23과 같이 두 블록을 함께 연결하는 것이다. 링크
는 난방기의 입력 온/오프 포트를 스위처의 출력 온/오프 포트로 연결해야
한다.

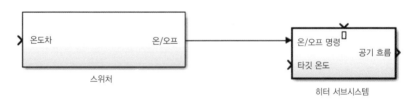

그림 6.23 스위처에서 난방기로 연결

이제 자동차 실내를 모델링하기 전에 환경과 피드백 루프를 모델링해야
한다. 특히 내부와 원하는 온도 간의 온도 차이에 대한 계산을 모델링할 필
요가 있다. 원하는 온도와 현재 온도의 차이를 계산하고자 합산 컴포넌트를
추가해 다음 단계에서 설계할 자동차의 프록시(빈 서브시스템)를 추가해 실

시한다. 또한 원하는 온도로 모델을 설정하는 상수도 추가해야 한다. 일정한 블록을 더하고 온도를 섭씨 21도로 설정해야 한다. 결과 모델은 그림 6.24에 있다.

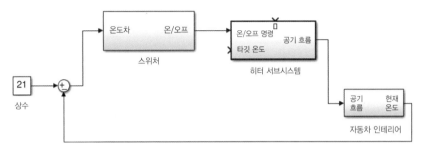

그림 6.24 피드백 루프를 가진 공기 난방기 모델의 첫 번째 버전

이 모델은 연결되지 않은 하나의 포트가 있다. 이는 현재 온도 포트인데 이것을 자동차 내부의 신호에 연결해야 한다.

이제 자동차 실내의 실제 온도를 모델링해야 한다. 자동차의 내부 온도는 (모델에 추가해야 할) 바깥의 온도와 같으며 난방기에서 뜨거운 바람이 나오면 높아진다. 실내 온도의 증가는 다음과 같은 방정식으로 설명할 수 있다.

$$\frac{\mathrm{d}Temp_{car}}{\mathrm{d}t} = \frac{1}{M_{air} * 1005.4J/kg - K} * \left(\frac{\mathrm{d}Q_{heater}}{\mathrm{d}t} \right) \quad (6.4)$$

이제 일반 자동차의 경우 공기의 질량(M^{air})은 자동차 내부의 부피와 공기 밀도(상수 1.2250kg/m³)의 산물이다. 단순화하기 위해 개인 차량 내부의 부피가 3m³이라고 하면 이는 공기 밀도에 3.675kg을 곱한 것이다. 이제 그림 6.25와 같은 모델이 있다.

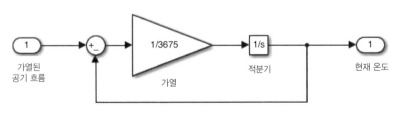

그림 6.25 자동차 실내 모델

이 모델에서 gain 블록을 사용해 온도를 높이고 적분기를 사용해 초기 온도를 설정한다. 또한 피드백 루프를 추가해 프로그래밍 언어의 루프와 비슷한 온도의 증가를 만든다. gain 블록 내부에 공식 6.4와 같이 계산된 온도 증가를 넣으면 결과는 그림 6.26과 같은 구성이 된다.

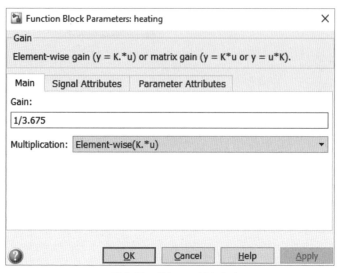

그림 6.26 내부 gain 블록 속성

모든 요소를 연결하면 그림 6.27과 같은 모델이 된다.

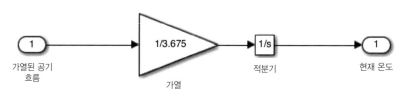

그림 6.27 자동차 난방기의 난방 전용 모델

시간에 따른 온도 그래프를 보면 그림 6.28과 같은 결과를 볼 수 있다.

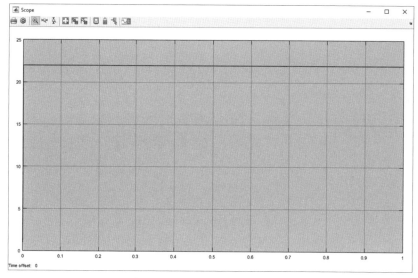

그림 6.28 난방기 모델의 시뮬레이션 결과

이제 모델이 너무 단순하다는 것을 알 수 있다. 자동차 내부의 온도는 초기 1에서 상승한 후 일정한 수준을 유지한다. 자동차 내부 모델은 난방기가 작동하지 않을 때 내부를 냉방하는 과정을 무시하는 동시에 내부를 난방하는 과정만 고려하기 때문이다. 모델을 너무 복잡하게 만들지 않고자 그림 6.29와 같은 방법으로 gain 블록 뒤에 피드백 루프를 추가한다.

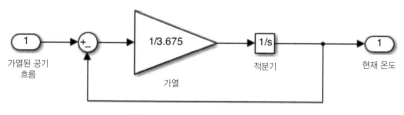

그림 6.29 냉방 효과가 있는 실내 모델

이것을 추가하면 그림 6.30과 같이 난방기가 켜지지 않을 때 자동차 내부 온도가 떨어지는 것을 볼 수 있다.

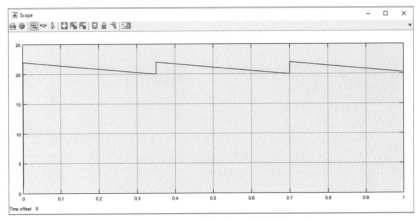
그림 6.30 냉방 효과가 있는 시뮬레이션 결과

6.2.4.1 난방기 모델 요약

6.2.4.1절에서 제시된 난방기 모델은 피드백 루프가 있는 단순한 모델이며 Simulink 모델링을 소프트웨어 개발에서 인기 있게 만드는 몇 가지 중요한 원칙을 보여 준다.

모델이 어느 정도 완성되면 설계자는 모델을 실행하고 결과를 관찰할 수 있다. 'Scope' sink는 거의 모든 신호를 가상으로 배치할 수 있으므로 모델을 (필요한 경우) 디버깅하고 작동하지 않는 위치를 파악하는 것이 쉽다.

또 다른 원칙은 모델을 모듈화하는 것이다. 설계자는 소프트웨어 개발 초기 프로토타이핑 단계에서 상수와 가정을 사용할 수 있다. 개발이 진행되고 설계자가 물리적 프로세스에 대해 더 많이 알게 되면 상수를 블록과 Matlab 함수를 이용한 계산 값으로 대체할 수 있다. 이러한 기능은 물리적 프로세스에 대한 설계자의 지식을 바탕으로 분석적으로 개발하거나 수학적 회기 및 통계적 모델링 기법을 사용해 수행할 수 있다.

마지막으로 대상 플랫폼에서 실행할 수 있는 소스 코드를 생성할 수 있는 기능이다. 모델이 실행될 수 있으면 그것에 대한 코드를 생성할 수 있고 이는 자동차 소프트웨어 엔지니어들에게 큰 도움이 된다.

6.3 SysML/UML과 Simulink 비교

SysML은 UML^{Unified Modelling Language}를 기반으로 한 표기법이다. Simulink 표기법과 비교하면 다르고 둘 다 표기법이 지원하는 특정 소프트웨어 개발 프로세스가 없다. 그러나 실제로 두 표기법은 서로 다른 개발 프로세스를 지원한다. 그림 6.31에서 소프트웨어 개발 단계마다 이러한 차이점을 설명한다.

그림 6.31 Simulink와 SysML 프로세스 모델 비교

분석^{analysis} 단계에서 두 표기법은 다른 유형의 분석과 모델링을 지원한다. Simulink는 (6장의 예제에서 본 것처럼) 수학 등식을 사용해 시스템을 설명하지만 SysML/UML은 (높은 수준의) 개념적 모델과 클래스 다이어그램을 사용한다. SysML/UML에서 생성된 모델은 높은 수준의 실행이 불가능하지만 수학적 모델은 **설계**^{design} 단계에서 모델링이 사용되므로 보다 완벽해야 한다.

설계 단계에서 주요 목표는 소프트웨어의 상세한 모델을 개발하는 것이며 두 표기법은 크게 다르다. SysML/UML에서 주요 엔티티는 (프로그래밍 언어의 클래스/모듈에 해당하는) 클래스, 상태 차트, 시퀀스 다이어그램이다. SysML/UML 표기법이 이 세 가지보다 더 많은 유형의 다이어그램을 제공하지만 이 세 가지 다이어그램이 가장 많이 사용된다. Simulink의 주요 엔티티는 6장의 예제에서 본 것처럼 블록과 신호다.

두 설계의 **구현**^{implementation}도 크게 다르다. Simulink는 일반적으로 100% 코드를 생성한다. 생성된 코드는 컴파일하고 실행할 수 있다. SysML/UML 표기법은 일반적으로 전체 코드를 생성해 주지 않지만 뼈대^{skeleton} 코드를 생성한다. 뼈대 코드는 설계자가 대상 프로그래밍 언어로 직접 작성해서 보완해야 한다.

설계가 구현되면 Simulink에서 시뮬레이션(시뮬레이션을 하고자 테스트 환경을 종종 사용한다)을 통해 **테스트**를 하는 반면 SysML/UML에서 생성된 코드는 단위unit 테스트와 같은 전통 방식으로 테스트를 한다.

SysML/UML 언어는 객체 지향 분석과 설계 분야에서 왔고 실제로 객체의 개념적 모델에 중점을 둬서 종종 아키텍처 언어로 부른다. 이는 대상 프로그래밍 언어의 모든 세부 사항을 고려해야 하기 때문에 주로 설계 모델 개발에 중점을 둔다. 그렇지 않으면 코드를 생성할 수 없다. 따라서 자동차 영역에서 SysML/UML 언어는 종종 논리적 컴포넌트 아키텍처를 구성하는 데 사용하고 Simulink를 사용해 자동차 시스템의 상세 설계를 한다.

6.4 임베디드 안전 중심 시스템의 프로그래밍 원칙

안전에 중요한 시스템은 항공, 우주 산업[Sto96, Kni02]과 비교해 비교적 최근 자동차 산업에서 각광받고 있다. 역사적으로 항공과 우주 산업은 병렬 프로그래밍을 위해 잘 정의된 시맨틱semantic과 메커니즘으로 인해 Ada 프로그래밍 언어에 의존했다.

통신 산업에서 안전이 그렇게 중요하지 않더라도 엔지니어들은 Haskell이나 Erlang와 같은 기능적 프로그래밍 언어를 사용한다.

그러나 자동차 산업에서 가장 많이 사용하는 것은 C/C++ 언어다. C/C++는 소프트웨어 엔지니어링 커뮤니티에서 비교적 잘 알려져 있고 필요한 경우 간단하고 컴파일러 지원이 우수하다. 실제로 이는 안전에 중요한 OS의 대다수가 유닉스 커널을 핵심으로 하고 있기 때문에 다른 운영체제 간에 코드를 쉽게 이식할 수 있다는 것을 의미한다.

자동차 소프트웨어에서 자주 사용하는 운영 시스템은 비교적 간단한 좋은 스케줄러와 태스크 핸들러가 있는 VxWorks와 QNX다. 설계자가 프로그램에 대한 높은 수준의 제어를 할 수 있어 매우 인기 있다. 오토사 표준은 5장에서 설명한 것처럼 기본 운영 시스템의 여러 요소를 표준화한다.

자동차 소프트웨어 시스템이 여러 ECU로 분산돼 있어 중요한 것은 ECU 간의 통신이다. 설계자의 관점에서 통신은 다른 소프트웨어 컴포넌트 간의 신호 교환이고 상태 머신이 동기화돼야 한다는 것을 뜻한다. 종종 프로그래밍 언어에서 이것은 메시지가 패키지로 패키지되거나 소켓으로 전송된다.

물리적 관점에서 설계자는 다음과 같은 다른 통신 프로토콜을 사용할 수 있다.

- 캔 버스^{CAN bus} – ISO 표준[Org93]에 지정된 이 버스는 현재 자동차 산업에서 가장 자주 사용된다. 자동차의 버스에서도 최대 1Mbps 속도로 메시지를 보낼 수 있어 주차 카메라와 같은 비디오 스트림을 전송할 수 있다. 이 표준은 MAU^{Medium Access Unit}와 DLL^{Data Link Layer} 부분의 비교적 간단한 아키텍처와 사양으로 인해 널리 사용된다.

- 플렉스레이 버스^{Flexray bus} – ISO 17458에 지정된 이 버스는 자동차 산업에서 가능한 미래 개발 방향 중 하나다. 유사한 형태의 배선상에서 최대 10Mbps 속도로 통신할 수 있고 2개의 독립된 데이터 채널(하나는 결함 허용, fault tolerance을 위한 채널)을 갖고 있다.

- 이더넷 버스^{Ethernet bus} – 통신을 위한 인터넷으로 사용되고 최대 1Gbps 속도가 고려되고 있다. 이 책을 쓰는 시점에 이 프로토콜은 많은 자동차 제조업체가 ECU에 신규 소프트웨어를 다운로드하는 데 사용하며 일부 자동차를 운전하는 동안 통신 용도로 사용한다. 이 프로토콜은 정전기 왜곡을 발생시키기 쉽기 때문에 대다수의 제조업체는 전자 시스템에 더 많이 이 프로토콜을 적용하기 전에 더 성숙된 사양을 기다리고 있다.

- MOST 버스^{MOST bus} – 자동차 산업에서 멀티미디어 관련 콘텐츠(예, 비디오와 오디오 신호)를 송/수신하는 데 사용한다. 통신 속도는 표준 버전에 따라 최대 25~150Mbps다.

- 린 버스^{LIN bus} – 자동차 메카트로닉스 노드 간에 최대 20Kbps 속도로 통신하는 가장 저렴한 버스다.

자동차 시스템 설계에서 아키텍트는 일반적으로 네트워크 토폴로지와 통신 버스를 다소 일찍 결정한다. 이 프로토콜 각각의 설명을 보고 알 수 있듯이 서로 다른 목적을 갖고 있어 선택하는 데 큰 어려움은 없다.

6.5 MISRA

자동차 애플리케이션을 위한 소프트웨어를 설계할 때 특정 설계 가이드를 따라야 한다. 자동차 산업은 컴퓨터 프로그램 설계의 세부 사항이 C 프로그래밍 언어[A+08]로 있는 MISRA-C 표준을 채택해 왔다. 이 표준은 명명 규칙, 문서화, 특정 프로그래밍 구조 사용 측면에서 임베디드 C 코드를 문서화하는 방법의 원칙이 포함돼 있다. 규칙은 다음과 같은 범주로 그룹화돼 있다.

1. **환경** - 개발에 사용되는 프로그래밍 환경과 관련된 규칙(예, 다른 컴파일러와 같이 사용)
2. **언어 확장** - 사용하는 주석 유형, 어셈블리 코드 포함, 주석 코드 제거와 같은 규칙
3. **문서화** - 문서화해야 하는 코드 구조와 방법을 정의하는 규칙
4. **문자열 집합** - ISO C 문자 집합과 3중 음자 사용
5. **식별자** - 식별자의 길이와 명명 규칙 정의 및 typedef 사용
6. **타입** - 'char' 타입 사용, 신규 타입 명명 규칙과 비트 필드 사용
7. **제약** - 8진 상수 사용 제약
8. **선언과 정의** - 함수 타입과 선언의 명시적 가시성에 대한 규칙
9. **초기화** - 선언에서 변수 기본 값에 대한 규칙
10. **산술 타입 변환** - 위험한 변환과 타입 변환에 대한 암시적 명시적 규칙 기술
11. **포인터 타입 변환** - 서로 다른 타입의 포인터 호환성에 관한 규칙
12. **표현식** - 프로그램에서 산술적 표현식의 평가에 대한 규칙
13. **제어문 표현식** - for 루프에서 사용되는 표현식에 대한 규칙, (0 대신) Boolean의 값을 명시적 평가

14. **제어 흐름** – 데드 코드, null 구문, 그 위치에 대한 규칙, goto 사용 금지

15. **switch 문법** – switch 구조에 대한 규칙(C 언어에서 가능한 구조의 하위 집합)

16. **함수** – 변수 인자 목록 또는 재귀와 같이 안전하지 않은 구성을 금지하는 규칙

17. **포인터와 배열** – 포인터와 배열 사용에 대한 규칙

18. **구조체와 union** – union 선언의 완전성과 메모리에서 위치에 대한 규칙, union 사용 금지

19. **전처리 지시문** – #include와 C 매크로 사용에 대한 규칙

20. **표준 라이브러리** – 힙^{heap} 변수 할당, 라이브러리 함수 매개 변수 확인, 특정 표준 라이브러리 함수/변수(예, errno) 사용 금지에 대한 규칙

21. **런타임 실패** – 런타임 오류를 방지하고자 정적 분석, 동적 분석, 명시적 코딩을 규정하는 규칙

MISRA 규칙은 안전 중심 시스템에 사용되는 C/C++ 컴파일러에 있는 경우가 많다. 컴파일러에 포함돼 있으면 보다 간단해 널리 사용된다.

MISRA 표준은 2008과 2012년 하반기에 개정돼 더 많은 규칙이 추가됐다. 오늘날 200개 넘는 규칙이 있고 대부분 필수 사항으로 분류된다.

이제 규칙 중 하나, 즉 규칙 #20.4: '동적 힙 할당은 사용할 수 없다'의 의미를 분석해 본다. 실제로 이 규칙은 변수에 동적 메모리 할당을 금지한다. 이 규칙의 근거는 동적 메모리 할당이 무작위로 발생하는 메모리 누수, 오버플로 오류 및 실패로 이어질 수 있다는 사실이다. 메모리 누수와 관련된 결함만 찾는 것은 매우 어렵고 비용이 많이 든다. 코드에 그대로 남겨 두면 메모리 누수로 인해 비결정적 동작과 소프트웨어 충돌이 발생할 수 있다. 이러한 충돌로 노드를 다시 시작해야 할 수 있으며 이는 안전에 중요한 시스템의 런타임 시 할 수 없다. 그러나 이러한 규칙을 따르는 것은 데이터 구조의 크기에 제한이 있고 시스템 메모리에 대한 필요성이 설계 시 미리 결정돼 있어 소프트웨어를 '안전하게 사용할 수 있음'을 의미한다.

6.6 NASA의 안전 중심 코드 열 가지 원칙

미국 항공우주국NASA, National Aeronautics and Space Administration은 오랫동안 안전 중시 소프트웨어를 개발하고 사용해 왔다. 실제로 초기 신뢰성 연구의 대부분은 NASA의 제트 추진 연구소 부근에서 수행됐다. 그 이유는 NASA의 임무는 우주 왕복선이나 위성과 같은 장치를 조종하기 위해 안전 중심 소프트웨어가 필요한 경우가 많았기 때문이다.

2006년에 홀츠만Holtzman은 NASA에서 안전 중심 프로그래밍의 열 가지 규칙을 제시했고 모든 안전 중심 소프트웨어[Hol06]가 따르고 있다. 이 규칙은 다음과 같다(원래 문구를 그대로 적는다).

1. 모든 코드를 간단한 제어 흐름 구성으로 제한하고, goto문, setjump나 longjmp 구성, 직간접 재귀를 사용하지 않는다.

2. 모든 반복문은 고정된 상한을 둔다. 반복문이 반복 횟수의 사전 상한을 초과할 수 없도록 정적으로 도구에서 확인할 수 있게 한다. 이 도구가 루프 상한선을 넘으면 이는 규칙에 위배되는 것이다.

3. 초기화가 끝난 이후에는 동적 메모리 할당을 사용하지 않는다.

4. 함수는 표준 형식을 사용해 구문당 한 줄과 선언당 한 줄로 종이 한 장에 인쇄할 수 있도록 한다. 일반적으로 이는 함수당 코드가 약 60줄을 넘지 않는다는 것을 의미한다.

5. 코드당 assertion은 함수당 평균 최소 2개의 assertion이 있어야 한다. assertion은 실제 실행에서 절대 발생하지 말아야 하는 비정상적인 조건을 확인하기 위해 사용해야 한다. assertion은 부작용side effect이 없어야 하며 Boolean 테스트로 정의해야 한다. assertion이 실패하면 실패한 함수를 실행한 호출자에게 오류 조건 반환과 같은 명시적 복구 조치가 취해져야 한다. 정적 체크 도구를 위한 모든 assertion 구문은 절대로 실패하지 않거나 이 규칙을 절대로 위반하지 않는다는 것이 입증돼야 한다.

6. 모든 데이터 객체는 가장 작은 수준의 범위에서 선언돼야 한다.

7. non void 함수의 반환 값은 각각의 호출 함수에서 체크되고, 매개 변

수의 타당도는 각 함수 내부에서 체크돼야 한다.

8. 전처리기의 사용은 헤더 파일의 추가와 간단한 매크로 정의에만 국한 돼야 한다. 토큰 붙이기, 가변 인자 리스트, 재귀 매크로 호출은 허용 되지 않는다. 모든 매크로는 완전한 구문 단위로 확장돼야 한다. 조건 적 컴파일 지시자의 사용은 최소한으로 해야 한다.

9. 포인터의 사용은 제한돼야 한다. 특히 한 수준 이상의 역참조는 사용 하지 말아야 한다. 포인터 역참조의 사용이 매크로 정의나 typedef 선언 내부에 감춰져 있으면 안 된다. 함수 포인터도 사용할 수 없다.

10. 모든 코드는 가장 많은 설정을 사용할 수 있도록 모든 컴파일러 경고 를 활성화하고 첫 개발부터 컴파일돼야 한다. 모든 코드는 경고 없이 컴파일해야 한다. 매일 최소 한 번 이상의 최신 정적 소스 코드 분석 기로 모든 코드를 분석해야 하며, 이 분석에서도 경고 메시지가 전혀 출력되지 않아야 한다.

이 규칙은 MISRA 규칙에도 많이 적용돼 있으며 애플리케이션 영역에 관 계없이 안전에 중요한 시스템에서는 많이 유사하게 사용된다. 이 규칙의 '핵 심'은 안전에 중요한 요소는 단순하고 모듈화돼야 한다는 것이다. 예를 들어 일반적인 함수의 길이는 크고 복잡한 코드의 유지 관리 가능성의 한계 때문 에 60줄 미만의 코드(원칙 #4)이어야 한다.

이 원칙이 보여 주는 것은 위반 사항을 자동으로 확인하기 어렵다는 것이 다. 예를 들어 원칙 #6('모든 데이터 객체는 가장 작은 수준의 범위에서 선언돼야 한다')은 '가능한 가장 작은 범주'의 경계를 설정하고자 코드 구문 분석을 요 구한다.

6.7 비안전 중심 기능 상세 설계

6.6절에서 다양한 범위에서 안전에 중요한 것으로 간주되는 소프트웨어 설 계에 중점을 뒀다. 그러나 자동차에서는 안전에 중요하지 않은 소프트웨어 도 많이 있다. 이러한 안전이 중요하지 않은 영역 중 하나는 인터페이스 연

결과 사용자 경험이 주된 기능인 인포테인먼트 영역이다. 이 영역의 표준 중 하나인 GENIVI[All09, All14]를 살펴본다.

6.7.1 인포테인먼트 애플리케이션

GENIVI 표준은 그림 6.32와 같이 5개 기본 계층이 있는 계층화된 아키텍처를 기반으로 한다.

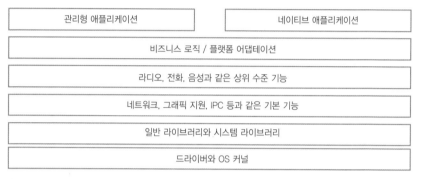

관리형 애플리케이션

네이티브 애플리케이션

비즈니스 로직 / 플랫폼 어댑테이션

라디오, 전화, 음성과 같은 상위 수준 기능

네트워크, 그래픽 지원, IPC 등과 같은 기본 기능

일반 라이브러리와 시스템 라이브러리

드라이버와 OS 커널

그림 6.32 GENIVI 계층화된 아키텍처 개요

GENIVI 아키텍처에서 최상위 계층은 사용자 애플리케이션이며 이는 결국 그 서비스를 서로 노출시킬 수 있다. 그러나 표준 자체는 기본 및 고급 기능[All15]에 초점을 맞추고 있다. 다음 영역은 레퍼런스 아키텍처에 포함돼 있다.

- **지속성**persistence – 영구 데이터 저장소 제공
- **소프트웨어 관리** – SOTA Software-Over-The-Air 업데이트와 같은 기능 지원
- **생명 주기**lifecycle – 시스템의 시작과 종료 지원
- **사용자 관리** – 여러 사용자와 그 프로파일 지원
- Housekeeping – 에러 관리 지원
- **보안 인프라** – 암호화 지원 및 하드웨어 보안 모듈과 상호 작용
- **진단** – ISO 14220-1:2013에 명시된 진단 지원
- IPC Inter-Process Communications – 프로세스 간 통신 지원(예, 메시지 브로커)
- **네트워크** – 다른 자동차 네트워크 토폴로지(예, CAN) 구현 지원

- **네트워크 관리** - 네트워크 연결 관리 지원
- **그래픽 지원** - 그래픽 라이브러리 제공
- **오디오/비디오 처리** - 오디오와 비디오 재생을 위한 코덱 제공
- **오디오 관리** - 스트림 지원 및 오디오 스트림 우선순위 지정
- **디바이스 관리** - USB와 같은 장치 지원
- **블루투스** - 블루투스 통신 스택 제공
- **카메라** - 자동차 카메라(예. 후방 카메라)를 위해 필요한 기능 제공
- **음성** - 음성 명령 지원
- **HMI 지원** - 사용자 상호 작용을 처리하는 데 필요한 기능 제공
- **CE 장치 통합** - CarPlay와 같은 프로토콜 지원
- **개인 정보 관리** - 주소록과 비밀번호 같은 기본 기능 제공
- **자동차 인터페이스** - 다른 자동차 시스템과 통신 가능하도록 제공
- **인터넷 기능** - 웹 브라우징과 같은 인터넷 지원
- **미디어 소스** - DLNA와 같은 미디어 공유 지원
- **미디어 프레임워크** - 미디어 재생기의 일반적인 기능 제공
- **내비게이션과 위치 기반 서비스** - 내비게이션 시스템 제공
- **전화** - 전화 스택 지원
- **라디오와 튜너** - 라디오를 위한 기능 지원

위 목록은 GENIVI 레퍼런스 아키텍처가 인포테인먼트 시스템의 내부 표준화를 향한 큰 단계임을 보여 준다. 이를 통해 사용자는 OEM 전용 솔루션이 아닌 공통 소프트웨어 에코 시스템을 사용할 수 있다.

오늘날 (GENIVI 웹사이트에 따르면) 마그네티 마르넬리$^{Magneti\ Marelli}$의 시스템을 사용하는 BMW와 같은 많은 자동차 플랫폼에서 GENIVI 구현을 볼 수 있다. GENIVI 애플리케이션의 표준 ADL은 GENIVI 소프트웨어 컴포넌트에 인터페이스를 정의하는 데 사용되는 Franca IDL이다.

6.8 안전 중심 소프트웨어 품질 보증

자동차 소프트웨어의 품질 보증은 여러 표준을 따르며 그중 하나는 ISO/IEC 25000 표준 시리즈[ISO16]다. 표준이 품질을 설명하는 일반적인 방식은 품질을 일련의 특성과 관점으로 나누는 것이다. 소프트웨어 품질에 대한 세 가지 관점은 다음과 같다.

1. **외부 소프트웨어 품질** – 요구 사항과 관련해 소프트웨어 제품의 품질을 설명
2. **내부 소프트웨어 품질** – 소프트웨어 구성과 관련해 소프트웨어 품질을 설명
3. **사용 품질** – 사용자 관점에서 소프트웨어 품질을 설명

6장에서는 소프트웨어의 내부 품질과 내부 품질을 모니터링하고 제어하는 방법, 즉 소프트웨어의 정확성을 확인하기 위한 형식적인 방법과 복잡성 같은 소프트웨어 속성을 확인하기 위한 정적 분석에 중점을 둔다. 결함을 찾는 기술로서 테스트는 3장에서 살펴봤다.

6.8.1 형식적 방법

형식적 방법은 수학적 논리, 유형 이론, 기호 유형 실행과 관련된 형식을 사용해 소프트웨어의 사양, 개발, 검증을 위한 일련의 기술로 집합적으로 나타내는 데 사용되는 용어다.

자동차 영역에서 형식적 방법은 ASIL D 컴포넌트를 검증하는 동안 요구된다(ISO/IEC 26262 표준에 따라 분류, 8장 참고).

형식적 방법에서 검증은 종종 소프트웨어가 공식 표기법(예, VDM)을 사용해 지정된 엄격한 프로세스에 따른 다음 점차 프로그램의 소스 코드로 구체화된다. 각 단계가 올바른 것으로 표시되면 소프트웨어가 공식적으로 올바른 것으로 입증된다.

6.8.2 정적 분석

자동차 소프트웨어의 내부 품질을 보증하는 또 다른 방법은 정적 분석static analysis[BV01, EM04]이다. 정적 분석은 소프트웨어 시스템의 소스 코드(또는 모델 코드)를 분석하기 위한 일련의 모든 기술을 말한다. 이 분석은 소프트웨어 코드의 취약성과 프로그래밍 우수 사례 위반을 발견하는 것을 목표로 한다. 자동차 시스템의 정적 분석은 일반적으로 MISRA 규칙 및 좋은 코딩 규칙 위반을 찾는다.

MISRA 규칙에 추가해서 정적 분석은 다음과 같은 것을 종종 확인한다.

- API 사용 에러, 예를 들면 비공개 API 사용
- 정수 처리 문제, 예를 들면 잠재적으로 위험한 타입 캐스팅
- 계산 중 정수 오버플로
- 잘못된 메모리 접근, 예를 들면 포인터 오퍼레이션 사용
- null 포인터 역참조
- 동시 데이터 접근 위반
- 경쟁 조건race condition
- 보안 모범 위반
- 초기화되지 않은 멤버

프로그램을 정적으로 분석하기 위해 실행이 필요하지 않으므로 이 기술은 매우 널리 사용된다. 대부분 정적 분석 도구는 실제로 실행하는 데 코드가 필요하지 않으므로 코드가 완전하고 실행 가능해야 할 필요가 없으며, 이는 형식적 분석(예, 기호 실행) 또는 동적 분석의 경우다.

정적 분석을 위한 도구 중 하나인 SonarQube의 스크린샷 예제는 그림 6.33에 있다.

그림 6.33 SonarQube 정적 분석 소프트웨어 스크린샷

이 그림에서 모듈별 복잡성을 볼 수 있다. 복잡성은 테스트 가능성(높은 복잡도, 낮은 테스트 가능성)에 직접적인 영향을 미치므로 소프트웨어 내부 품질의 중요한 매개 변수다.

또 다른 뷰는 그림 6.34에서 볼 수 있다. 이 그림은 품질에 대한 사용자 정의 뷰(클래스별 복잡성 및 복제된 코드 비율)를 보여 준다.

그림 6.34 SonarQube 정적 분석 소프트웨어의 사용자 정의 대시보드 스크린샷

SonarQube는 여러 프로그래밍 언어 및 분석을 하고자 플러그인을 사용
하도록 확장할 수 있다. 사용자 정의 플러그인으로 확장할 수도 있다. 그러
나 분석 중 소프트웨어 실행 부족에는 한계가 있다. 교착 상태, 데이터 경쟁
상태, 메모리 누수와 같은 문제는 확인할 수 없다.

오픈소스 도메인에서 정적 분석에 사용되는 도구의 또 다른 예는 정적 및
동작 실행 분석을 모두 포함하는 XRadar 도구다. 그림 6.35에 예제 스크린
샷이 있다.

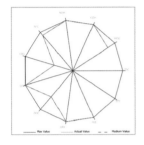

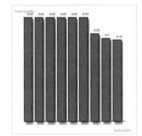

그림 6.35 XRadar 정적 분석 소프트웨어 스크린샷

소프트웨어 개발이 이클립스 환경(www.eclipse.org)에서 수행되는 경우
소프트웨어 코드를 정적으로 분석할 수 있는 기능을 제공하는 100개 이상
의 플러그인이 있다. 이러한 플러그인 중 다수는 MISRA 표준 검사를 구현하
고 있다.

6.8.3 테스트

테스트는 여기에서 언급해야 하는 매우 잘 알려진 기술이지만 이미 3장에서 설명했다.

6.9 더 읽기

자동차 시스템을 위한 하드웨어-소프트웨어 통합 및 프로그래밍에 관심이 있는 독자는 슈펠레와 주라브카[SZ05]의 책을 공부할 수 있다. 타이밍 분석과 하드웨어 지향 프로그래밍과 같은 자동차 소프트웨어의 세부 설계에 사용되는 개념을 더 자세히 설명한다.

자동차 소프트웨어 설계 분야로 이동하는 소프트웨어 엔지니어에게는 비자동차 개발과 비교해 자동차 소프트웨어 개발의 특성을 설명하는 살츠만Saltzmann과 스타우너Stauner[SS04]의 책이 있다.

Simulink에서 모델링을 위한 최고의 리소스는 Matlab 웹사이트(www.matlab.com)다. 물리적 세계를 Simulink 모델로 변환하는 과정에 대한 이해를 강화하고자 다음 URL(https://classes.soe.ucsc.edu/cmpe242/Fall10/simulink.pdf)의 튜토리얼을 추천한다.

Simulink 모델 최적화 방법을 찾는 고급 독자는 유압 서보hydraulic servo 메커니즘과 같은 영역을 논의하는 주제에 초점을 맞춘 한Han 등[HNZC13]의 기사를 참고하면 좋다. 모델 냄새 감지에 대한 방향으로 읽어 볼 수 있는 또 다른 좋은 자료는 괴를리츠Gerlitz 등[GTD15]의 논문이 있다.

MISRA 표준은 잘 알려진 표준이지만 NASA의 열 가지 안전에 중요한 프로그래밍 규칙[Hol06]을 고려해 개발됐다. 안전에 중요한 시스템에서 더 작은 언어 구성 집합을 사용하는 이론적 근거와 경험적 증거는 해튼Hatton[Hat04]의 기사에서 찾아볼 수 있다.

안전에 중요한 프로그래밍에 사용되는 프로그래밍 언어 및 원칙에 대한 더 자세한 설명에 관심이 있는 독자는 파울러Fowler의 개요서[Fow09] 또는 스토리Storey의 고전적 입장[Sto96]을 참조할 수 있다. 또한 자동차 소프트웨어의 복잡성 진화[ASMC14]와 신뢰성에 미치는 영향[RSMC13]에 대한 이전 작업물을 보는 것을 추천한다.

자동차 소프트웨어의 설계에서 형식적 방법을 사용하는 것은 모든 잠재적 변형의 수가 많고 허용되는 변형의 수가 훨씬 적기 때문에 제품 구성을 검증하는 데 효율적인 것으로 나타났다. 신츠Sinz 등은 이러한 애플리케이션[SKK03]을 보여 줬다. 또 다른 영역은 예르사크Jersak 등[JREC03]이 보여주는 소프트웨어 통합이다.

일반적으로 형식적인 방법을 사용하는 것은 비용이 많이 들기 때문에 연구자들은 예를 들어 잭슨Jackson[Jac01]이 옹호하는 방법과 같은 가벼운 방법을 검색해 비용을 줄이는 새로운 방법을 끊임없이 모색한다.

자동차 소프트웨어의 세부 설계를 목적으로 UML을 사용하고 사용자 정의하는 데 관심 있는 독자를 위해 다양한 사용자 정의 메커니즘이 모델 품질에 미치는 영향[SW06]과 업계에서 MDA를 실현하는 프로세스[SKW04, KS02]와 일관성 없는 설계의 문제점[KS03]에 대한 이전 작업 결과물을 살펴볼 것을 권장한다.

마지막으로 자동차 소프트웨어의 품질에 관심 있는 독자들은 결함 분류 체계를 연구하는 것이 흥미로울 수 있다. 여기서 자동차 소프트웨어에서 발생하는 결함의 속성이 자세히 설명된다[MST12].

6.10 요약

자동차 소프트웨어는 여러 영역과 여러 유형의 컴퓨터로 구성돼 있기 때문에 상세 설계는 6장에서 간략하게 소개한 여러 가지 패러다임에 기초하고 있다.

6장에서는 소프트웨어 설계자가 자동차 소프트웨어의 상세 설계를 어떻게 하는지 살펴봤다. 자동차 소프트웨어의 가장 보편적인 디자인 도구이자 방법인 Simulink를 활용한 모델 기반 개발에 중점을 뒀다.

NASA의 원칙과 MISRA 표준에 근거한 안전에 중요한 시스템의 프로그램 원칙도 소개했다. 정리하자면 이러한 원칙은 실행 전에 프로그램의 유효성을 검증하고 소프트웨어의 예기치 않은 동작의 위험을 최소화할 수 있도록 간단한 프로그래밍 구조를 사용할 필요성을 가정한다.

6장에서 자동차 소프트웨어에서 흥미로운 영역 중 하나인 인포테인먼트 시스템의 GENIVI 아키텍처도 알아봤다. 마지막으로 6장의 끝 부분에서 정적 분석 및 형식적 검증과 같은 자동차 소프트웨어 검증을 위한 다양한 기술을 살펴봤다.

참고 문헌

A⁺08. Motor Industry Software Reliability Association et al. *MISRA-C: 2004: guidelines for the use of the C language in critical systems*. MIRA, 2008.

All09. GENIVI Alliance. Genivi, 2009.

All14. GENIVI Alliance. Bmw case study, 2014.

All15. GENIVI Alliance. Reference architecture, 2015.

ASM⁺14. Vard Antinyan, Miroslaw Staron, Wilhelm Meding, Per Österström, Erik Wikstrom, Johan Wranker, Anders Henriksson, and Jörgen Hansson. Identifying risky areas of software code in agile/lean software development: An industrial experience report. In S*oftware Maintenance, Reengineering and Reverse Engineering (CSMR-WCRE), 2014 Software Evolution Week-IEEE Conference on*, pages 154–163. IEEE, 2014.

BV01. Guillaume Brat and Willem Visser. Combining static analysis and model checking for software analysis. In *Automated Software Engineering, 2001. (ASE 2001). Proceedings. 16th Annual International Conference on*, pages 262–269. IEEE, 2001.

EM04. Dawson Engler and Madanlal Musuvathi. Static analysis versus software model checking for bug finding. In *International Workshop on Verification, Model Checking, and Abstract Interpretation*, pages 191–210. Springer, 2004.

Fow09. Kim Fowler. *Mission-critical and safety-critical systems handbook: Design and development for embedded applications*. Newnes, 2009.

GTD15. Thomas Gerlitz, Quang Minh Tran, and Christian Dziobek. Detection and handling of model smells for MATLAB/Simulink Models. In *Proceedings of the International Workshop on Modelling in Automotive Software Engineering. CEUR*, 2015.

Hat04. Les Hatton. Safer language subsets: An overview and a case history, MISRA C. *Information and Software Technology*, 46(7):465–472, 2004.

HNZ+13. Gang Han, Marco Di Natale, Haibo Zeng, Xue Liu, and Wenhua Dou. Optimizing the implementation of real-time simulink models onto distributed automotive architectures. *Journal of Systems Architecture*, 59(10, Part D):1115–1127, 2013.

Hol06. Gerard J Holzmann. The power of 10: rules for developing safety-critical code. *Computer*, 39(6):95–99, 2006.

ISO16. ISO/IEC. ISO/IEC 25000 - Systems and software engineering - Systems and software Quality Requirements and Evaluation (SQuaRE). Technical report, 2016.

Jac01. Daniel Jackson. Lightweight formal methods. In *International Symposium of Formal Methods Europe*, pages 1–1. Springer, 2001.

JRE+03. Marek Jersak, Kai Richter, Rolf Ernst, J-C Braam, Zheng-Yu Jiang, and Fabian Wolf. Formal methods for integration of automotive software. In *Design, Automation and Test in Europe Conference and Exhibition, 2003*, pages 45–50. IEEE, 2003.

Kni02. John C Knight. Safety critical systems: Challenges and directions. In *Software Engineering, 2002. ICSE 2002. Proceedings of the 24th International Conference on*, pages 547–550. IEEE, 2002.

KS02. Ludwik Kuzniarz and Miroslaw Staron. On practical usage of stereotypes in UML- based software development. *the Proceedings of Forum on Design and Specification Languages, Marseille*, 2002.

KS03. Ludwik Kuzniarz and Miroslaw Staron. Inconsistencies in student designs. In *the Proceedings of The 2nd Workshop on Consistency Problems in UML-based Software Development, San Francisco, CA*, pages 9–18, 2003.

MST12. Niklas Mellegård, Miroslaw Staron, and Fredrik Törner. A light-weight software defect classification scheme for embedded automotive software and its initial evaluation. *Proceedings of the ISSRE 2012*, 2012.

Org93. International Standards Organization. ISO 11898, 1993. *Road vehicles–interchange of digital information–Controller Area Network (CAN) for high-speed communication*, 1993.

RSM+13. Rakesh Rana, Miroslaw Staron, Niklas Mellegård, Christian Berger, Jörgen Hansson, Martin Nilsson, and Fredrik Törner. Evaluation of standard reliability growth models in the context of automotive software systems. In *Product-Focused Software Process Improvement*, pages 324–329. Springer, 2013.

SKK03. Carsten Sinz, Andreas Kaiser, and Wolfgang Küchlin. Formal methods for the validation of automotive product configuration data. *AI EDAM: Artificial Intelligence for Engineering Design, Analysis and Manufacturing*, 17(01):75–97, 2003.

SKW04. Miroslaw Staron, Ludwik Kuzniarz, and Ludwik Wallin. Case study on a process of industrial MDA realization: Determinants of effectiveness. *Nordic Journal of Computing*, 11(3):254–278, 2004.

SS04. Christian Salzmann and Thomas Stauner. *Automotive Software Engineering*, pages 333–347. Springer US, Boston, MA, 2004.

Sto96. Neil R Storey. *Safety critical computer systems*. Addison-Wesley Longman Publishing Co., Inc., 1996.

SW06. Miroslaw Staron and Claes Wohlin. An industrial case study on the choice between lan- guage customization mechanisms. In *Product-Focused Software Process Improvement*, pages 177–191. Springer, 2006.

SZ05. Jörg Schäuffele and Thomas Zurawka. *Automotive software engineering – Principles, processes, methods and tools*. 2005.

7

자동차 소프트웨어에서 머신러닝

개요 최신 소프트웨어는 지속적으로 새로운 환경에 맞게 적응해야 한다. 소프트웨어 아키텍처에서 머신러닝$^{machine\ learning}$ 알고리듬을 도입함으로써 이러한 요구 사항을 실현한다. 자동차 소프트웨어에서 도로상의 물체를 인식하는 머신러닝 기술(능동 안전 시스템)의 사용과 제어 시스템의 최적화(엔진과 기어박스 동작)를 볼 수 있다. 7장에서는 이미지 분류 및 객체 인식을 위한 딥러닝의 활용에 대해 살펴보고 이를 통해 지도학습의 개념을 알아본다. 엔진 최적화를 위한 예제 알고리듬을 사용해 강화 학습의 개념도 소개한다.

7.1 소개

이 책의 초판에서 머신러닝은 주목해야 할 중요한 기술이었다[Sta17, Chapter9]. 그 이후 많은 변화가 있었고 머신러닝은 현대 자동차 소프트웨어에서 혁신의 주류가 됐다[FLC17, SG20].

머신러닝은 가장 일반적인 시나리오로 다음과 같은 경우에 자동차 소프트
웨어에서 사용된다.

- 능동 안전 카메라에서 객체 인식
- 상황 인지에서 센서 융합(라이다와 카메라)
- (인포테인먼트) 멀티 모달 통신에서 음성 인식
- 교차로 구조 인식
- 야간 보행자 감지

자동차 소프트웨어에서 더 많이 머신러닝을 사용하는 이유는 텐서tensor 프
로세서(예, NVIDIA GPU), 빠르고 짧은 지연의 5G 통신, 신경망을 위한 효율
적인 알고리듬, 유비소프트Ubisoft의 언리얼Unreal 엔진과 같은 게임 엔진을 사
용한 고품질 환경 시뮬레이션의 사용 때문이다.

표준 소프트웨어 개발과 머신러닝의 주된 차이점은 트레이닝 단계이며 이
는 그림 7.1에 나와 있다. 머신러닝이 아닌 소프트웨어 개발은 주로 구현과
테스팅에 중점을 두고 있다. 소프트웨어 개발 프로세스에 따라 길이는 달라
진다. 애자일 소프트웨어 개발에서 이 단계는 선형이 아니라 반복적이지만
주요 원칙은 소프트웨어가 배포되기 전에 개발, 수정, 테스트로 비슷하다.

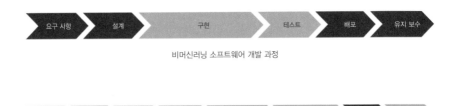

비머신러닝 소프트웨어 개발 과정

머신러닝 소프트웨어 개발 과정

그림 7.1 머신러닝 컴포넌트 유무에 따른 소프트웨어 개발 단계 개요

머신러닝 소프트웨어 개발에서 데이터 수집, 관리와 트레이닝이라는 새로
운 단계가 추가됐다. 머신러닝 절차는 머신러닝 분류기의 개발로 이어진다.
이 분류기는 배포할 수 있는 일반 알고리듬의 트레이닝된 인스턴스다(예, 이
미지 인식을 위한 신경망의 트레이닝된 인스턴스). 이 트레이닝된 분류기는 얼마

나 정확한지, 얼마나 자주 정확한 결과나 잘못된 결과를 초래하는지 통계적 확률로 평가해야 한다. 머신러닝 작업에 따라 이 성능 측정은 달라진다. 데이터 수집과 관리 단계는 머신러닝 알고리듬을 트레이닝하는 데 적합한 데이터 집합을 찾는 데 필요하다. 이 데이터는 가능한 한 완전하고 편향이 없고 실제 시나리오를 대표하는 올바른 품질을 가져야 하지만 이는 어렵다. 운전 중인 시나리오에서 이미지 데이터를 얻는 예를 들어보자. 알고리듬을 트레이닝하려면 실제 시나리오를 나타내는 데이터를 제공해야 한다. 즉 주간과 야간, 노란색 도로 표지와 하얀색 도로 표시, 시내와 고속도로 시나리오 등 다양한 시나리오를 갖고 있어야 한다. 이를 관리하는 것은 트레이닝에 사용하는 샘플 데이터와 평가에 사용되는 데이터를 제어해야 한다는 것을 뜻한다.

이 데이터 수집과 관리 단계는 데이터에 라벨링을 해야 하기 때문에 비용이 많이 든다. 머신러닝 분류기의 트레이닝과 평가에 사용된 각 데이터 지점에 라벨링을 해야 한다. 예를 들어 분류기를 사용해 교통 신호를 인식하려면 알고리듬의 트레이닝/평가에 사용된 각 이미지(또는 비디오시퀀스^{videosequence})가 라벨링돼 있어야 한다. 이를테면 어떤 신호등이 보이는지, 신호등 표지판이 있는지, 이미지에서 이 신호등이 어디에 있는지 등이다. 이는 대부분 수동으로 하고 데이터 집합이 커짐에 따라 노력이 더 많이 든다. 일반적인 원칙은 정확성을 위해서는 대규모 데이터 집합이 필요하다는 것이다. 데이터 라벨링 프로세스는 자동차 소프트웨어 개발의 새로운 비용 증가 원인 중 하나다. 그러므로 [MK19]와 같이 재사용 가능한 데이터 집합 및 프레임워크의 수가 지속적으로 증가하고 있다.

텐서플로 또는 파이토치^{PyTorch}와 같은 현대 프레임워크 덕분에 머신러닝 알고리듬을 구현할 필요는 없다. 신경망을 처음부터 다시 구현할 필요 없이 레이어 수, 뉴런 수, 필요한 레이어 유형으로 프레임워크를 구성하기만 하면 된다. 그러나 결과 시스템의 성능을 테스트하고 평가하는 데 더 많은 시간을 할애해야 한다. 따라서 표준 테스트 외에도 트레이닝 프로세스가 충분히 완료됐는지 평가해야 한다. 이미지 인식의 예에서 머신러닝 분류기가 이미지를 정확하게 인지할 수 있는지, 즉 머신러닝 분류기 정확도가 충분한지 평가해 하드웨어와 소프트웨어 테스트를 보완해야 한다. 사용 사례에 따라 충분함의 정도는 다를 수 있다. 능동 안전에 사용되는 분류기와 통신할 차량을 찾는 분류기는 서로 다르다. 엔비디아 드라이브 랩drive lab은 자동차 소프트웨어를 위한 고급 머신러닝 기술(예, 객체 인식 및 능동 학습을 사용해 시간이 지남에 따라 머신러닝 분류기를 개선하는 기술)을 선보이는 연구 기관 중 하나다. 여기서 차량 제조사에 기술, 인프라, 지식을 제공한다.

게임 엔진은 물체와 운전 상황을 인지하도록 온보드 카메라를 트레이닝하는 데 사용할 수 있는 매우 사실적인 환경을 제공할 수 있다. 실제로 운전해 시간을 보내는 대신 머신러닝 분류기의 트레이닝을 부트스트랩하기 위해 실제 운전 이미지를 만들 수 있다. 합성 시뮬레이션 데이터 간의 트레이드오프가 있지만 이를 추정하고 이해하는 방법을 분석하기 위한 연구가 수행되고 있다[PBS19].

5G 통신 네트워크는 자동차와 인프라 간의 빠른 속도 및 신뢰성 있는 연결을 위한 플랫폼을 제공한다. 모든 주요 통신 장비 제조사(예, 에릭슨, 노키아 등)는 이러한 가능성을 제공한다. 이 연결을 통해 차량의 원격 관리/운전 및 자동차에서 클라우드 인프라를 사용할 수 있도록 한다. 자동차는 데이터의 일부를 처리하고자 클라우드 인프라를 사용할 수 있으므로 자동차의 전자장치에서 컴퓨팅 성능에 대한 필요를 줄일 수 있다. 이 예로 시리Siri 또는 알렉사(Alexa)와 같은 서비스의 음성 인식 기술과 같은 곳에서 사용한다.

7장에서는 소프트웨어 아키텍처 관점에서 머신러닝의 사용을 알아본다. 머신러닝이 아키텍처에 통합될 수 있는 방법을 설명하는 것에서 시작한다. 그런 다음 이미지 인식을 위해 머신러닝을 사용하는 한 가지 사례를 제시해 지도 학습의 주요 개념을 살펴본다. 그리고 나서 오늘날 소프트웨어 시스템에서 딥러닝을 통합하는 가장 강력한 방법 중 하나인 강화 학습의 간단한 사례를 보여 준다. 마지막으로 이러한 기술의 한계와 자동차의 소프트웨어에서 머신러닝 기술을 발전시키고자 극복해야 할 것들을 보여 준다.

7.2 지도 학습의 기초

머신러닝 알고리듬에는 세 가지 유형이 있다.

- 지도 학습^{supervised learning}
- 비지도 학습^{unsupervised learning}
- 강화 학습^{reinforced learning}

지도 학습 알고리듬에서 목표는 정답이 있는 데이터를 활용해 알고리듬을 트레이닝시키는 것이다. 각 인스턴스에 클래스 또는 예측된 변수로 라벨링된 데이터를 입력한다. 알고리듬 트레이닝은 통계를 사용해 값을 분류하거나 예측할 수 있도록 분류기를 최적화하는 프로세스다. 트레이닝 프로세스에서는 각 데이터 지점에 속한 위치를 나타내는 라벨이 있어야 한다. 자동차 영역에서 이러한 알고리듬 사용의 예로는 이미지 인식이 있다.

비지도 학습 알고리듬은 입력 데이터 집합에서 패턴을 찾도록 설계됐다. 목표는 데이터 집합에 있는 개체의 인스턴스를 그룹화하거나 자동으로 분류하는 것이다. 자동차 영역에는 좋은 예가 없지만 예를 들어 재생할 노래나 볼 영화를 추천할 때 추천 시스템에서 이러한 알고리듬을 볼 수 있다.

마지막으로 강화 학습 알고리듬은 특정 기능을 최적화하도록 설계됐다. 최적화해야 하는 데이터 집합과 기능을 입력으로 사용한다. 강화 학습을 사용하는 몇 가지 예는 내비게이션 시스템의 엔진 최적화 및 경로 계획이다.

머신러닝에서 중요한 개념을 설명하고자 컨볼루션 신경망을 이용한 이미지 인식에서 머신러닝이 어떻게 작용하는지에 대한 예를 살펴본다. 입력 데이터와 라벨 부착 과정을 이해하는 것부터 시작한다.

그림 7.2는 물체의 위치, 시간, 유형에 대한 정보가 포함된 라벨이 부착된 사진의 예를 보여 준다. 데이터 라벨은 확실히 해야 하기 때문에 수동으로 한다. 그림 7.2의 예에서 데이터 분석가는 분류에서 중요한 그림에 대한 정보를 추가했다. 이러한 라벨은 머신러닝을 트레이닝하는 필요성에 따라 임의로 선택한다.

객체:	자동차
날씨:	비
위치:	뒤
시간:	저녁
위치:	도심
조작:	브레이크

그림 7.2 지도 학습을 위한 주석이 달린 이미지. 사진: pixabay.com

예를 들어 사진과 같은 경우 라벨을 수동으로 부착해야 데이터의 품질을 높일 수 있다. 라벨을 잘못 부착하면 정확도가 저하되거나 최악의 경우 분류자와 동일한 실수를 하도록 트레이닝될 수 있다. 데이터 집합의 크기가 트레이닝 프로세스에 중요하므로 데이터 지점이 많을수록 좋다. 예를 많이 사용할수록 결과 분류기의 정확성이 향상돼 자동차의 소프트웨어가 더 좋아진다. 데이터 집합의 다양성이 많을수록 더 나은 결과를 얻을 수 있으며, 결과 분류자는 더 다양한 사례를 인식할 수 있기 때문에 더 높은 정밀도와 낮은 오류율로 작동한다. 그러나 데이터 라벨링의 가장 큰 문제는 비용이다. 수동 프로세스이기 때문에 노력이 많이 들고 따라서 비용이 많이 든다.

이미지 분류는 차량 소프트웨어와 관련된 하나의 머신러닝 작업이다. 그림 7.3은 차량, 보행자, 건물, 사람이 여러 개인 하나의 이미지에 여러 물체를 표시하기 때문에 그림 7.2의 예와 상당히 다르다. 이 그림은 머신러닝(객체 감지 및 분류)을 통해 해결해야 하는 보다 현실적인 시나리오를 보여 준다. 가장 큰 차이점은 도형을 분할하고, 객체를 찾고, 분류해야 한다는 것이다. 인간에게는 쉬운 일처럼 보이지만 머신러닝에게는 훨씬 더 어렵다.

그림 7.3 객체 탐지와 인식을 위한 주석이 달린 이미지. 사진: pixabay.com

그림 7.3은 객체 감지 및 분류 작업에 대한 머신러닝 분류기를 트레이닝하는 데 사용할 수 있는 객체 주석이 달린 그림의 예를 보여 준다.

분류 작업의 객체에 라벨을 지정할 때 각 이미지에 대해 미리 정의된 라벨 집합을 제공한다. 여기서 라벨은 차량의 위치와 같이 특정 이미지가 속한 클래스다. 개체 탐지 및 분류 작업에서는 개체 수와 유형이 다를 수 있으므로 이미지마다 클래스 집합이 다를 수 있다.

모든 데이터 라벨링의 경우 머신러닝 작업에 사용할 수 있는 배열 형식으로 데이터를 제공할 수 있어야 한다. 이미지의 경우 이미지 데이터를 픽셀 명암과 이미지 라벨이 있는 큰 벡터로 변환할 수 있어야 한다. 표 7.1은 이미지의 몇 개 행의 예를 보여 준다. 이 기능 매트릭스는 트레이닝 프로세스에서 머신러닝 분류기의 입력으로 사용된다.

표 7.1 해당 클래스가 있는 특징 벡터의 예

이미지 ID	픽셀 1	픽셀 2	픽셀 3	...	클래스
I1	0.3	0.0	0.1	...	자동차
I2	0.0	0.1	1.0	...	보행자
...	...	...	...	...	...
In	0.3	0.0	0.1	...	자동차

표 7.1의 특징 매트릭스는 각 행을 벡터로 나타내며 이는 이미지를 단순하게 표현하는 방법이다. 이미지가 2차원이기 때문에 이러한 특징 매트릭스의 각 행은 기본적으로 2차원 배열(2차원 텐서)이며, 마지막 열로 '클래스'로 분류된다. 표에서 설명하는 것은 어렵기 때문에 이미지의 벡터 표현에 머물 수 있다. 영상이 어떻게 신경망의 입력으로 사용되는지 보여 준다.

7.3 신경망

신경망neural network은 머신러닝, 특히 이미지 인식을 위해 사용되는 가장 강력한 메커니즘 중 하나다[PDCLO98]. 신경망의 개념은 시냅스synaps를 통해 연결된 뉴런neuron의 네트워크로서 인간의 뇌가 어떻게 구조화되는가에 기초한다. 주요 개념인 빌딩 블록은 그림 7.4와 같이 인공 뉴런이다.

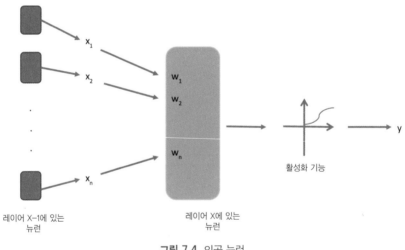

그림 7.4 인공 뉴런

뉴런은 이전 층에서 뉴런의 출력을 입력으로 받아 다음 층에서 뉴런의 출력을 계산한다. 각 뉴런의 값 x에 가중치 w를 곱한다. 이러한 곱의 합은 이른바 활성화 함수로 필터링되며, 이 함수는 합계가 주어진 임계값 미만일 경우 0, 값이 임계값 이상일 경우 1의 값을 생성한다.

뉴런은 층으로 묶이고 층은 하나씩 쌓인다. 뉴런의 구조는 다를 수 있지만, 신경망의 가장 큰 장점은 뉴런이 어떻게 층으로 묶여 있고 어떻게 연결돼 있는가 하는 것이다. 이러한 아키텍처에 대해 논하는 것은 이 책의 범위 밖이므로 관심 있는 독자들은 게레온Gereon[Ger18]의 책을 참고하기 바란다.

가장 일반적인 신경망 아키텍처는 다음과 같다.

- dense 네트워크 - 한 계층의 모든 것이 이전 및 다음 계층의 모든 네트워크에 연결
- 컨볼루션convolutional 네트워크 - 앞의 레이어가 다음 레이어보다 넓고 해당 레이어의 뉴런 부분 집합만 서로 연결
- 순환recurrent 네트워크 - 동일한 계층의 네트워크가 서로 연결
- 자동인코더autoencoders - 네트워크의 중간 계층이 매우 좁음(병목 지점)

dense 네트워크는 부동산 가격 예측과 같은 회귀 문제와 비슷하게 데이터의 분류 및 예측 문제에 매우 적합하다. 컨볼루션 네트워크는 이미지 인식에 매우 좋으며, 7.4절에서 이를 중점적으로 살펴본다. 순환 신경망은 언어 번역과 같이 시간적 차원이 있는 문제를 해결하고자 사용된다. 자동 인코더는 영상의 소음을 줄이고자 사용되며, 음악 작곡, 텍스트 쓰기, 그림 그리기 등 창작 작업에 자주 사용되는 생산적 신경망의 주요 부분이다[Gan17].

7.4 컨볼루션 신경망을 이용한 이미지 인식

이미지 인식에는 기본적으로 이미지 분류, 객체 인식, 이미지 분할 또는 이미지 설명 등 몇 가지 기술이 포함된다. 7.4절에서는 첫 번째 이미지 분류부터 시작한다. 나머지 기술은 이미지 분류로 확장된다. 오늘날 영상 분류에 사용되는 최첨단 신경망은 이전보다 처음 몇 개의 층이 좁혀지고 뉴런이 이 층에서 완전히 연결되지 않는 컨볼루션 개념을 기반으로 한다. 그림 7.5는 이미지 인식/분류를 위한 컨볼루션 신경망의 개념을 보여 준다.

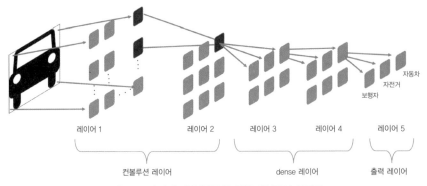

그림 7.5 이미지 인식/분류를 위한 컨볼루션 신경망

컨볼루션 신경망의 이면에 있는 전체 아이디어는 그 이미지에서 패턴을 배운다는 것이다. 이는 인간이 이미지를 인식하는 방식과 유사하다[Ger18, KSH12]. 첫 번째 레이어(그림 7.5의 맨 왼쪽 레이어)에서 뉴런은 이미지의 픽셀(픽셀당 하나의 뉴런)에 직접 연결된다. 하지만 그 이후 몇 개의 층에서 뉴런들은 오직 하나의 뉴런에만 연결돼 있다. 게다가 다음 층의 뉴런은 이전 층의 뉴런 부분에만 연결되는데 이 부분 집합을 윈도우window라고 한다. 윈도우는 인접한 뉴런을 연결하거나 일부 뉴런을 건너뛸 수 있다. 이것을 스트라이드stride라고 한다. 윈도우를 사용하면 뉴런이 이미지의 일부(예. 선 또는 점)를 인식할 수 있다. 네트워크의 모양 인식 능력은 깊이(네트워크가 깊을수록 더 복잡한 모양)에 의해 지정된다.

여러 개의 컨볼루션 레이어 후에 네트워크는 2~3개의 완전히 연결된 뉴런 레이어 이른바 조밀한 레이어를 가진다. 이러한 레이어는 이미지의 각 모양이 의미하는 바를 학습해 인코딩된 이미지를 분류한다. 마지막 계층은 네트워크에서 출력을 제공하는 위치이며 이미지가 지정된 클래스(라벨)에 속할 확률이다. 모든 신경망은 각 이미지에 대한 확률을 제공하며, 이는 출력이 확률의 벡터임을 의미한다(예. [0.1, 0.3, 0.6]). 이러한 확률을 바탕으로 결정을 내리는 것은 신경망 외부의 소프트웨어 컴포넌트의 책임이다.

일반적인 머신러닝 애플리케이션에서는 소프트맥스softmax 계층을 사용해 각 클래스에 대한 확률 집합 대신 가장 가능성이 높은 클래스와 출력을 선택한다.

매우 간단해 보이지만 자동차 소프트웨어의 맥락에서 중요한 몇 가지 측면인 이미지 분류의 확률적 출력과 네트워크의 성능이 있다.

확률론적 출력과 관련된 과제를 설명하고자 그림 7.6에서와 같이 이미지 분류를 사용하는 컴포넌트의 데이터 흐름 아키텍처를 고려해 보자.

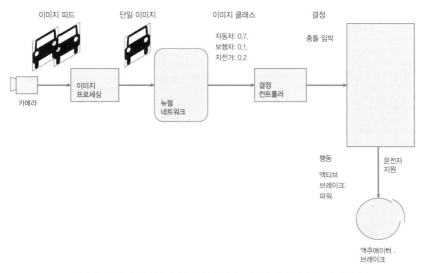

그림 7.6 운전자 지원을 위한 머신러닝이 포함된 데이터 흐름 아키텍처

그림에서 확률 벡터가 이진 결정으로 변경된다. 이 예에서는 의사결정 컨트롤러 컴포넌트에 의해 수행되지만, 모든 컴포넌트에 의해 수행될 수 있다. 중요한 측면은 데이터 흐름의 후반에 확률이 '사실'로 인식된다는 것이다. 이 예제에서 자동차가 보일 확률은 0.7(70%)로 상당히 높다. 하지만 100%는 아니라는 것은 차량이 필요 없을 때 브레이크를 작동시킬 위험이 있다는 뜻이다. 이러한 상황을 거짓 양성 분류라고 하고 자동차가 없을 때 인식한다. 브레이크를 작동하면 후방 충돌의 원인이 되므로 위험할 수 있다. 거짓 음성인 경우, 즉 차량이 있을 때 우리가 차량을 인식하지 못할 때 의사결정 컨트롤러는 브레이크의 활성화를 권장하지 않을 것이며 충돌은 여전히 발생할 수 있다.

이 시나리오에서는 라이다 또는 레이더를 추가해 문제를 해결하고 의사결정 컨트롤러에 있는 데이터를 사용할 수 있다. 그러나 레이더가 유용한 정보를 제공하지 않는 시나리오가 있다. 예를 들어 전방 신호등(또는 어떤 신호등을 준수해야 하는지)의 색상을 인식하고자 할 때다[GLY95]. 확률적 정보는 기만적일 수 있으며, 예를 들어 자율주행차가 빨간 신호를 무시하는 등 다소 위험한 상황을 초래할 수 있다[Dav17].

여기서 이야기하려는 두 번째 과제는 충분한 성능을 제공하는 데 필요한 컴퓨팅 능력이다. 특히 컬러 이미지를 중심으로 고화질 이미지 인식에는 매우 깊은 네트워크가 필요하며 이는 고성능이 필요하다는 것을 뜻한다. 예를 들어 AlexNet 네트워크[KSH12]는 8개의 레이어를 갖고 있으며 차량 소프트웨어의 소프트 실시간 요구 사항을 충족하는 권장 사항을 출력하려면 데스크톱 컴퓨터가 필요하다. 이러한 네트워크를 트레이닝하는 과정은 너무 계산 집약적이어서 차량 탑재 온보드 컴퓨터에서는 불가능하다.

7.5 객체 탐색

이미지 분류는 자동차 콘텍스트에서 진정한 가치를 제공하는 작업과 비교해 보면 다소 간단한 머신러닝 작업이다. 보다 복잡한 작업 중 하나는 특히 교통 시나리오에서 객체 탐색과 인식이다[ST09]. 객체 탐색과 인식은 한 이미지에서 여러 개체를 찾는 것이므로 다음 세 가지 작업이 필요하다.

- 객체 위치 파악 – 객체 탐색 알고리듬이 객체가 있는 영역 찾기
- 이미지 분할 – 알고리듬이 이미지에서 객체가 포함된 영역 표시
- 이미지 인식 – 알고리듬이 영역의 객체 분류

객체 탐색 부분에서 알고리듬은 객체의 윤곽선을 찾는다. 그런 다음 추가 처리를 위해 이러한 객체가 있는 영역을 이미지 밖으로 내보낸다. 이에 대한 설명은 7.2절, 특히 그림 7.3의 예에 제시돼 있다. 이 예에서는 서로 다른 물체가 경계 상자로 표시된다.

마지막 부분은 영상 인식 작업과 동일하게 보이지만 분할 알고리듬에서 찾은 영역이 크기가 다를 수 있으므로 영상 사전 처리가 필요하다. 이러한 크

기의 차이는 이미지를 처리할 수 있으려면 이미지의 스케일링이나 서로 다른 이미지 인식 아키텍처를 사용해야 한다(앞에서 설명한 것처럼 뉴런의 첫 번째 레이어는 하나의 뉴런을 이미지에서 하나의 픽셀에 매핑하므로 픽셀 수와 뉴런 수가 같아야 한다).

카메라 피드feed 이미지에서 신호등을 찾는 것과 같은 시나리오에서는 알고리듬이 관련 객체만 찾으며, 이를 단일 객체 위치화single-object localization 또는 이미지에서 하나의 객체 찾기라고 한다. 자율주행과 관련된 시나리오에서 알고리듬은 이미지에서 인식할 수 있는 모든 개체를 표시하며, 이를 다중 객체 탐지multiple-object detection라고 한다.

객체 감지 작업에는 크게 두 가지 접근 방식이 있다. 첫 번째는 지역 기반 컨볼루션 신경망[GDDM14]이다. 이 접근 방식은 지역 제안, 특징 추출, 분류자의 세 가지 부분 또는 모듈을 기반으로 한다. 두 번째는 앞서 언급한 것과 동일한 알고리듬인 AlexNet을 기반으로 한다. 가장 흥미로운 부분인 객체 로컬라이제이션은 픽셀을 영역으로 그룹화한 다음 이러한 영역 간의 유사성을 찾는 선택적 검색 알고리듬[UVDSGS13]을 기반으로 한다. 가장 유사한 영역이 함께 그룹화되고 전체 이미지가 처리될 때까지 단계가 반복된다. 즉 더 이상 유사한 영역을 찾을 수 없다. 모든 영역이 표시된 후 영상 분할 및 인식 부분에 의해 처리된다.

영역 기반 컨볼루션 신경망에 대한 또 다른 접근법은 YOLOYou Only Look Once 알고리듬이다[RDGF16]. YOLO 알고리듬은 하나의 신경망을 포함하는데, 이 신경망은 이미지를 입력으로 받아 한번에 경계 상자를 예측하고 분류한다. 지역 기반 네트워크보다 훨씬 빠르며 초당 45개 이상의 이미지를 실시간으로 전송할 수 있다. 그러나 더 많은 지역화 오류가 발생할 수 있다. YOLO 알고리듬은 입력의 크기를 특정 치수(원래 네트워크의 448*448픽셀)로 조정하고 이미지에서 단일 컨볼루션 네트워크를 실행하며 모델의 신뢰도에 따라 결과 탐지의 임계값을 지정한다. 알고리듬은 이미지를 그리드로 나누고 해당 그리드에 있는 경계 상자의 중심을 예측해 세그먼트를 선택한다. 그런 다음 경계 상자의 중심이 있는 세그먼트를 사용해 상자의 클래스를 예측한다.

지역 기반 네트워크의 빠른 구현과 YOLO는 모두 카메라 피드에 적용될 때 객체 추적에 사용할 수 있다. 자동차 영역에서는 종종 레이더와 함께 영상의 물체를 확인하는 데 사용된다. 그런 다음 능동 안전 시스템의 입력을 제공하는 데 사용된다.

7.6 강화 학습과 매개 변수 최적화

강화 학습은 특정 목표가 주어진 문제에 대한 최적의 해결책을 찾는 것과 유사하다. 본질적으로 자동차 소프트웨어에서 잘 알려진 컨트롤 루프 개념과 매우 유사하다. 따라서 강화 학습 알고리듬은 종종 그림 7.7과 같이 이러한 제어 루프의 일부로 설계된다.

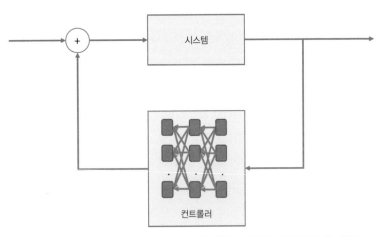

그림 7.7 제어 시스템에서 컨트롤러 루프의 일부로 사용되는 강화 학습의 개략도

그림 7.7에는 강화 학습 알고리듬을 가진 시스템과 컨트롤러가 포함돼 있다. 강화 학습 알고리듬은 단순한 최적화 알고리듬에서 딥러닝 기반 알고리듬까지 다양할 수 있다[ZWLL20].

강화 학습에서 알고리듬은 주어진 순간에 가능한 모든 선택과 이러한 각 움직임에 대한 비용 또는 보상에 대한 지도를 유지한다. 알고리듬이 주어진 문제를 해결할 때마다 성공 여부를 기록한다. 성공적이면 비용/보상 매트릭스를 업데이트해 긍정적 또는 부정적인 방식으로 선택 사항을 강화한다 (보상을 위해 최적화할지 또는 비용을 위해 최적화할지에 따라 다르다). 강화된 학습의 개념을 이해하기 위해, 이것을 컴퓨터 게임을 하는 과정이라고 생각할 수 있다. 게임을 할 때마다 게임 내의 이벤트에 어떻게 반응하는지를 조금 더 잘 알게 된다. 게임에서 승리하고자 게임 구조와 규칙, 이벤트의 모델을 구축한다. 강화 학습도 마찬가지다.

딥러닝 기반 알고리듬에서 컨트롤러는 이전 관찰에서 일반화해 새로운 문제를 해결할 수 있다. 이것은 종종 의사결정 공간이 너무 커서 행렬에 지정할 수 없을 때 사용된다. 즉 가능한 모든 상태 및 전환을 유지할 수는 없다. 심층 신경망은 행동을 일반화할 수 있는 가능성을 제공하므로 의사결정 공간을 줄일 수 있다. 즉 상태 전이 매트릭스에 기반하지 않고 이전의 경험에 기초한 행동을 제안할 수 있다.

7.7 온보드와 오프보드 머신러닝 알고리듬

머신러닝 알고리듬은 다양한 방법으로 트레이닝할 수 있다. 트레이닝은 한 번 또는 필요할 때마다 반복할 수 있다. 머신러닝을 위한 리소스와 사용하는 리소스가 크게 다르므로 머신러닝을 사용하기 위한 두 가지 아키텍처인 온보드 트레이닝과 오프보드 트레이닝을 고려할 수 있다. 온보드 트레이닝에서 알고리듬 트레이닝에 사용되는 ECU는 차량 전자 장치의 일부로 배치된다. 오프보드 트레이닝에서 ECU는 일반적으로 데이터 센터의 일부로 차량의 전자 장치 외부에 배치된다. 두 가지 접근 방식에는 장단점이 모두 있으므로 이러한 사항을 좀 더 자세히 살펴본다.

그림 7.8은 온보드 트레이닝의 도표를 보여 준다. 더 큰 컴퓨터로 묘사된 ECU가 차량에 장착된 것을 보여 준다. 온보드 트레이닝에서는 차량 센서가 데이터를 수집해 트레이닝 ECU로 전송해 알고리듬을 트레이닝시킨 뒤 새로운 버전의 분류기를 사용한다.

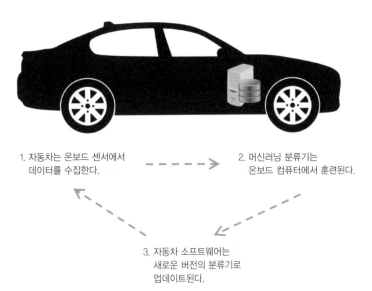

1. 자동차는 온보드 센서에서
   데이터를 수집한다.

2. 머신러닝 분류기는
   온보드 컴퓨터에서 훈련된다.

3. 자동차 소프트웨어는
   새로운 버전의 분류기로
   업데이트된다.

그림 7.8 온보드 트레이닝 및 계산적으로 더욱 강력한 ECU를 사용하는 머신러닝 분류기 사용

이 추가 ECU는 차량의 나머지 ECU보다 강력해야 한다. 머신러닝 분류기를 트레이닝하는 과정에도 오랜 시간이 걸릴 수 있기 때문에 아키텍처의 가장자리에 배치해야 한다. 분류기를 사용하기 전에 평가해야 하는데, 추가 데이터를 사용하면 성능이 저하될 수 있으므로 이는 원하지 않는 부분이다.

온보드 트레이닝을 사용하거나 실시간 트래픽에서 머신러닝을 사용하는 자동차에는 종종 추가 센서가 있다. 그림 7.9[1]에는 차량 지붕에 장착된 추가 센서가 있는 우버[Uber]의 볼보 XC90이 있다.

그림 7.9 지붕에 추가적인 센서를 탑재한 우버의 XC90

온보드 트레이닝을 사용할 때 가장 큰 장점은 개인의 운전 선호도와 조건에 맞춰 조정할 수 있다는 것이다. 예를 들어 온보드 트레이닝을 해 GPS 내비게이션에서 경로 계획을 최적화하거나 엔진 매개 변수를 최적화할 수 있다. 개별 운전 선호도에 따라 분류기를 최적화함으로써 주행 경험을 개선하고 최적의 엔진 제어를 통해 탄소 발자국을 최소화하는 등 주행 매개 변수를 개선한다. 온보드 트레이닝을 사용하려면 데이터 센터에 인터넷 연결이 필요하지 않다.

그러나 온보드 트레이닝은 소프트웨어 개발자가 트레이닝 및 평가 과정을 통제할 수 없다는 단점이 있다. 트레이닝 프로세스는 수집된 데이터에 따라 달라지기 때문에 국부적 최적화를 지향하거나 극단적인 경우 분류자의 성능을 저하시킬 수 있다. 따라서 소프트웨어 아키텍처에는 ML 구성 컴포넌트의 사용을 모니터링하는 결정론적 비ML 컴포넌트가 포함된다. 그러한 메커니즘 중 하나는 안전 케이지safety cage의 메커니즘이다. 여기서 비ML 컴포넌트는 범위 밖의 매개 변수를 캡처하고 ML 모드 대신 안전 모드(사전 정의된 매개 변수 포함)를 사용한다[HGP+11].

온보드 트레이닝에는 추가 하드웨어도 필요하다. 트레이닝에 사용되는 ECU는 의사결정에 사용되는 것보다 더 강력해야 한다(새로운 데이터 지점 분

류). 신경망과 같은 고급 알고리듬을 사용하려면 8비트, 16비트, 32비트, 64
비트 워드를 처리하는 대신 해당 목적에 맞게 프로세싱 유닛을 특별히 설계
해야 한다. 이 최신 프로세싱 유닛은 텐서 프로세싱 유닛^{TPU, Tensor Processing Unit}
또는 그래픽 프로세싱 유닛^{GPU, Graphic Processing Unit}으로 불리며 기존 CPU에 비
해 트레이닝 속도가 크게 향상된다. 그러나 비용이 더 많이 들고 다른 프로
세싱 아키텍처가 필요하다. 이러한 비용과 아키텍처는 데이터 센터에서 오
프보드 TPU를 사용하는 머신러닝 분류자를 트레이닝하는 또 다른 방법을
제시한다. 차량의 아키텍처에 새로운 TPU를 추가하는 대신 통신 컴포넌트
를 사용해 데이터를 데이터 센터로 전송하고, 데이터 센터에서 데이터를 처
리하고, 그 대가로 새로운 버전의 트레이닝된 분류기를 다운로드한다. 이 과
정은 그림 7.10에 있다.

그림 7.10 외부(차량) 데이터 센터와 통신해 머신러닝 분류자를 오프보드 트레이닝

오프보드 트레이닝 비동기식 통신을 사용하는 분산 아키텍처를 기반으로
한다. 차량과 데이터 센터 간의 연결이 필요하지만, 소프트웨어 개발자가 트
레이닝 및 검증 프로세스를 제어할 수 있다. 또한 차량 소프트웨어의 전통적
인 업데이트(예, 공중파 업데이트[CLR+18])와 유사하다.

차량 전자 시스템은 오프보드 트레이닝에서 센서로부터 데이터를 수집
하고 데이터 집합을 만들어 데이터 센터로 전송하는 역할을 담당한다. 데이

터 센터는 여러 차량에서 데이터 집합을 수집해 분류자를 트레이닝하는 데 사용한다. 그런 다음 데이터 센터에서 새 버전의 분류기를 평가하고 테스트한다. 결과가 만족스러운 경우 차량은 업데이트된 분류기를 소프트웨어 업데이트로 수신한다.

오프보드 트레이닝 설정에는 여러 가지 이점이 있다. 첫째, 온보드 트레이닝보다 트레이닝 과정을 더 잘 제어할 수 있다. 소프트웨어 개발 조직(일반적으로 OEM)은 트레이닝이 만족스럽지 않을 경우(예. 정확도가 충분하지 않을 경우) 업데이트를 중지할 수 있다. 둘째, 각 차량에 TPU를 배치했을 때보다 TPU 용량이 훨씬 클 수 있기 때문에 데이터 센터를 사용하면 보다 고급 알고리듬을 사용할 수 있다. 또한 이러한 TPU가 데이터 센터에 있는 경우 유지 관리 비용이 더 저렴하다.

마지막으로, 알고리듬을 오프보드로 트레이닝할 때 트레이닝 알고리듬에 사용할 수 있는 데이터 집합은 개별 차량에 비해 훨씬 크다. 이는 분류자가 데이터 집합의 가변성을 처리할 수 있는 장비를 더 잘 갖추고 있으며 알고리듬의 결과가 운영 환경의 변화에 더 강력하다는 것을 뜻한다. 예를 들어 교육용 이미지 인식은 다양한 주행 시나리오(낮 대 밤, 유럽 대 미국 차선 표시)에서 더 정확하다.

하지만 몇 가시 난섬이 있다. 그중 하나가 사용자/고객 데이터를 데이터 센터로 전송하는 것이다. 개인 정보 보호 및 보안 문제를 해결해야 하며 OEM은 데이터가 개인에게 추적되지 않도록 해야 한다. 알고리듬이 여러 차량의 데이터 집합에 대해 트레이닝된다는 점도 문제점으로, 이는 분류자가 각 개별 차량에 특정되지 않고 일종의 중간 위치에 있다는 것을 의미한다.

7.8 자동차 소프트웨어에서 머신러닝을 이용할 때 과제

최근 몇 년 사이 인공지능과 머신러닝 방법이 인기를 끌고 있다. 이미지 인식의 발전은 효율적인 객체 인식의 기반을 닦았다. 이러한 개발은 크라우드소싱을 사용해 대규모 데이터 집합에 라벨을 지정하는 대기업의 이니셔티브

에 의해 가속화됐다. 이미지 '캡차captcha'가 나올 때마다 AI 알고리듬 학습에 도움을 준다.

딥 네트워크 일반화의 힘과 강화 학습의 힘을 결합한 딥 강화 학습의 개발도 있었다. 이를 통해 복잡한 문제를 해결하고 복잡한 컴퓨터 게임(예, StarCraft [VBC+19])에서 승리할 수 있었다.

그러나 현대 차량에서 머신러닝을 사용하는 데는 여전히 어려움이 있다. 트레이닝 및 안전 보장을 위한 고품질 데이터의 가용성이다.

데이터는 매우 중요하지만 제공 비용도 많이 든다. 데이터 라벨링, 소음 감소, 품질 보장은 수동으로 수행해야 하는 작업이다. 이를 위해 서비스를 제공하는 전문 기업이 있는데, 이는 데이터 제공에 사업 사례가 있음을 뜻한다. 비용이 많이 들지 않는 오픈 데이터가 어렵다는 뜻이기도 하다. 동시에 데이터를 트레이닝에 사용하는 것이 소프트웨어 성능에 영향을 미치기 때문에 차량 제조업체는 추적성과 법적 책임을 보장하고자 데이터 제공업체와 법적 계약을 체결해야 한다.

따라서 경험상, 올바른 라이선스로 고품질 데이터를 이용할 수 있는 것이 매우 중요하다. 이는 또한 자동차 분야에서 대규모로 머신러닝을 채택하기 위한 주요 장애물이기도 하다.

데이터 가용성뿐만 아니라 머신러닝을 안전하게 사용해 당면 과제를 해결해야 한다. 오늘날 시스템에서는 확률론적 추론(머신러닝)이 있고 공식적으로 검증하는 것이 거의 불가능한 경우 안전성 논증이 어렵다. ASIL 부품에서는 머신러닝 사용이 거의 불가능하다는 의미다. 오늘날 이것은 머신러닝 컴포넌트 주변의 안전 메커니즘을 사용해 해결한다(예, 안전 케이지). 이러한 메커니즘은 시스템을 안전하게 유지하는 데 도움이 되지만 머신러닝의 이점을 줄여 준다. 안전 케이지가 제어 권한을 넘겨받을 때 사전 정의된 경계를 사용하기 때문이다. 또한 전체적인 아키텍처 설계를 개발하고 복잡성을 도입하는 데 비용이 많이 든다.

따라서 머신러닝이 점점 인기를 얻고 있고 자동차 분야에서 이를 사용하기 시작하지만, 머신러닝의 잠재력을 최대한 발휘하기 전에 위의 과제를 해결해야 한다.

7.9 요약

자동차의 소프트웨어는 점점 더 보편화되고 있으며, 이로 인해 이러한 소프트웨어의 복잡성은 물론 더 많은 사용 사례를 처리해야 할 필요성이 커지고 있다. 자동차의 첫 번째 소프트웨어 컴포넌트는 엔진 또는 변속 장치를 제어하는 간단한 사용 사례를 다뤘다. 그곳에서 입력 데이터는 예측 가능하고 소수의 센서에 의해 제공됐다. 자동차에는 훨씬 더 많은 과정을 실행하는 컴퓨터가 100대 이상 있다. 이러한 프로세스 중 일부는 복잡한 사용 사례(예. 제동에 의한 충돌 방지)를 실현하는 코드를 실행한다.

사용 사례가 복잡해짐에 따라 소프트웨어도 복잡해진다. 소프트웨어는 다양한 상황에 적응해야 하고, 따라서 머신러닝은 자동차에 매력적인 기술이 된다. 그러나 소프트웨어 개발 노력이 알고리듬 개발에서 보정(머신러닝에서 '트레이닝'이라고 한다)으로 전환되는 데는 대가가 수반된다. 조달 비용에는 트레이닝 및 데이터 수집을 위한 주행 시간용 데이터인 새로운 게시물이 필요하다.

7장에서는 차량 소프트웨어의 일부로 머신러닝에 대해 알아봤다. 머신러닝의 기초, 특히 신경망을 이해하는 것으로 시작했다. 그런 다음 이미지 인식 및 최적화를 위한 머신러닝의 사용을 살펴봤다. 마지막으로, 머신러닝이 차량 소프트웨어 시스템에서 온보드 및 오프보드 방식으로 트레이닝되는 방법에 대해 알아봤다.

머신러닝이 자동차 소프트웨어의 면모를 변화시키고, 이를 통해 자동차 소프트웨어의 엔지니어링 방식도 변화시킬 것이라고 굳게 믿고 있다.

참고 문헌

CLR+18. Thomas Chowdhury, Eric Lesiuta, Kerianne Rikley, Chung-Wei Lin, Eunsuk Kang, BaekGyu Kim, Shinichi Shiraishi, Mark Lawford, and Alan Wassyng. Safe and secure automotive over-the-air updates. In *International Conference on Computer Safety, Reliability, and Security*, pages 172–187. Springer, 2018.

Dav17. Alex Davies. As Uber launches self-driving in sf, regulators shut it down. *Wired*, 2017(14), 2017.

FLC17. Fabio Falcini, Giuseppe Lami, and Alessandra Mitidieri Costanza. Deep learning in automotive software. *IEEE Software*, 34(3):56–63, 2017.

Gan17. Kuntal Ganguly. *Learning Generative Adversarial Networks: Next-generation Deep Learning Simplified*. Packt Publishing, 2017.

GDDM14. Ross Girshick, Jeff Donahue, Trevor Darrell, and Jitendra Malik. Rich feature hierarchies for accurate object detection and semantic segmentation. In *Proceedings of the IEEE conference on computer vision and pattern recognition*, pages 580–587, 2014.

Ger18. A Gereon. *Hands-on Machine Learning with Scikit-Learn and Tensor Flow*. OReily Media Inc., USA, 2018.

GLY95. Dan Ghica, Si Wei Lu, and Xiaobu Yuan. Recognition of traffic signs by artificial neural network. In *Proceedings of ICNN'95-International Conference on Neural Networks*, volume 3, pages 1444–1449. IEEE, 1995.

HGP+11. Karl Heckemann, Manuel Gesell, Thomas Pfister, Karsten Berns, Klaus Schneider, and Mario Trapp. Safe automotive software. In *International Conference on Knowledge-Based and Intelligent Information and Engineering Systems*, pages 167– 176. Springer, 2011.

KSH12. Alex Krizhevsky, Ilya Sutskever, and Geoffrey E Hinton. Imagenet classification with deep convolutional neural networks. In *Advances in neural information processing systems*, pages 1097–1105, 2012.

MK19. Michael Meyer and Georg Kuschk. Automotive radar dataset for deep learning based 3d object detection. In *2019 16th European Radar Conference (EuRAD)*, pages 129– 132. IEEE, 2019.

PBS19. Raphael Pfeffer, Kai Bredow, and Eric Sax. Trade-off analysis using synthetic training data for neural networks in the automotive development process. In *2019 IEEE Intelligent Transportation Systems Conference (ITSC)*, pages 4115–4120. IEEE, 2019.

PDCLO98. Raffaele Parisi, Elio D Di Claudio, G Lucarelli, and G Orlandi. Car plate recognition by neural networks and image processing. In *ISCAS'98. Proceedings of the 1998 IEEE International Symposium on Circuits and Systems (Cat. No. 98CH36187)*, volume 3, pages 195–198. IEEE, 1998.

RDGF16. Joseph Redmon, Santosh Divvala, Ross Girshick, and Ali Farhadi. You only look once: Unified, real-time object detection. In *Proceedings of the IEEE conference on computer vision and pattern recognition*, pages 779–788, 2016.

SG20. Martin Schleicher and Sorin Mihai Grigorescu. How neural networks change automotive software development. *ATZelectronics worldwide*, 15(1):18–24, 2020.

ST09. Sayanan Sivaraman and Mohan Manubhai Trivedi. Active learning based robust monocular vehicle detection for on-road safety systems. In *2009 IEEE intelligent vehicles symposium*, pages 399–404. IEEE, 2009.

Sta17. Miroslaw Staron. *Automotive software architectures*. Springer, 2017.

UVDSGS13. Jasper RR Uijlings, Koen EA Van De Sande, Theo Gevers, and Arnold WM Smeulders. Selective search for object recognition. *International journal of computer vision*, 104(2):154–171, 2013.

VBC+19. Oriol Vinyals, Igor Babuschkin, Wojciech M Czarnecki, Michaël Mathieu, Andrew Dudzik, Junyoung Chung, David H Choi, Richard Powell, Timo Ewalds, Petko Georgiev, et al. Grandmaster level in StarCraft II using multi-agent reinforcement learning. *Nature*, 575(7782):350–354, 2019.

ZWLL20. Yafu Zhou, Hantao Wang, Linhui Li, and Jing Lian. Bench calibration method for automotive electric motors based on deep reinforcement learning. *Journal of Intelligent & Fuzzy Systems*, (Preprint):1–20, 2020.

8

자동차 소프트웨어 아키텍처 평가

개요 8장에서 소프트웨어 아키텍처 품질을 평가하는 방법을 소개하고 그 중 하나인 ATAM에 대해 설명한다. 자동차 소프트웨어의 비기능적 특성에 대해 설명하고 의존성, 견고성, 신뢰성과 같은 특성을 평가하는 데 사용되는 방법을 검토한다. 이러한 특성을 논의할 때 ISO/IEC 25000 시리즈 표준에 따른다. 8장에서는 하드웨어와 소프트웨어의 통합과 이 통합의 영향과 관련된 문제도 다룬다. 독립 실행형 데스크톱 애플리케이션과의 차이점을 검토하고 이러한 차이점을 예를 들어 설명한다. 8장의 마지막 부분에서는 이러한 특성을 측정할 필요성에 대해 알아보고 소프트웨어 측정의 필요성을 소개한다.

8.1 소개

2장에서 설명한 바와 같이 좋은 아키텍처를 가지려면 아키텍처의 여러 단계와 수정이 필요하다. 아키텍처의 진화는 자연스러운 단계이므로 몇 가지 원칙에 따라 진행된다. 8장에서는 비기능적 요구 사항, 아키텍처 평가 방법과 같은 아키텍처의 발전을 주도하는 것에 대해 살펴본다.

이 프로세스 동안 아키텍트는 아키텍처의 어느 부분에 어떤 스타일을 사용해야 하는지에 대한 기본적인 것부터 자동차 통신 버스의 신호까지 아키텍처에 대한 수많은 결정을 한다. 이러한 모든 평가는 더 좋은 또는 더 나쁜 아키텍처로 이어지며 8장에서 소프트웨어 아키텍트가 직면하는 문제인 '내 아키텍처가 얼마나 좋은가?'에 중점을 둔다.

질문은 다소 간단하지만 그에 대한 대답은 여러 요인에 따라 달라지기 때문에 복잡하다. 복잡하게 만드는 주요 요인은 이 모든 요소의 균형을 맞춰야 할 필요성과 관련이 있다. 예를 들어 소프트웨어의 성능은 시스템 비용과 균형을 이뤄야 하며 확장성은 신뢰성 및 성능 등과 균형을 이뤄야 한다. 소프트웨어 시스템의 크기가 크기 때문에 아키텍처가 최적인지 아니면 충분히 좋은지에 대한 질문은 아키텍처를 평가하는 체계적인 방법에서 필요하다.

3장에서 소프트웨어의 기능에 대한 고객의 요구와 특정 품질 속성의 만족에 대한 필요성으로 요구 사항의 개념을 소개했다. 8장에서는 '자동차 소프트웨어 아키텍처에서 어떤 품질 속성이 중요한가?'와 '아키텍처가 이 요구 사항을 충족하는지 어떻게 평가하는지?'에 대한 질문에 대해 자세히 알아본다.

첫 번째 질문에 답하고자 제품 품질 영역에서 최신 소프트웨어 엔지니어링 표준인 ISO/ISE 25023(소프트웨어 품질 요구 사항과 평가 – 제품 품질, [ISO16b])을 검토한다. 표준 구성을 살펴보고 특히 제품 품질에 초점을 둔 표준에서 소프트웨어 품질이 설명되는 방식에 중점을 둔다.

아키텍처 평가에 대한 두 번째 질문에 답하고자 소프트웨어 아키텍처 품질을 평가하는 기술 중 하나인 AAM^{Architecture Trade-off Analysis Method}을 살펴본다. 이는 소프트웨어 아키텍처의 품질을 평가하는 여러 가지 기술 중 하나다.

이제 소프트웨어 품질이 무엇인지, 현대 소프트웨어 엔지니어링 표준에서 어떻게 정의가 되는지에 대한 질문을 더 깊게 살펴본다.

8.2 ISO/IEC 25000 품질 특성

소프트웨어 품질 영역에서 주요 표준 중 하나는 ISO/IEC 25000 시리즈인 SQuaRE^{Software Quality Requirements and Evaluation}[ISO16a]다. 이 표준은 같은 영역에 이전 표준인 ISO/IEC 9126[OC01]의 확장이다. 역사적으로 ISO/IEC 9126에서 소프트웨어 품질 개념의 관점은 신뢰성 또는 정확성과 같은 여러 하위 영역으로 구분됐다. 이 관점은 품질이 제품의 맥락(요구 사항, 운영 환경, 측정)과 관련돼야 하기 때문에 너무 제한적인 것으로 나타났다. 그래서 새로운 ISO/IEC 25000 시리즈 표준은 더 광범위하고 다른 표준과 명확한 관계가 있는 모듈러 아키텍처를 갖고 있다. 품질 특성으로 그룹화된 주요 품질 속성의 개요는 그림 8.1에 있다. 점선은 ISO/IEC 25000 시리즈의 일부가 아니라 또 다른 표준인 ISO/IEC 26262(도로 차량 기능 안전)의 특성이다.

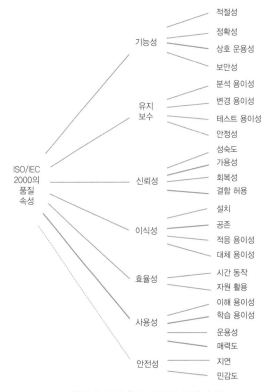

그림 8.1 ISO/IEC 25000 품질 속성

이 품질 특성은 요구 사항에 설명된 기능이 정확하게 충족하는지(기능)와 유지 보수하기 쉬운지(유지 보수 기능) 등 소프트웨어 품질의 다양한 측면을 설명한다. 그러나 자동차 소프트웨어 시스템과 같은 안전 중시 시스템의 품질 모델에서 가장 중요한 부분은 실제로 신뢰성 부분으로서 시스템, 제품 또는 컴포넌트가 특정 기간에 특정 조건하에서 특정 기능을 수행하는 정도와 같은 소프트웨어 시스템의 신뢰성을 정의한다[ISO16b].

8.2.1 신뢰성

공통적으로 이해하는 소프트웨어 시스템의 신뢰성은 일정 기간 시스템이 규격에 따라 동작할 수 있는 능력이다. 소프트웨어를 포함한 자동차의 컴퓨터 시스템이 양산 후 몇 년 동안 동작돼야 하기 때문에 이러한 특성은 중요하다. 자동차 컴퓨터 시스템은 파워트레인, 브레이크, 안전 메커니즘을 제어하면서 계속 동작해야 하기 때문에 '재설정'하는 기능은 매우 제한적이다.

신뢰성은 일반적인 품질 특성이고 그림 8.2에서 보여 주는 성숙도maturity, 가용성availability, 복구 성능recoverability, 결함 허용성fault tolerance과 같은 네 가지 하위 특성을 포함한다.

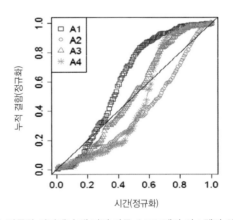

그림 8.2 자동차 영역에서 네 가지 다른 소프트웨어 시스템의 신뢰성 성장

성숙도는 시스템, 제품 또는 컴포넌트가 정상 동작 시 신뢰성 요구를 충족하는 정도로 정의된다. 이 개념은 시간 경과에 따른 소프트웨어 동작 방식,

즉 시간 경과에 따른 결함 수에 대한 곡선으로 자주 표시되는 소프트웨어 결함 수를 정의한다. [RSM+13]과 [RSB+16]의 그림 8.2를 참고한다.

이 그림은 소프트웨어 시스템의 설계 및 운영 중에 발견된 결함의 수가 개발 유형, 개발 중인 기능 유형, 소프트웨어 생명 주기 시간에 따라 다른 모양을 가질 수 있다는 것을 보여 준다. 개발 유형(3장 참고)은 소프트웨어를 테스트하는 방법과 시기를 결정하고 테스트에서 발견된 결함의 유형을 결정한다. 예를 들어 후기 테스트 단계는 더 심각한 결함을 발견하는 반면 초기 테스트 단계는 쉽게 고칠 수 있는 단순한 결함을 찾을 수 있다. 개발이 끝날 때까지 곡선을 평평하게 만들면 발견된 결함의 수가 줄어들수록 시스템의 성숙도가 높아진다. 즉 소프트웨어를 출시 및 배포할 준비가 된 것이다.

신뢰성의 또 다른 하위 특성은 시스템의 가용성으로 시스템, 제품 또는 컴포넌트가 동작하고 필요할 때 접근할 수 있는 정도로 정의된다. 이 정의는 필요할 때 사용할 수 있는 시스템의 능력이며 이는 일시적인 속성이다. 고가용성 시스템은 시간이 지남에 따라 항상 사용할 수 있는 것이 아니라 필요할 때 사용할 수 있어야 한다. 즉 이러한 시스템은 자주 다시 시작할 수 있으며 '다운타임downtime' 속성은 항상 사용할 수 있어야 하는 내결함성 시스템만큼 중요하지 않다는 것을 의미한다(예, 99.999% 시간, 즉 연간 4분간의 다운타임).

복구 성능은 '제품이나 시스템이 중단 또는 결함 시 직접 영향을 받는 데이터를 복구하고 시스템의 원하는 상태를 다시 설정할 수 있는 정도'로 정의된다. 이러한 품질 속성은 소프트웨어 자체가 결함으로부터 복구하고자 구조를 조정할 수 있는 자가 시스템(예, 자가 치유, 자가 적응, 자가 관리)에 대한 연구에서 자주 인용된다. 그러나 자동차 분야에서 자가 시스템의 메커니즘이 상태 간 전환이 안전하다고 공식적으로 입증돼야 하기 때문에 여전히 연구 단계에 있다. 유일한 예외는 시스템이 스스로 다시 시작하는 능력인데, 이는 결함에 대처하는 '마지막 수단' 메커니즘으로 사용돼 왔다.

결함 허용fault tolerance은 '하드웨어 또는 소프트웨어 결함이 있음에도 시스템, 제품 또는 컴포넌트가 의도한 대로 동작하는 정도'로 정의된다. 이 속성은 자동차 소프트웨어가 몇 개의 버스를 통해 통신하는 수십 개의 ECU에 분산된 수백 개의 소프트웨어 컴포넌트로 구성돼 있기 때문에 매우 중요

하다. 이 설정에는 무엇인가 잘못될 수밖에 없다. 그러므로 이 속성은 8.2.2
절에서 별도로 이야기한다.

8.2.2 결함 허용

결함 허용 또는 견고성은 '오류가 있을 때 컴퓨터 시스템이 작동할 수 있는
정도'의 개념[SM16]이다. 견고성은 자동차 소프트웨어 시스템이 런타임 중
에 문제(또는 오류)가 있더라도 줄어든 기능으로 동작해야 할 필요성이 있기
때문에 매우 중요하다.

자동차의 견고성을 나타내는 일반적인 징후의 예는 진단 시스템이 전원
라인에 문제가 있을 때 기능이 감소된 상태로 작동할 수 있는 능력이다. 많
은 현대의 자동차에서 진단 시스템은 배기 시스템 문제를 감지하고 (기능 저
하로) 엔진 출력을 줄이면서 여전히 자동차를 동작하게 한다. 운전자는 그림
8.3과 같이 계기판의 제어등control lamp을 통해서만 알 수 있다.

그림 8.3 파워트레인의 감소된 성능을 가리키는 엔진 확인 제어등, 볼보 XC70

그림 8.3에서 알 수 있듯이 소프트웨어 시스템(진단)은 문제를 감지하고
운전자가 계속 여행을 계속할 수 있도록 조치했다. 이는 결함에 대한 높은
견고성을 보여 준다.

8.2.3 신뢰성과 결함 허용을 성취하기 위한 메커니즘

결함 허용을 달성하는 전통적인 방법은 종종 시스템 설계의 하위 수준인 하드웨어에서 발견된다. 컴퓨터 시스템에 사용되는 ECU는 결함이 있는 컴포넌트가 있는 경우 시스템의 동작을 보장하고자 하드웨어 중복성 및 결함 방지 메커니즘에 의존할 수 있다. 그러나 이 접근 방식은 자동차의 전자 시스템을 복제할 수 없고 하드웨어 중복이 가능하지 않기 때문에 종종 자동차 소프트웨어에서 실현 불가능한 경우가 많다. 대신 소프트웨어 시스템 설계자들은 일반적으로 컴포넌트 중 하나에 결함이 생기면 동일한(또는 유사한) 정보를 얻고자 다른 센서의 데이터를 이용하기도 한다.

현대 소프트웨어에서 사용하는 주요 메커니즘 중 하나는 정상적인 성능 저하 메커니즘이다. 셸턴Shelton과 쿠프만Koopman[SK03]은 특정 기능적 및 비기능적 기능을 제공하는 시스템의 능력에 대한 척도로 정상적인 성능 저하를 정의했다. 모든 컴포넌트가 제대로 작동하는 시스템이 최대 효용성을 가지며 하나 이상의 컴포넌트에 결함이 있으면 기능이 저하되는 것을 보여준다. '개발 컴포넌트 결함이 총체적 결함의 심각성에 비례해 시스템의 효용성을 감소시키면 시스템의 성능이 정상적으로 저하된다'고 주장한다. 아키텍처의 경우 다음과 같은 의사결정이 우선시돼야 하는 것을 뜻한다.

- **단일 결함 지점 없음** – 어떤 컴포넌트도 다른 컴포넌트의 동작에만 전적으로 의존해서는 안 된다는 것을 뜻한다. 서비스 지향 아키텍처와 미들웨어 아키텍처는 종종 단일 결함 지점이 없다.
- **문제 진단** – 자동차의 진단은 컴포넌트의 오작동을 감지할 수 있어야 하므로 하트비트heartbeat 동기화와 같은 메커니즘을 구현해야 한다. 계층화된 아키텍처는 별도의 두 계층(하나는 기능 처리이고 다른 하나는 모니터링)을 구축할 수 있게 하기 때문에 진단 기능을 지원한다.
- **교착 상태 대신 시간 초과** – 다른 컴포넌트에서 데이터를 기다릴 때 동작 중인 컴포넌트는 일정 시간 이후 동작을 중단할 수 있어야 하며, 통신에 문제가 있음을 진단에 알릴 수 있어야 한다. 서비스 지향 아키텍처는 제한 시간 모니터링을 위한 기본 메커니즘이 있다.

이러한 결정의 우선순위를 지정하면 컴포넌트의 단일 결함에도 전체 시스템을 동작하게 하고 수동 중재(예, 결함이 있는 컴포넌트를 대체하기 위한 작업장 방문)의 필요성을 알리는 아키텍처로 이어져야 한다.

결함 허용 소프트웨어를 달성하기 위한 설계 원칙은 다음과 같은 설계 및 런타임 오류의 위험을 줄이는 프로그래밍 메커니즘을 사용하는 것이다.

- **프로그래밍 시 정적 변수 사용** – 힙^{heap}에 동적으로 변수를 할당하는 대신 정적 변수를 사용하면 원자적 쓰기/읽기 연산$^{atomic\ write/read\ operation}$을 활용할 수 있다. 힙에서 메모리 주소를 동적으로 지정할 때 읽기/쓰기 연산은 최소 두 단계(메모리 주소 읽기, 주소 쓰기/읽기)가 필요하며, 이는 다중 스레드 프로그램 또는 인터럽트를 사용할 때 위협을 일으킬 수 있다.
- **통신을 위한 안전 비트 사용** – 모든 유형의 통신에는 잘못된 입력을 기반으로 하는 소프트웨어 컴포넌트의 동작을 방지하고 이에 따른 오류 전파를 방지하고자 이른바 안전 비트$^{safety\ bit}$ 및 체크섬^{checksum}이 있어야 한다.

자동차 산업에서 MISRA-C 표준을 채택했다. 여기에서 C 프로그래밍 언어[AC08]로 컴퓨터 프로그램 설계에 대한 세부 사항은 7장에서 설명했다.

그러나 소프트웨어 아키텍처는 추상적이고 테스트할 수 없기 때문에 아키텍처에 대한 평가는 모델로서의 설명을 기반으로 종종 수동으로 수행돼야 한다.

8.3 아키텍처 평가 방법

시스템 품질에 대한 논의로 서로 다른 품질 특성의 균형을 맞출 필요가 있다. 이 균형을 평가하고자 소프트웨어 평가 기법의 예를 살펴본다.

아키텍처 평가의 목표는 사례마다 아키텍처 원칙에 대한 일반적인 이해부터 소프트웨어 아키텍처에 관련된 특정 위험의 탐색에 이르기까지 다를 수 있다. 오늘날 가장 인기 있는 아키텍처 분석 방법의 종류와 이유를 살펴본다.

올루모핀^{Olumofin}[OM05]이 조사한 아키텍처 분석에 사용되는 기술은 다음과 같다.

1. **고장 모드와 영향 분석**$^{FMEA, Failure Mode and Effect Analysis}$ – 시스템의 고장 위험의 관점에서 소프트웨어 설계(아키텍처 포함)를 분석하는 방법. 이 방법은 가장 일반적인 방법 중 하나이며 (전문가 분석에 기반한) 완전 정성적 형식이거나 고장 모델링을 위한 수학적 공식을 사용해 정성적 전문가 분석과 정량적 고장 분석의 조합으로 제공될 수 있다.

2. **아키텍처 트레이드오프 분석 방법**$^{ATAM, Architecture Trade-off Analysis Method}$ – 시스템의 품질 목표 관점에서 소프트웨어 아키텍처를 평가하는 방법. 시나리오 관점에서 아키텍처에 대한 전문가 검토를 기반으로 한다.

3. **소프트웨어 아키텍처 분석 방법**$^{SAAM, Software Architecture Analysis Method}$ – ATAM 보다 먼저 나온 분석 방법으로 다른 유형의 수정 가능성, 이식성, 확장성 관점에서 소프트웨어 아키텍처를 평가하는 방법. 이 방법은 SAAMCS$^{SAAM Founded on Complex Scenario}$, ESAAMI$^{Extending SAAM by Integration in the Domain}$, SAAMER$^{Software Architecture Analysis Method for Evolution and Reusability}$ 등과 같은 다양한 변형이 있다.

4. **아키텍처 수준 수정 가능성 분석**$^{ALMA - Architecture Level Modifiability Analysis}$ – 소프트웨어 아키텍처의 지속적인 수정에 견딜 수 있는 능력을 평가하는 방법[BLBvV04].

위 평가 방법은 시스템이 실제로 구현되기 전에 시스템 아키텍처에 대한 판단을 해야 하는 소프트웨어 아키텍트를 위한 중요한 방법 포트폴리오를 구성한다. 간단한 작업처럼 보이지만 실제로 제대로 수행하려면 많은 기술과 경험이 필요하다.

기술과 경험에 대한 필요성의 예는 구현되기 전에 시스템 성능을 평가하는 것이다. 자동차에서 소프트웨어 시스템을 설계할 때 통신 채널 성능은 CAN 버스 대역폭의 일반적인 제한과 같은 병목이 종종 발생한다. 따라서 대역폭을 많이 사용하는 컴포넌트와 기능을 새로 추가하려면 해당 기능을 사용하는 시나리오와 전체 시스템의 분석이 모두 필요하다. 간단한 예제로 오늘날 프리미엄 차량에 사용되는 후진 시 차량 뒷부분의 비디오를 보여 주는 기능을 들 수 있다. 그림 8.4는 계기판에 있는 이 기능을 보여 준다.

그림 8.4 후진 중 차량 뒤쪽의 시야를 보여 주는 주차 보조 카메라, 볼보 XC70

카메라를 전자 시스템에 추가하면 차량의 후면에서 차량 전면으로 전송되는 데이터의 양은 크게 증가한다(카메라의 해상도에 따라 최대 1Mbit/s까지 될 수 있다). 데이터가 실시간으로 전송되기 때문에 통신 버스는 비디오 데이터와 주차 보조 센서와 같은 센서에서의 신호 사이에 지속적으로 우선순위를 정해야 한다.

이 시나리오에서 아키텍트는 다음 질문에 대한 답을 해야 한다. 주차 지원과 같은 안전에 중요한 기능을 해치지 않고 전자 시스템에 카메라 컴포넌트를 추가할 수 있을까?

8.4 ATAM

ATAM은 1990년대에 미국 국방부의 요구로 초기 개발 단계(예, 시스템 구현 이전)에서 소프트웨어 시스템의 품질을 평가할 수 있도록 하고자 설계됐다. ATAM의 기원은 카즈만^{Kazman} 등[KKBC98]의 간행물에 있는 Software Engineering Institute에 있다. 질문들에 답변할 수 있도록 사용할 수 있는 ATAM 방법은 [KKC00]을 기반으로 한다.

> 아키텍처 트레이드오프 분석 방법^{ATAM}은 품질 속성 목표와 관련해 소프트웨어 아키텍처를 평가하는 방법이다. ATAM 평가는 조직의 비즈니스 목표 달성을 잠재적으로 방해하는 아키텍처적 위험을 찾아낸다. ATAM은 아키텍처가 특정 품질 목표를 얼마나 잘 충족하는지 보여 줄 뿐 아니라 이러한 품질 목표가 서로 어떻게 상호 작용하고 서로 어떻게 균형을 이루는지에 대한 통찰력을 제공하기 때문에 그 이름이 지어졌다.

위의 정의에서 강조한 것처럼 ATAM은 시스템 품질, 즉 성능, 가용성, 신뢰성(결함 허용) 및 ISO/IEC 25000(또는 다른 품질 모델)의 다른 품질 특성에 대한 비기능 요구 사항과 연관된다.

8.4.1 ATAM 단계

ATAM은 소프트웨어 검사에 사용되는 판독 기법과 유사한 단계적 방법이다(예, 관점 기반 판독 [LD97] 또는 체크리스트 기반 판독 [TRW03]). 그 단계는 다음과 같다([KKC00] 이후).

1단계: ATAM 소개. 아키텍트 팀은 이해 관계자(아키텍트, 설계자, 테스터, 제품 관리자)에게 ATAM 방법을 소개한다. 소개는 평가 원칙, 평가 시나리오, **목표**(예, 우선순위를 정해야 하는 품질 특성)를 설명해야 한다.

2단계: 비즈니스 소개. 평가 목적을 제시한 후, 아키텍처의 비즈니스 목적을 소개한다. 이 단계에서 다루는 주제는 (1) 시스템의 주요 기능(예, 신차 기능), (2) 이 기능 이면에 있는 비즈니스 및 옵션(예, 모든 모델에 포함돼야 하는 기능과 선택돼야 하는 기능), **아키텍처 및 주요 원칙**(예, 확장성 대비 성능, 비용 대비 유지 보수성) 이면에 비즈니스 사례가 포함돼야 한다.

3단계: 아키텍처 소개. 아키텍처는 평가하기에 충분한 수준으로 자세히 설명돼야 한다. ATAM 방법의 설계자는 특정 수준의 세부 사항을 제안하지 않지만 아키텍트는 아키텍처 모델의 판독을 가이드(예. 아키텍처 모델의 판독을 어디서 시작하고 끝내는지 보여 준다)하는 것이 관례다.

4단계: 아키텍처 접근법 식별. 아키텍트는 분석팀에게 아키텍처 스타일을 소개하고 이 접근법 이면에 있는 고수준 근거를 제시한다.

5단계: 품질 속성 유틸리티 트리 작성. 평가 팀은 시나리오, 자극, 응답으로 지정된 관련 품질 요소를 결합해 시스템 유틸리티 측정 트리를 구성한다.

6단계: 아키텍처 접근법 분석. 평가 팀은 5단계에서 우선순위가 지정된 시나리오 그리고 이 시나리오와 해당 품질 특성을 다루는 아키텍처 접근 방식을 기반으로 아키텍처를 보는 실제 평가 단계다. 이 단계에서 아키텍처적 위험, 민감도 지점, 절충점을 식별한다.

7단계: 브레인스토밍과 시나리오 우선순위 결정. 아키텍처 접근법의 초기 분석이 완료되면 평가 팀에서 도출된 많은 시나리오와 민감도 지점이 있다. 따라서 아키텍처의 추가 분석을 위해 우선순위를 정해야 한다. 100달러 기술, 계획 게임, 분석 계층 프로세스는 이 단계에서 유용한 우선순위 지정 기술이다.

8단계: 아키텍처 접근법 분석. 팀은 우선순위가 높은 시나리오를 중점으로 6단계의 분석을 반복한다. 결과는 다시 위험, 민감도 지점, 절충점의 목록이다.

9단계: 결과 보고. 분석이 끝나면 팀은 아키텍처에서 발견된 위험, 민감도 지점, 비위험성, 절충점에 대한 보고서를 작성하고 제공한다.

분석 결과의 품질은 아키텍처 문서 품질(완전성 및 정확성), 시나리오 품질, 분석에 사용된 템플릿, 평가 팀의 경험 등 분석에 따라 결정된다.

8.4.2 자동차에서 ATAM 사용 시나리오

ATAM은 평가 팀이 시나리오를 식별할 수 있는 확장 가능한 방법이고 이를 적극 권장한다. 여기서 평가 팀을 가이드하고자 영감을 주는 시나리오를 제시한다. 여기서는 베이스Bass 등[BMC01]이 제시한 시나리오 예제를 기반으로 하고 자동차 소프트웨어의 평가에 중요한 시나리오를 제시한다. 이 시나리오를 일반적인 용어와 간결한 문자 형식으로 보여 준다. 베이스 등이 제시한 접근법으로 품질 특성을 분류한다.

8.4.2.1 수정 가능성

ATAM의 기원으로 거슬러 올라가 일련의 시나리오로 시작해 소프트웨어 아키텍처의 작업에 대한 주요 과제 중 하나를 이야기한다. 아키텍처 설계는 얼마나 확장성 있고 수정 가능한가?

일부 시나리오는 제품 설계(또는 내부 품질)에 영향을 미치고 일부는 외부 품질에 영향을 미친다는 점에 유의해야 한다. 수정 가능한 시나리오는 제품의 내부 품질에 영향을 미친다.

시나리오 1: 시스템 기능을 변경하라는 요청이 온다. 변경 사항은 새로운 기능을 추가하거나 기존 기능을 수정하거나 기능을 삭제하는 것이다 [BM+01].

시나리오 2: 컴포넌트 중 하나를 변경하라는 요청이 온다(예, 기술 변화로 인해). 이 시나리오는 다른 컴포넌트가 변경 사항에 영향받는 것을 고려해야 한다.

시나리오 3: 고객은 다른 기능을 가진 다른 시스템을 원하지만 동일한 소프트웨어를 사용하므로 시스템이 높은 가변성을 갖도록 만들어야 한다 [BM+01].

시나리오 4: 새로운 배기가스 법: 지속적으로 변하는 환경 법률은 환경 영향을 줄이고자 시스템을 조정해야 한다[BM+01].

시나리오 5: 더 단순한 엔진 모델: 소프트웨어 엔진 모델을 저비용 시장을 위한 간단한 경험적 접근법으로 대체한다[BM+01].

시나리오 6: 추가 ECU가 자동차 네트워크에 추가되고 새로운 메시지는 기존 네트워크를 통해 전송된다. 이 시나리오에서 새로운 메시지가 전체 시스템의 성능에 얼마나 영향을 미치는지 알아야 한다.

시나리오 7: 업데이트 후 기존 ECU는 새로운 메시지 유형을 추가한다. 동일한 메시지이지만 현재 처리하지 않도록 설정된 추가 필드가 있다([BM+01] 기준).

시나리오 8: 새로운 오토사 버전이 적용되고 기반 소프트웨어 업데이트가 필요하다. 기존 컴포넌트에 필요한 수정 회수와 관련해 새로운 버전의 영향을 알아야 한다.

시나리오 9: 메모리 감소: 엔진 컨트롤러를 개발하는 동안 고객은 칩에 플래시 ROM을 줄여 비용을 절감해야 한다고 요구한다([BM+01]에서 적용). 이 감소가 시스템 성능에 미치는 영향을 알아야 한다.

시나리오 10: 연속 구동기: 1개월 내에 온/오프 구동기를 연속 구동기로 변경한다. 이 변경이 모델의 행동에 미치는 영향을 알아야 한다[BM+01].

시나리오 11: 1대의 자동차에 하이브리드 엔진처럼 다양한 엔진 유형이 공존한다. 전자 시스템에 어떻게 적용하고 안전에 중요하지 않은 기능과 안전에 중요한 기능을 분리하는 방법을 알아야 한다.

8.4.2.2 가용성과 신뢰성

가용성과 신뢰성 시나리오는 제품의 외부 품질에 영향을 미치므로 충족되지 않은 성능 요구 사항(비기능 요구 사항)으로 인한 잠재적 결함을 추론할 수 있다.

시나리오 12: 결함이 발생하고 시스템은 사용자에게 알린다. 시스템은 성능이 계속 저하될 수 있다. 어떤 정상적인 성능 저하 메커니즘이 있는가?([BM+01] 기준)

시나리오 13: 타사 또는 시스템에 통합된 COTS 소프트웨어에 존재하는 소프트웨어 오류를 감지해 안전 분석을 수행한다[BM+01].

8.4.2.3 성능

성능 시나리오도 제품의 외부 품질에 영향을 미치고 성능 요구 사항을 충족하는 시스템 능력을 추론할 수 있다.

시나리오 14: 자동차 시동을 걸고 5초 내에 시스템을 활성화한다([BM$^+$01]에서 적용).

시나리오 15: 지정된 자원 요구로 이벤트가 초기화되고 주어진 시간 간격 내에 이벤트가 완료돼야 한다[BM$^+$01].

시나리오 16: 모든 센서를 동시에 사용해 혼잡이 발생해 안전에 중요한 신호가 손실된다.

8.4.2.4 커스텀 시나리오 개발

ATAM 평가 중에 평가 그룹에 표준 시나리오와 사용자 지정 시나리오를 결합하는 것은 일반적이다. ATAM에 대한 문헌은 사용자 지정 시나리오를 만들어 평가에 사용하도록 권장하므로 시나리오 개발에 도움이 될 수 있는 몇 가지 핵심 사항을 나열한다.

시나리오는 품질 모델의 선택/우선순위 품질 속성 및 회사의 비즈니스 모델 모두 관련 있어야 한다. 제품 개발의 경계를 충족하는지 확인하고자 아키텍처 평가를 수행하는 것이 중요하다. 제품 라인 평가의 BAPO^{Business Architecture Process and Organization} 모델[LSR07]을 사용해 링크를 만들 수 있다.

시나리오에 적용되는 기준은 평가 팀과 조직에 명확해야 한다. 모든 이해관계자가 평가 상황에서 '좋음', '나쁨', '불충분', '충분'이 무엇을 의미하는지 이해하는 것은 중요하다. 측정이나 체크리스트를 잘 지원하지 않으면 평가에 사용된 메커니즘에 대한 세부적인 논의에 갇히기 쉽다.

사용자 정의 시나리오를 정의할 때 그림 8.5에 표시된 요소를 가진 표의 도움말을 볼 수 있다.

항목	입력 가능 값
소스	시나리오를 초기화하는 아키텍처 요소에 대한 설명
자극	자극 신호 또는 시나리오의 컴포넌트
대상	시나리오에 영향을 받는 아키텍처 요소
환경	자극이 발생할 때 환경을 설명
반응	자극을 받은 후 관찰된 예상 결과에 대한 설명
측정	시나리오가 성공할 경우 도움이 될 수 있는 정량화 가능한 측정

그림 8.5 사용자 정의 시나리오를 정의한 템플릿

8.4.3 ATAM 평가에 사용되는 템플릿

ATAM 평가에 필요한 첫 번째 템플릿은 시나리오를 구체화하는 템플릿이다. 이 예제 시나리오 템플릿은 그림 8.6에 있다.

시나리오 ID	식별하기 위한 시나리오 고유 ID, 이후 품질 특성과 요구 사항에서 시나리오를 연결하는 데 사용한다.
자극	시나리오에 자극. 예를 들어 시나리오에 관심 있는 이벤트 또는 활동의 종류. 예, 메인 캔(CAN) 버스에 후방 카메라 추가
반응	시나리오에 관심의 결과. 예, 버스상에 신호 혼잡과 주차 보조 센서에서 안전에 중요한 신호 손실을 발생시킨다.
요구 사항	성능 또는 다른 비기능적 특성과 같은 아키텍처의 요구 사항에 시나리오 연결.
품질 특성	수정 가능성, 안전과 같은 품질 특성 중 하나에 시나리오를 연결
텍스트 버전 (선택 사항)	한 문장으로 자극과 반응의 조합. 예, '메인 캔 버스에 새로운 후방 카메라를 추가하는 것은 버스상에 신호 혼잡을 유발해 안전에 중요한 신호를 손실시킬 수 있다.'

그림 8.6 ATAM에서 시나리오 설명을 위한 템플릿

ATAM 평가가 완료된 후 필요한 템플릿 중 하나는 결과와 프레젠테이션에 포함돼야 하는 위험 설명 템플릿이다. 예제 템플릿은 그림 8.7에 있다.

위험 ID	위험 식별을 위한 고유 ID
설명	위험 소스를 포함한 위험에 대한 자세한 설명
소스/민감도 지점	위험 소스 설명. 이 필드는 해당 위험의 소스가 되는 아키텍처 요소에 대한 참조가 포함돼 있어야 한다. 소프트웨어 시스템의 안전성 평가에 필요한 자세한 참조는 중요하다.
영향	시나리오에 대한 위험의 영향, 시스템 품질 특성 및 궁극적으로 시스템 사용에 대한 설명. 시스템의 안전에 중요한 기능과 관련된 위험 (예, 소스 컴포넌트에 ASIL D를 할당할 때)에 대해, 이 영향은 적절한 ASIL 수준 요구 사항과 관련돼야 한다.
민감도	위험에 대한 민감도, 일반적으로 최소 1에서 심각한 것 5까지
확률	이 위험이 런타임 시스템에서 나타날 확률. 일반적으로 가능성이 매우 낮음 1에서 특정 수준 5까지

그림 8.7 ATAM에 있는 위험 설명을 위한 템플릿

ATAM 결과의 또 다른 부분은 아키텍처에 있는 민감도 지점이다. 민감도 지점을 소프트웨어 엔지니어링 기관에서는 다음과 같이 정의한다.

특정 품질 속성 반응을 달성하는 데 중요한 하나 이상의 컴포넌트(와/또는 컴포넌트 관계) 속성. 민감도 지점은 특정 아키텍처에서 특정 반응 측정이 특히 민감한 위치다(즉 약간의 변경이 큰 영향을 미칠 가능성이 있다). 전략과 달리 민감도는 특정 시스템의 속성이다.

트레이드오프 템플릿은 그림 8.8에 있다.

트레이드오프 ID	트레이드오프 ID
품질 특성 1	트레이드오프의 일부인 첫 번째 특성
품질 특성 2	트레이드오프의 일부인 두 번째 특성
민감도 지점	트레이드오프를 발생시키는 소프트웨어 아키텍처의 민감도 지점
트레이드오프 설명	트레이드오프 이면에 있는 이론적 근거와 추론에 대한 설명. 평가 팀은 트레이드오프에 식별된 이유와 품질 특성을 해결하기 위한 아키텍처의 변경이 다른 특성에 미치는 영향을 설명해야 한다.

그림 8.8 ATAM 분석 후 식별된 트레이드오프에 대한 설명을 위한 템플릿

8.5 ATAM 적용 예제

이제 ATAM 요소와 그 프로세스를 검토했으므로 후방 카메라와 관련된 기능을 자동차의 후면 범퍼에 배치하는 예를 사용해 ATAM 분석을 설명한다. 8장에서 ATAM을 소개했으므로 비즈니스 드라이버 소개부터 시작한다.

8.5.1 비즈니스 드라이버 프레젠테이션

이 아키텍처에서 주요 비즈니스 드라이버는 높은 안전 등급을 달성하는 것이다.

8.5.2 아키텍처 프레젠테이션

먼저 그림 8.9에 있는 자동차 기능 아키텍처를 살펴본다.

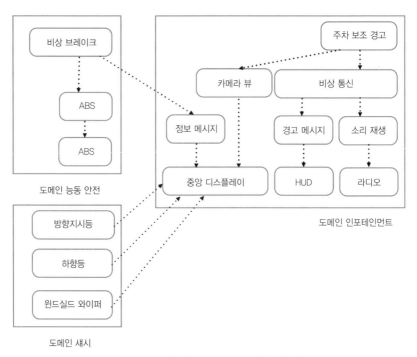

그림 8.9 예제에서 아키텍처의 기능 의존성

카메라 기능성에 중점을 두고 있어서 능동적 안전 및 인포테인먼트 영역의 주요 기능만 포함한다. 그림에 표시된 기능은 활성 안전 영역에서 제동 및 ABS의 기본 기능과 화면에 정보 표시(메인 화면과 헤드업 디스플레이$^{HUD, Head-Up Display}$ 모두)를 나타낸다.

이제 자동차 전자 시스템의 단순한 아키텍처, 즉 아키텍처 물리 뷰를 소개한다. 이 물리 뷰는 그림 8.10에서 보여 준다.

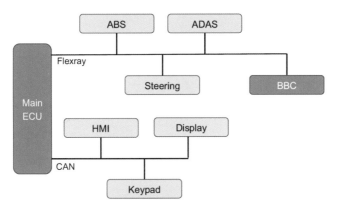

그림 8.10 예제에서 아키텍처의 물리 뷰

예제 아키텍처에서 두 가지 버스를 보여 준다.

- **CAN 버스**: 인포테인먼트 도메인과 관련된 ECU 연결
- **flexray 버스**: 안전 도메인과 섀시 도메인과 관련된 ECU 연결

다음 ECU도 보여 준다.

- **메인 ECU**: 자동의 주 컴퓨터, 자동차의 설정 제어, 전자 장치 초기화 및 전체 시스템 진단. (이 예제에서) 메인 ECU는 자동차에서 가장 큰 메모리와 함께 가장 강력한 컴퓨팅 유닛을 갖고 있다.
- **ABS**$^{Anti-locking Brake System}$: 제동 시스템 및 관련 기능을 담당하는 제어 장치. 가장 높은 안전 무결성 수준 소프트웨어만 있는 안전에 매우 중요한 장치다.
- **ADAS**$^{Advanced Driver Assistance and Support}$: 제동에 의한 충돌 방지, 비상 제동 및 미끄럼 방지와 같은 능동적 안전에 관해 더 높은 수준의 결정을 담

당하는 제어 장치. 주차 지원과 같은 기능도 담당한다.

- **조향** steering: 전기 서보와 같은 조향 기능을 담당하는 제어 유닛. 또한 기능 또는 주차 보조의 일부를 제어한다.

- **BBC**Back Body Controller: 어둡지 않은 조명, 방향지시등(후면) 켜고 끄기, 트렁크의 전자적 개방과 같이 차량 후면에 관련된 안전이 중요하지 않은 기능을 제어하는 장치

아키텍처의 논리 뷰에서는 아키텍처 분석을 수행하는 데 필요한 정보 표시 및 카메라 장치의 처리에 사용되는 주요 컴포넌트를 표시하는 데 중점을 둔다. 그림 8.11에서 시스템의 논리적 아키텍처를 소개한다.

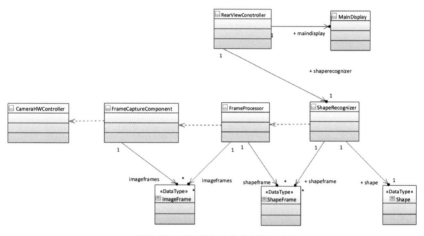

그림 8.11 예제에서 아키텍처의 논리 뷰

마지막으로 그림 8.12에서와 같이 대부분의 처리가 BBC 노드에서 이뤄지는 아키텍처의 잠재적 배치 대안을 보여 준다.

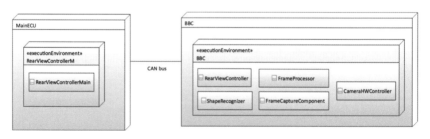

그림 8.12 예제에서 첫 번째 배치 대안

8.5.3 아키텍처 접근 방식 식별

이 예제에서 대상 ECU에 소프트웨어 컴포넌트를 배치하는 데 중점을 둔다. 또한 물리적 아키텍처(하드웨어)는 변경되지 않으므로 자동차 전자 시스템의 소프트웨어 관점에서 분석한다. 대안으로 메인 ECU와 BBC 사이에 컴포넌트를 나누는 대신 메인 ECU에 모든 프로세스를 배치하는 것을 고려해 본다. 그림 8.13에서 이것을 보여 준다. 여기서 이미지 처리가 주요 기능이기 때문에 지배적인 아키텍처 스타일은 파이프와 필터 아키텍처다. 자동차 전자 시스템은 능동적 안전의 고급 메커니즘(예, 소프트웨어에 의해 제어)을 지원해야 하고 어떤 메커니즘도 다른 메커니즘을 방해해 안전을 위협하지 않도록 해야 한다.

이후 고려 사항에서 두 대안을 살펴보고 원하는 품질 목표를 지원하고자 어떤 대안을 선택해야 하는지(아키텍트가 품질 속성 트리를 고려해 어떤 결정을 내려야 하는지) 결정해야 한다.

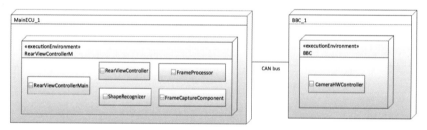

그림 8.13 예제에서 두 번째 배치 대안

8.5.4 품질 속성 트리와 시나리오 식별 생성

이 예제에서 서로 보완하는 두 가지 시나리오를 고려한다. 8장의 앞부분에 제시된 각 품질 속성에 대해 더 많은 것을 생성할 수 있지만 안전 속성에 중점을 둔다. 즉 후진 및 카메라 사용시 CAN 버스에 혼잡이 발생하는 시나리오와 비디오 피드를 컴퓨팅하는 것이 앞유리 와이퍼 및 하향등의 작동과 같은 다른 기능을 방해할 수 있는 경우 메인 ECU에 과부하가 걸리는 시나리오에 중점을 둔다. 시나리오 설명 템플릿을 사용해 그림 8.14의 시나리오를 개략적으로 보여 줄 수 있다.

항목	입력 가능 값
소스	후방 카메라
자극	카메라 피드
대상	메인 ECU, BBC ECU, CAN 버스
환경	후진 차
응답	비디오 데이터를 처리하고 화면에 보여 준다.
측정	실시간으로 비디오가 표시되고 주차 센서의 안전 신호가 손실되지 않는다.

그림 8.14 자극, 반응, 환경, 측정으로 설명한 시나리오

또한 그림 8.15에 제시된 첫 번째 시나리오를 완전히 설명한다.

시나리오 ID	SC1: 후진 중 버스의 혼잡으로 안전에 중요한 신호가 목적지에 도달하지 못한다.
자극	이 시나리오는 자동차가 후진하는 동안 후방 카메라에서의 비디오 피드는 용량을 너무 많이 사용하고 통신 버스가 주차 센서에서 신호를 중계(송신)할 수 없다는 것이다. 시나리오에서 평가해야 할 주요 질문은 어떤 종류의 소프트웨어 배치가 자동차 소프트웨어의 안정성에 가장 낮은 영향을 미치는가다.
반응	• 두 아키텍처 배치에 대한 잠재적 혼잡 분석 • 각 해결 방법의 기능에 대한 제약 목록
요구 사항	'아키텍처는 안전에 중요한 신호를 언제든 주고받을 수 있어야 한다.'
품질 특성	안전: 이 시나리오에서 소프트웨어의 특정 아키텍처가 버스 혼잡 및 잠재적인 신호 손실을 일으키지 않는다는 것을 알아야 한다.
텍스트 버전 (선택 사항)	자동차가 후진할 때 카메라의 비디오 피드는 주차 센서가 신호를 메인 ECU로 보내는 것을 줄어들게 할 수 있으므로 운전자에게 잠재적 충돌에 대해 경고하지 못한다.

그림 8.15 통신 버스상 혼잡 시나리오

이 시나리오에서 후방 카메라의 안전 관점에 관심이 있다. 비디오 피드하는 데이터 전송이 BBC 컴퓨터와 메인 ECU를 연결하는 CAN 버스의 용량에 어떤 영향을 미치는지 알아야 한다. 따라서 BBC와 메인 ECU에 비디오 처리 기능을 배치하는 두 대안적인 아키텍처 결정을 고려해야 한다. 어떤 배치도 새로운 하드웨어를 추가하지 않기 때문에 전체적으로 전자 시스템의 성능에 영향을 미치지 않는다고 가정한다.[1] 이를 보완하는 시나리오가 있다 (그림 8.16 참고).

---

[1] 이 가정은 물리적 아키텍처를 고려할 필요가 없지만 아키텍처 논리/배치 뷰에만 중점을 둘 수 있으므로 분석을 단순화한다.

시나리오 ID	SC2: 심각한 기상 조건으로 인해 메인 프로세스의 과부하는 비디오 피드의 품질을 저하시킨다.
자극	이 시나리오는 메인 ECU가 앞유리 와이퍼 조향, 조명 작동, 비디오 피드를 처리하는 심각한 기상(비/눈) 조건에서 ECU의 처리 능력이 모든 계산을 하는 데 충분하지 않을 수 있다.
반응	• 두 아키텍처 배치에 대한 잠재적 처리 능력 분석 • 각 해결 방법의 기능에 대한 제약 목록
요구 사항	'자동차는 모든 기상 조건에서 후진하는 동안 후방 카메라에서 비디오 피드를 제공해야 한다.'
품질 특성	성능: 이 시나리오에서 소프트웨어의 특정 아키텍처가 컴퓨터의 과부하로 인해 비디오 피드의 품질을 떨어뜨리지 말아야 한다.
텍스트 버전 (선택 사항)	심각한 기상 조건에서 후진할 때 자동차 ECU에서 계산이 과부하가 걸릴 수 있으므로 비디오 피드 처리에 관련된 모든 계산을 처리할 수 없다.

그림 8.16 메인 ECU의 과부하 시나리오

두 시나리오를 모두 포함하는 이유는 노드에 기능을 배치하는 데에 대한 추론의 다른 가능성을 보여 주기 때문이다.

품질 속성 유틸리티 트리는 성능과 안전이라는 두 가지 속성에 연결된 이 두 시나리오로 구성된다. 이 두 시나리오는 그림 8.17에 표시된 것처럼 유틸리티 트리에서 높은 (H)로 순위가 매겨진다.

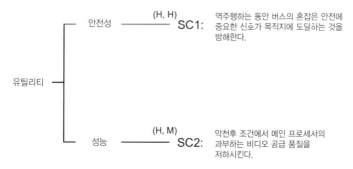

그림 8.17 품질 속성 유틸리티 트리

이제 유틸리티 트리가 있으므로 두 아키텍처 시나리오를 분석하고 장단점과 민감도 지점을 살펴본다.

8.5.5 아키텍처와 아키텍처 결정 분석

이제 아키텍처와 두 가지 배치를 분석할 수 있다. 이 분석에서 신호가 목적지에 도달하지 못하는 위험과 같은 여러 위험 요소를 볼 수 있다. 8장에서 설명된 템플릿을 사용해 위험을 설명할 수 있다. 설명은 그림 8.18에 나와 있다.

위험 ID	R1_S1
설명	주차 센서의 신호는 버스상에서 전송될 수 없다. 이로 인해 자동차가 장애물 앞에서 멈추지 않고 충돌이 발생하는 위험이 될 수 있다.
소스/민감도 지점	민감도 지점은 이 그림 (SP1)에 있는 BBC와 메인 ECU 사이에 있는 Flexray bus다. 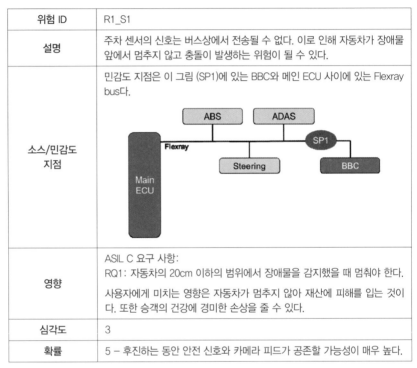
영향	ASIL C 요구 사항: RQ1: 자동차의 20cm 이하의 범위에서 장애물을 감지했을 때 멈춰야 한다. 사용자에게 미치는 영향은 자동차가 멈추지 않아 재산에 피해를 입는 것이다. 또한 승객의 건강에 경미한 손상을 줄 수 있다.
심각도	3
확률	5 – 후진하는 동안 안전 신호와 카메라 피드가 공존할 가능성이 매우 높다.

그림 8.18 위험 설명

그림 8.18에 제시된 위험은 승객의 안전에 영향을 미치기 때문에 감소돼야 한다. 이러한 위험의 감소는 버스상 통신이 안전에 중요한 신호에 영향을 미치지 않아야 함을 뜻한다. 따라서 아키텍처 결정은 우선순위에 배치 대안을 선택해야 한다. 비디오 피드 처리를 메인 ECU가 아닌 BBC ECU에 배치한다.

이 대안은 BBC ECU가 실시간으로 비디오를 처리할 수 있는 충분한 처리 능력을 갖고 있음을 뜻하며 자동차의 전자 컴포넌트 비용을 증가시킬 수 있다. 그러나 안전을 통해 회사는 주요 비즈니스 모델(비즈니스 드라이버에서 설명한 것처럼)을 만족시킬 수 있으므로 비용 증가와 자동차 판매 증가 사이에 균형을 맞출 수 있다.

8.5.6 예제 요약

이 예제에서는 자동차 소프트웨어 아키텍처의 일부에 대해 간단한 평가를 내렸다. 이 예제의 목적은 그러한 평가를 수행할 때 생각하고 추론하는 방법에 대한 통찰력을 제공하는 것이다. 실제로 이와 같은 평가의 주요 목적은 평가 및 아키텍처 팀이 수행하는 모든 논의 및 프레젠테이션이다. 질문, 시나리오, 우선순위, 단순한 아이디어 브레인스토밍은 아키텍처의 주요 지점과 이점이다. 그림 8.19에 제시된 표에 요약돼 있다.

시나리오 5	자동차가 후진하는 동안 후방 카메라에서 비디오를 캡처하고 메인 화면에 보여 준다.		
속성	안전		
환경	후진 중인 자동차		
자극	화면에 카메라 피드가 표시된다.		
반응	비디오 데이터를 처리하고 화면에 보여 준다.		
아키텍처 결정	민감도	트레이드오프	위험
메인 ECU에서 비디오 피드 처리	S1	T1	R1
BBC에서 비디오 피드 처리		T2	R2
추론	메인 ECU의 기능은 시스템에 매우 중요하다(민감도 지점 S1 참고). 안전 vs 낮은 가격(트레이드오프 지점 T1 참고) 안전 요구 사항이 메인 ECU에서 많은 것을 처리하기 때문에 위험할 수 있다(위험 R1 참고).		
아키텍처 다이어그램	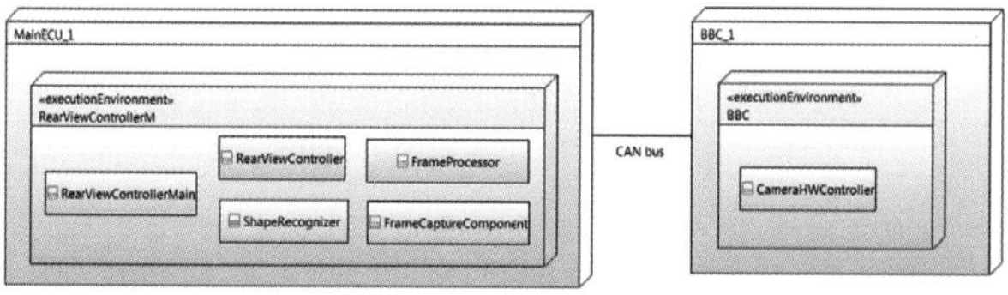		

그림 8.19 ATAM 평가 예제 표 요약

ATAM 절차는 소프트웨어 아키텍처에 대해 정의돼 있지만 자동차 영역에서 소프트웨어 컴포넌트 및 물리적 하드웨어 아키텍처의 배포는 소프트웨어와 밀접히 연결돼 있다. 이 평가 예제에서 볼 수 있듯이 둘 다 소프트웨어 아키텍처에 영향을 미치고 아키텍처에 영향을 받는다. 따라서 소프트웨어 아키텍처의 시스템 속성을 다루고자 소프트웨어 전문가와 하드웨어 전문가를 모두 포함하도록 평가 팀을 항상 확대하는 것이 좋다.

8.6 더 읽기

시나리오 기반 소프트웨어 아키텍처 평가 방법에 대한 흥미로운 개요는 이오니타^{Ionita} 등[IHO02]에 있다. 방법 간 비교에 관심 있는 독자 이 기사를 보면 좋다.

이 기사는 도브리카^{Dobbrica}와 니에멜라^{Niemela}[DN02]의 작업으로 보완될 수 있다. 이는 아키텍처 평가 방법의 보다 일반적인 개요 및 비교에 중점을 둔다.

점진적 성능 저하 개념에 대한 포괄적인 연구는 엘리베이터의 안전 중시 시스템을 예로 들어 시스템, 모델링 측정의 맥락에서 그 개념을 이야기한 셸턴^{Shelton}[She03, SH03]에 의해 제시됐다.

다른 영역에서 ATAM의 적용 가능성에 대한 더 넓은 관점에 관심 있는 독자는 다수의 안전에 중요한 시스템의 아키텍처 평가 시나리오를 분석한 베이스 등[BM+01]의 작업을 살펴보면 된다.

베이스와 카즈만의 작업은 원래의 몇 가지(수정 가능성, 신뢰성, 가용성) 이외의 다른 영역과 품질 속성으로 확장됐다. 고브세바^{Govseva} 등[GPT01]과 폴머^{Folmer}, 보흐^{Boch}[FB04]는 이러한 확정의 예시를 보여 준다.

자동차 분야에서 종종 다른 자동차 모델을 장비 수준을 가진 제품군의 일부로 간주한다. 자동차 소프트웨어 아키텍처에 대한 이러한 견해는 흥미로운 제품군을 포착하기 위한 ATAM의 확장에서 찾을 수 있다[OM05].

아키텍처 평가의 더 많은 예제에 관심 있는 독자는 소프트웨어 인수의 맥락에서 ATAM을 사용한 경험을 설명하는 버지[Bergey] 등[BFJK99]의 기사를 보면 된다. 또한 바르바치[Barbacci] 등[BCL+03]의 작업을 볼 수도 있다.

8.7 요약

아키텍처 설계 다이어그램 형태로 설명되는 상위 수준의 설계 분야다. 그러나 설계에서 똑같이 중요한 것은 아키텍처를 생성할 때 취해지는 의사결정이다. 이 결정은 소프트웨어 시스템이 그 목적을 충족하는지 확인하도록 설계자가 따라야 하는 일련의 원칙을 규정한다.

올바른 결정을 하는 것은 아키텍트의 전문 지식과 아키텍트와 설계자의 고려 사항을 조합하는 과정이다. 8장에서는 외부 평가 팀과 아키텍처 팀 간의 논의를 기반으로 아키텍처 결정을 도출하는 방법[ATAM]을 제시했다. 평가를 통해 아키텍처 설계와 설계 결정 이면에 있는 원칙에 대해 알아봤다. 다른 선택들과 거절의 이유에 대해서도 배울 수 있었다.

8장에서 소프트웨어 아키텍처 평가의 '인간적인' 측면에 중점을 뒀다. 이는 어느 정도 주관적일 수밖에 없다. 그러나 9장에서는 일련의 정보를 이용해 아키텍처 품질을 모니터링하는 데 중점을 둔다. 이 모니터링은 8장에서 측정을 하고 8장에서 이야기한 품질 속성을 정량화해 수행한다.

참고 문헌

A+08. Motor Industry Software Reliability Association et al. *MISRA-C: 2004: guidelines for the use of the C language in critical systems*. MIRA, 2008.

BCL+03. Mario Barbacci, Paul C Clements, Anthony Lattanze, Linda Northrop, and William Wood. Using the architecture tradeoff analysis method (ATAM) to evaluate the software architecture for a product line of avionics systems: A case study. 2003.

BFJK99. John K Bergey, Matthew J Fisher, Lawrence G Jones, and Rick Kazman. Software architecture evaluation with atam in the DoD system acquisition context. Technical report, DTIC Document, 1999.

BLBvV04. PerOlof Bengtsson, Nico Lassing, Jan Bosch, and Hans van Vliet. Architecture-level modifiability analysis (ALMA). *Journal of Systems and Software*, 69(1):129–147, 2004.

BM+01. Len Bass, Gabriel Moreno, et al. Applicability of general scenarios to the architecture tradeoff analysis method. Technical report, DTIC Document, 2001.

DN02. Liliana Dobrica and Eila Niemela. A survey on software architecture analysis methods. *IEEE Transactions on software Engineering*, 28(7):638–653, 2002.

FB04. Eelke Folmer and Jan Bosch. Architecting for usability: a survey. *Journal of systems and software*, 70(1):61–78, 2004.

GPT01. Katerina Goševa-Popstojanova and Kishor S Trivedi. Architecture-based approach to reliability assessment of software systems. *Performance Evaluation*, 45(2):179–204, 2001.

IHO02. Mugurel T Ionita, Dieter K Hammer, and Henk Obbink. Scenario-based software architecture evaluation methods: An overview. *Icse/Sara*, 2002.

ISO16a. ISO/IEC. ISO/IEC 25000 - Systems and software engineering - Systems and software Quality Requirements and Evaluation (SQuaRE). Technical report, 2016.

ISO16b. ISO/IEC. ISO/IEC 25023 - Systems and software engineering - Systems and software Quality Requirements and Evaluation (SQuaRE) - Measurement of system and software product quality. Technical report, 2016.

KKB+98. Rick Kazman, Mark Klein, Mario Barbacci, Tom Longstaff, Howard Lipson, and Jeromy Carriere. The architecture tradeoff analysis method. In *Engineering of Complex Computer Systems, 1998. ICECCS'98. Proceedings. Fourth IEEE International Conference on*, pages 68–78. IEEE, 1998.

KKC00. Rick Kazman, Mark Klein, and Paul Clements. ATAM: Method for architecture evaluation. Technical report, DTIC Document, 2000.

LD97. Oliver Laitenberger and Jean-Marc DeBaud. Perspective-based reading of code documents at robert bosch gmbh. *Information and Software Technology*, 39(11):781–791, 1997.

LSR07. Frank Linden, Klaus Schmid, and Eelco Rommes. The product line engineering approach. *Software Product Lines in Action*, pages 3–20, 2007.

OC01. International Standard Organization and International Electrotechnical Commission. ISO IEC 9126, software engineering, product quality part: 1 quality model. Technical report, International Standard Organization /

International Electrotechnical Commission, 2001.

OM05. Femi G Olumofin and Vojislav B Misic. Extending the atam architecture evaluation to product line architectures. In *5th Working IEEE/IFIP Conference on Software Architecture (WICSA'05)*, pages 45–56. IEEE, 2005.

RSB+13. Rakesh Rana, Miroslaw Staron, Christian Berger, Jörgen Hansson, Martin Nilsson, and Fredrik Torner. Evaluating long-term predictive power of standard reliability growth models on automotive systems. In *Software Reliability Engineering (ISSRE), 2013 IEEE 24th International Symposium on*, pages 228–237. IEEE, 2013.

RSB+16. Rakesh Rana, Miroslaw Staron, Christian Berger, Jörgen Hansson, Martin Nilsson, and Wilhelm Meding. Analyzing defect inflow distribution and applying bayesian inference method for software defect prediction in large software projects. *Journal of Systems and Software*, 117:229–244, 2016.

RSM+13. Rakesh Rana, Miroslaw Staron, Niklas Mellegård, Christian Berger, Jörgen Hansson, Martin Nilsson, and Fredrik Törner. Evaluation of standard reliability growth models in the context of automotive software systems. In *Product-Focused Software Process Improvement*, pages 324–329. Springer, 2013.

She03. Charles Preston Shelton. *Scalable graceful degradation for distributed embedded systems*. PhD thesis, Carnegie Mellon University, 2003.

SK03. Charles Shelton and Philip Koopman. Using architectural properties to model and measure graceful degradation. In *Architecting dependable systems*, pages 267–289. Springer, 2003.

SM16. Miroslaw Staron and WilhelmMeding. Mesram–a method for assessing robustness of measurement programs in large software development organizations and its industrial evaluation. *Journal of Systems and Software*, 113:76–100, 2016.

TRW03. Thomas Thelin, Per Runeson, and Claes Wohlin. An experimental comparison of usage-based and checklist-based reading. *IEEE Transactions on Software Engineering*, 29(8):687–704, 2003.

9

소프트웨어 설계와
아키텍처 메트릭

빌헬름 메딩^{Wilhelm Meding}(에릭슨^{Ericsson} AB)과 공동 저술

개요 정성적 방식으로 아키텍처를 이해하는 것은 시간과 노력이 많이 들 수 있다. 따라서 6장에서 제시된 평가 방법과 같은 정성적 방식은 주어진 중요한 단계^{milestone}에서 주기적으로 수행된다. 그러나 아키텍트는 지속적으로 아키텍처 품질을 모니터링하고 아키텍처 특성이 제품 경계의 한계 내에 있는지 확인해야 한다. 9장에서는 아키텍처 및 세부 설계를 측정하는 데 사용되는 일련의 측정 방법을 소개한다. 기존의 측정 방법을 알아보고 산업 응용 분야에서 일반적으로 하는 것을 제시한다. 9장의 끝에서 자동차 OEM에서 공개적으로 사용 가능한 사업 데이터 집합을 사용해 선택한 측정 방법의 한계를 보여 준다.

9.1 소개

8장에서 시나리오 기반으로 아키텍처를 정성적으로 평가하는 방법을 알아봤다. 이 방법은 아키텍트가 선택한 아키텍처의 우선순위가 지정된 부분

의 세부 사항을 자세히 살펴볼 수 있으므로 다양한 이점이 있다. 가장 큰 단점은 정성적 평가는 노력이 많이 필요하며 아키텍처가 성숙해야 수행할 수 있다는 것이다.

그러나 아키텍처 설계는 아키텍처가 완료될 때 수행되지 않고 아키텍처가 완료되기 전에 집중적으로 수행된다. 또한 지속적으로 해야 하기 때문에 정기적 평가 방법은 지속적인 품질 평가 방법으로 보완해야 한다. 이 연속성을 달성하고자 일반적으로 아키텍처 속성 및 세부 설계 속성 측정을 기반으로 하는 자동화된 방법을 사용해야 한다.

소프트웨어 산업이 고품질을 유지하고 소프트웨어 제품의 수명과 지속 가능성을 보장하는 데 있어 소프트웨어 아키텍처의 역할을 인식함에 따라 소프트웨어 아키텍처 설계는 지난 20년 동안 가시성이 높아졌다[Sta15, LKM+13]. 이러한 인식이 새로운 것은 아니지만 소프트웨어 아키텍처의 기본 구조적 속성을 넘어선 소프트웨어 아키텍처의 다양한 측면을 설계 결과물로 측정하는 방법에 대한 합의는 아직 없다. 여기 문헌에서 객체 지향 설계에 대한 기본 측정을 소프트웨어 아키텍처에 적용하는 연구[LTC03]와 인터페이스 수와 같은 저수준 소프트웨어 아키텍처 측정을 설계하는 연구[SFGL07]를 볼 수 있다.

소프트웨어 아키텍처에서 사용되는 측정의 유형을 이해하려면 문헌에 있는 56개의 측정값으로 구성된 일반적인 측정 포트폴리오를 보면 된다. 이 포트폴리오는 소프트웨어 아키텍처와 설계에 적용할 수 있지만 적용할 위치에 따라 다르게 해석된다. 이 포트폴리오는 페테르센Petersen 등[PFMM08]의 체계적 매핑 원칙에 따른 문헌 검토에 의해 개발됐다. 이 포트폴리오에서 측정은 ISO/IEC 15939 표준 측정 정보 모델[OC07]에 따라 기본 측정, 파생 측정, 지표로 구성돼 있다.

9장의 구성은 다음과 같다. 9.2절에서는 포트폴리오 설계를 위한 이론적 기반인 ISO/IEC 15939 측정 정보 모델을 제시한다. 9.3절에서는 새로운 품질 표준 '소프트웨어 제품 품질 요구 사항과 평가'에 제시된 표준화된 측정의 개요를 설명한다. 9.4절에서는 문헌에서 찾은 더 많은 측정을 보여 주고 9.5절에서 지표를 식별해 포트폴리오를 구성한다. 9.6절에서는 자동차

OEM의 공개된 데이터 집합을 기반으로 선택된 측정의 한계를 제시한다. 9.7절에서 추가적으로 읽으면 좋은 것들을 제시하며 9장을 마무리한다.

9.2 소프트웨어 엔지니어링 측정 표준: ISO/IEC 15939

ISO/IEC 15939:2007[OC07] 표준은 소프트웨어 프로젝트 또는 조직에서 정량적 데이터를 정의, 수집, 분석하는 데 사용되는 프로세스를 위한 표준 사양이다. 표준에서 중심 역할은 정보 제품에 의해 수행되며, 정보 제품은 하나 이상의 지표와 정보 요구를 다루는 관련 해석의 집합이다. 이 정보 요구 사항은 이해관계자가 측정 물체에서 관찰한 목적, 목표, 위험, 문제를 관리하는 데 필요한 통찰력이다. 측정 대상은 속성 집합으로 특정지어진 프로젝트, 조직, 소프트웨어 제품 등과 같은 엔티티가 될 수 있다. ISO/IEC 15939:2007에서는 다음 정의를 사용한다.

- 기본 측정, 속성 및 이를 정량화하는 방법으로 정의. 이 정의는 [oWM93]의 기본 품질의 정의를 기반으로 한다.
- 파생 측정, 둘 이상의 기본 측정값의 함수로 정의. 이 정의는 [oWM93]의 파생 품질의 정의를 기반으로 한다.
- 지표, 정의된 정보 요구와 관련해 모델에서 파생된 특정 속성의 추정 및 평가를 제공
- **결정 기준** - 행동 또는 추가적인 조사의 필요성을 결정하거나 주어진 결과에 대한 신뢰 수준을 설명하는 데 사용하는 임계값, 목표 또는 패턴
- **정보 제품** - 정보 요구를 해결하는 하나 이상의 지표와 이와 연관된 해석
- **측정 방법** - 지정된 척도와 관련해 속성을 정량화하는 데 사용되는 논리적 시퀀스 또는 연산
- **측정 기능** - 2개 이상의 기본 측정의 조합하는 알고리듬 또는 계산

- **속성** - 사람이 직접 하거나 자동화된 수단으로 양적 또는 질적으로 구별될 수 있는 엔티티의 속성 또는 특성
- **엔티티** - 속성을 측정해 특성화할 수 있는 대상
- **측정 프로세스** - 전체 프로젝트, 엔터프라이즈, 조직적 측정 구내에서 측정을 설정, 계획, 수행, 평가하는 프로세스
- **측정 장치** - 기본 측정에 값을 할당하는 절차

ISO/IEC 15939에 제시된 측정에 대한 견해는 다른 엔지니어링 원칙과 일치한다. 이 표준은 ISO/IEC 15288:2007(소프트웨어와 시스템 엔지니어링 - 측정 프로세스), ISO/IEC 14598-1:1999(정보 기술 - 측정 프로세스), ISO/IEC 9126-x. ISO/IEC 25000 표준 시리즈, 도량형에 대한 국제 기본용어집[VIM, International Vocabulary of Basic and General Terms in Metrology][oWM93]과 같은 표준을 기반으로 한다고 여러 곳에 명시돼 있다. 개념적으로 측정 과정에 사용되는 (다른 종류의 측정) 요소는 그림 9.1에서 볼 수 있다.

이 모델은 아주 기본적인 측정에서부터 복잡한 측정까지 매우 좋은 추상화 및 분류를 보여 준다. 기본 측정은 아키텍처 설계와 같이 측정하는 엔티티에 가까우며 수학 기호와 숫자의 다른 도메인을 사용하지만 엔티티를 비교적 잘 반영한다. 반면에 지표는 이해관계자의 정보 요구를 충족시키는 다른 목적을 제공하므로 이해관계자가 정보(예, 아키텍처 품질, 안정성, 복잡도)를 얻기를 원하는 개념에 더 가깝다고 할 수 있다.

지표는 이해관계자가 측정하고, 보고, 관찰하려는 것에 대한 통찰력을 제공하기 때문에 지표 값의 분석적 모델 (또는 컬러링)을 제공하기 쉽다. 이것은 그림 9.2에서 볼 수 있다.

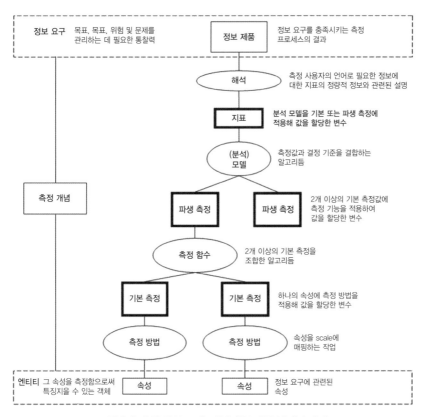

그림 9.1 측정 정보 모델 - ISO/IEC 15939에서 채택

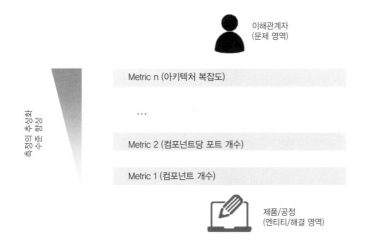

그림 9.2 아키텍처 측정의 개념적 레벨

이 모델을 사용해 소프트웨어 아키텍처의 속성을 정량화하는 데 사용하는 측정값을 설명한다. 개념적으로 모델에서 측정값이 높을수록 필요한 정보가 충족된다는 것을 알 수 있다. 그림 9.3에서 세 가지 레벨로 나눈 측정값을 볼 수 있다. 아래쪽으로 갈수록 더 기본적이고 위로 갈수록 더 복잡해진다.

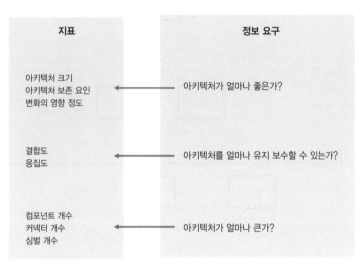

그림 9.3 예제, 더 높은 수준의 측정은 더 고급 정보 요구에 해당한다.

고급 정보 요구 사항은 아키텍트의 작업과 관련 있는 반면 기본적인 것은 소프트웨어 개발에서 결과물로서 아키텍처와 더 관련이 있다. 이제 모델이 준비돼 있으니 소프트웨어 측정이 정의된 표준의 하나인 ISO/IEC 25000을 살펴본다.

9.3 ISO/IEC 25000에서 사용 가능한 측정

ISO/IEC 25000 소프트웨어 품질 요구 사항과 평가(SQuaRE) 표준은 소프트웨어 설계와 아키텍처에 대한 레퍼런스 측정의 집합을 제공한다. 이 책을 쓰는 시점에 표준은 완전히 채택되지는 않았지만 주요 부분은 이미 승인됐으며 측정, 정의, 사용과 관련된 부분은 진행 중이다. 이 표준은 'ISO/IEC

25023 소프트웨어와 소프트웨어 제품 품질 측정[ISO16]'장의 하나에서 제품, 설계, 아키텍처와 관련된 측정 집합을 제공한다.

- **기능적 적합성에 대한 품질 측정** – 측정 예: 기능적 완전성의 정보 요구를 다루는 기능적 구현 적용 범위
- **성능 효율성에 대한 품질 측정** – 측정 예: 시간 행동 수행에 대한 정보 요구를 처리하는 응답 시간
- **호환성에 대한 품질 측정** – 측정 예: 상호 운용성의 정보 요구를 처리하는 외부 시스템과의 연결
- **사용성에 대한 품질 측정** – 측정 예: 제품의 학습 가능성에 대한 정보 요구를 다루는 사용자 문서의 완전성
- **신뢰성에 대한 품질 측정** – 측정 예: 신뢰성 평가의 정보 요구를 다루는 테스트 커버리지
- **보안에 대한 품질 측정** – 측정 예: 무결성에 대한 정보 요구 사항을 해결하는 데이터 손상 방지
- **유지 보수성에 대한 품질 측정** – 측정 예: 수정 가능성의 정보 요구를 다루는 수정 복잡성
- **이식성에 대한 품질 측정** – 측정 예: 소프트웨어 제품의 설치 가능성에 대한 정보 요구를 다루는 설치 시간 효율성

영역 목록과 측정 예시는 제품 품질과 관련된 표준에서 측정이 어떻게 논의되는지 보여 준다. 이러한 측정이 제품 실행과 관련이 있으며 크기(예, 구성 요소 수) 또는 복잡성(예, 제어 흐름 복잡성)과 같은 예시 측정을 통해 제품의 내부 품질에 초점을 맞추지 않는다는 것을 알 수 있다. 따라서 소프트웨어 아키텍처와 관련된 측정 및 지표를 이해하고자 과학 문헌을 살펴볼 필요가 있다. 거기에서 소프트웨어 아키텍트가 관심을 가질 만한 측정값을 찾을 수 있다.

9.4 측정

표 9.1에 나와 있는 아키텍처를 수량화하는 기본 측정값부터 시작한다. 이러한 측정값이 측정하는 엔티티와 일치한다는 것을 빠르게 알 수 있다. 측정 방법(기본 측정을 계산하는 알고리듬)은 매우 유사하며 특정 유형의 개체를 계산하는 데 기반한다. 표 9.1의 목록은 예시적인 기본 측정 세트를 보여 준다.

표 9.1 소프트웨어 아키텍처 기본 측정값

측정값	설명
컴포넌트 개수[SJZ14]	기본 빌딩 블록 측면에서 아키텍처의 크기를 정량화하는 기본 척도 – 컴포넌트
커넥터 개수[SJZ14]	기본 커넥터 측면에서 아키텍처의 내부 연결성을 정량화하는 기본 척도
프로세스 유닛 개수[LK00]	프로세스 유닛 측면에서 물리적 아키텍처 크기를 정량화하는 기본 척도
데이터 저장소 개수[LK00]	데이터 저장소 측면에서 크기를 정량화하는 보조 척도
지속성 있는 컴포넌트 개수[LK00]	지속성의 필요성 측면에서 크기를 정량화
링크 개수[LK00]	McCabe 순환 복잡성 측정과 유사하게 아키텍처의 복잡도를 정량화. 때로 링크 유형(예: 비동기–동기, 데이터–제어)에 따라 분류됩니다.
통신 메커니즘 유형 개수[LK00]	다양한 통신 메커니즘을 구현하기 위한 필요성 측면에서 아키텍처 복잡도를 정량화
외부 인터페이스 개[KPS+98]수	아키텍처 컴포넌트와 외부 시스템 간 결합도를 정량화
내부 인터페이스 개수[KPS+98]	아키텍처 컴포넌트 간 결합도를 정량화
서비스 개수[KPS+98]	얼마나 많은 서비스를 제공/충족하는지에 따라 아키텍처의 응집력을 정량화
공존하는 컴포넌트 개수[KPS+98]	동작의 일부로 동시 계산이 있는 컴포넌트 수
아키텍처 변경 개수[DNSH13]	아키텍처의 변경 횟수(예: 변경된 클래스, 변경된 속성)를 정량화
가장 간단한 구조에서 팬아웃(fanout)[DSN11]	아키텍처 결합의 가장 낮은 복잡도의 정도를 정량화

표 9.1에 나와 있는 측정값을 수집하는 것은 아키텍트에게 아키텍처의 속성에 대한 이해를 제공하지만 아키텍트는 여전히 아키텍처에 대해 추론하고자 이러한 숫자에 대한 콘텍스트를 제공해야 한다. 예를 들어 컴포넌트 수는 그 자체로 많은 통찰력을 제공하지는 않는다. 그러나 타임라인과 함께 정리

하고 동향으로 구성하면 정보를 추론할 수 있으므로 아키텍처가 너무 커서 리팩토링해야 하는지 여부를 아키텍트가 평가할 수 있다.

아키텍처에 대한 조치 외에도 소프트웨어 설계와 일반적으로 관련된 많은 조치(예, 객체 지향 조치 또는 복잡성 조치)를 찾을 수 있다[ASM+14, SKW04]. 이러한 예는 표 9.2에 제시돼 있다.

표 9.2 소프트웨어 설계 기본 측정값

측정값	설명
클래스 당 가중치 있는 메서드[CK94]	복잡도에 가중치 있는 메서드 수
상속 트리의 깊이[CK94]	상속 계층에서 현재 클래스에서 첫 번째 선행 클래스까지의 가장 긴 경로
순환 복잡도[McC76]	프로그램의 독립 실행 경로 수로 제어 경로 복잡성을 정량화. ISO/IEC26262에서 안전 평가의 일부로 자주 사용.
블록/모듈/클래스 간 의존성[SMHH13]	시스템에서 클래스 또는 컴포넌트 간 의존성을 정량화
Simulink 블록의 추상성[Ols11]	포함된 블록의 총 개수에 대한 포함된 추상 블록의 비율을 정량화.

이러한 예는 측정값이 설계의 특성 정량화와 관련이 있음을 다시 한번 보여 준다. 그러나 Simulink 블록의 추상성과 같은 측정값은 여러 다른 측정값으로 구성돼 있으므로 파생 측정값으로 분류되며, 따라서 아키텍트의 정보 요구에 더 가깝다. 문헌에서 설계와 설계 조합에 대한 많은 측정값을 찾을 수 있으며, 따라서 측정값을 선택할 때 아키텍트의 정보 요구에서 출발하는 것이 중요하다[SMKN10]. 이러한 정보 요구는 수집은 가능하지만 회사와 관련이 없는 측정값을 효과적으로 걸러낼 수 있기 때문이다(폐기물로 간주될 수 있다).

9.5절에서는 위의 두 그룹의 측정값을 포트폴리오에 포함시키고 어떤 영역에 속하는지 확인한다.

9.5 아키텍처를 위한 측정 포트폴리오

지금까지 제시된 측정값은 수집할 수 있지만, 측정 표준이 규정하는 바와 같이 의사결정 과정에서 이해관계자들에게 유용할 필요가 있다[Sta12, OC07]. 따라서 소프트웨어 아키텍트의 정보 요구에 부합하는 세 가지 영역으로 이러한 조치를 구성한다. 아키텍처는 소프트웨어 아키텍처 아티팩트를 포함하는 프로세스이므로 이러한 지표를 제품과 프로세스 모두에 관련된 영역으로 분류해야 한다는 점을 인지하고 있다.

9.5.1 영역

포트폴리오에서 지표를 설계의 기본 특성, 안정성, 품질과 관련된 세 가지 영역으로 분류한다.

영역: 아키텍처 측정 - 이 영역은 컴포넌트 결합과 같은 아키텍처의 기본 속성을 모니터링하는 방법에 대한 정보 요구 사항을 해결하는 제품 관련 지표를 그룹화한다.

영역: 설계 안정성 - 이 영역은 아키텍처 설계의 정제된 진화를 확인하는 방법에 대한 정보 요구를 해결하는 프로세스 관련 지표를 그룹화한다.

영역: 기술 부채/위험 - 이 영역은 아키텍처의 올바른 구현을 확인하는 방법에 대한 정보 요구 사항을 해결하는 제품 관련 지표를 그룹화한다.

9.5.2~9.5.4절에서 측정값과 이를 제시하는 제안된 방법을 제시한다. 이 연구에서 이러한 각 영역에 대한 기준 중 하나는 지표 수의 상한선이 4라는 것이었다. 제한 사항은 이해관계자가 정보를 받아들이는 능력과 같은 측정의 인지적 측면에 대한 경험적 연구를 기반으로 한다[SMH+13].

9.5.2 영역: 아키텍처 측정

포트폴리오에서 아키텍처의 기본 특성을 측정하고자 적용할 수 있는 열네 가지 측정값을 식별할 수 있었다. 그러나 아키텍트들과 이러한 측정값에 대해 논의할 때 측정값의 대다수는 설계의 기본 특성을 정량화하는 것으로 보였다. 이 영역에서 연구에서 발견된 지표는 다음과 같다.

소프트웨어 아키텍처 변화: 시간에 따른 변화를 모니터링하고 제어하고자 아키텍트는 최고 수준의 소프트웨어 아키텍처 변화 동향을 모니터링할 수 있어야 한다[DSH13]. 문헌 연구와 실무자와의 논의를 바탕으로 다음의 측정값, 즉 시간 단위당 아키텍처 변경 수(예, 주 단위)[DSTH14a, DSN14b, DSN11]가 변화를 잘 보여 주는 지표임을 확인했다.

복잡성: 모듈의 복잡성을 관리하고자 아키텍트는 컴포넌트 간의 결합 정도를 이해해야 한다. 이러한 결합은 장기적으로 아키텍처를 발전시키는 과정에서 비용이 많이 들고 오류가 발생하기 쉽기 때문이다. 식별된 지표는 가장 단순한 구조에서 실제 팬아웃의 평균 제곱 편차다.

외부 인터페이스: 인터페이스 수준에서 결합의 정도(즉 모든 유형의 결합의 하위 집합)를 제어하고자 아키텍트는 내부 인터페이스의 수, 즉 인터페이스의 수를 관찰해야 한다.

내부 인터페이스: 제품의 외부 의존성을 제어하고자 아키텍트는 외부 소프트웨어 제품과 제품의 결합(인터페이스 수)을 모니터링해야 한다.

이러한 측정값의 제안 사항은 그림 9.4에 제시돼 있다.

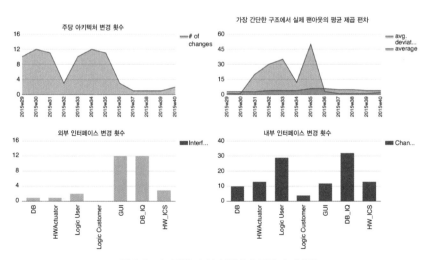

그림 9.4 아키텍처 속성 영역에 측정값의 가시화

9.5.3 영역: 설계 안정성

아키텍트들에게 중요한 다음 영역은 안정성을 위한 대규모 코드 기반 모니터링의 필요성과 관련이 있다. 일반적으로 이 영역에서는 코드 안정성에 대한 이전 연구의 시각화를 사용했다[SHF⁺13]. 안정성을 모니터링하고 시각화하는 데 효율적인 세 가지 지표를 식별했다.

코드 안정성: 아키텍트는 시간이 지남에 따라 코드 완성도를 모니터링하고자 최근 변경으로 인해 테스트가 더 필요한 코드 영역을 식별할 수 있기 때문에 시간이 지남에 따라 코드가 얼마나 변경됐는지 확인해야 한다. 이 목적으로 사용되는 측정값은 시간 단위당 모듈당 변경 횟수다.

모듈당 결함: 코드의 노후화를 모니터링하고자 아키텍트는 시간 단위당 모듈당 결함 수(예, 주 단위)라는 코드 안정성과 유사한 측정값을 사용해 부품당 결함 발생률을 모니터링해야 한다.

인터페이스 안정성: 인터페이스에 대한 아키텍처의 안정성을 제어하고자 아키텍트는 인터페이스의 안정성(시간 단위당 인터페이스의 변경 수)을 측정한다.

전체 코드/제품 기반을 하나의 뷰로 시각화할 수 있는 것이 중요하다는 것을 알게 됐고, 따라서 안정성을 나타내는 대시보드는 히트맵 개념[SHF⁺13]에 기초한다. 그림 9.5에서는 이러한 세 가지 안정성 지표에 해당하는 3개의 히트맵을 사용해 이러한 시각화를 제시한다. 각각의 그림은 서로 다른 측면을 묘사하는 히트맵이지만, 각각 같은 방식으로 구성돼 있다. 열은 주week를 나타내고, 행은 단일 코드 모듈 또는 인터페이스를 나타내며, 각 셀의 색상 강도는 특정 주 동안 모듈 또는 인터페이스의 변경 횟수를 나타낸다.

코드 안정성 히트맵

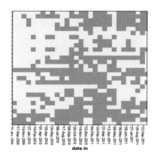

모듈당 결함 히트맵

모듈당 결함 히트맵

그림 9.5 아키텍처 안정성 영역의 측정값 시각화

9.5.4 영역: 기술적 부채/위험

포트폴리오의 마지막 영역은 장기간에 걸친 아키텍처의 품질과 관련이 있다. 이 영역에서 다음 두 가지 지표가 식별됐다.

결합: 관리 가능한 설계 복잡성을 가지려면 아키텍트는 아키텍처의 컴포넌트 간 결합에 대한 빠른 개요를 얻을 수 있는 방법이 필요하다. 즉 명시적 아키텍처 의존성의 수는 아키텍처가 도입한 컴포넌트 간의 연결이다.

암묵적 아키텍처 종속성: 코드가 아키텍처에서 벗어나는 위치를 모니터링하고자 아키텍트는 소프트웨어의 세부 설계 중에 도입된 추가 종속성이 있는지 관찰해야 한다. 이는 암묵적 아키텍처 종속성의 수로 측정된다. 여기서 암묵적 종속성은 코드의 일부이지만 아키텍처 문서 다이어그램 [SMHH13]에 소개되지 않았다.

아키텍처 의존성의 시각화는 결합 정도를 나타내며, 그림 9.6과 그림 9.7
에 표시된 것처럼 원형 도표에 기초한다. 여기서 원의 경계에 있는 각 영역
은 컴포넌트를 나타내고 선은 두 컴포넌트 사이의 의존성을 나타낸다.

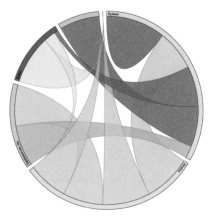

그림 9.6 아키텍처 기술 부채/리스크 측정의 시각화: 암시적

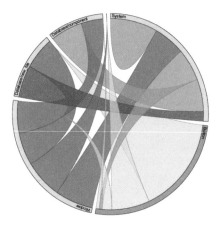

그림 9.7 아키텍처 기술 부채/리스크 측정의 시각화: 명시적

9.6 소프트웨어 설계를 위한 산업 측정 데이터

소프트웨어 아키텍트를 위한 메트릭metric 포트폴리오는 표 9.2에 제시된 소
프트웨어 설계에 대한 일련의 메트릭으로 보완돼야 한다. 이러한 측정 방법

중 하나는 프로그램의 여러 독립적인 경로(McCabe 복잡성)로 측정되는 소프트웨어 복잡성이다. 자동차 시스템이 얼마나 복잡한지 설명하고자 공개적으로 이용 가능한 산업 데이터 집합 중 하나를 살펴본다[ASD⁺15].

일반적으로 소프트웨어 복잡성은 여러 가지 방법으로 측정할 수 있지만, 서로 상관관계가 있는 것으로 밝혀진 몇 가지 측정 방법이 있다(예, McCabe 순환 복잡성, 코드 라인 수). 고유한 상관관계([ASH⁺14] 참조)를 통해 논의를 위해 문제를 하나의 상관관계로만 단순화할 수 있다. 실제로 문제가 분산돼 있기 때문에 McCabe 복잡성을 선택한다. 즉 메트릭은 소스 코드의 독립 실행 경로 수를 측정한다.

자동차 분야의 오픈 도메인 데이터에서 소프트웨어 모듈의 복잡성이 그림 9.8과 같이 이론적인 한계인 30(실행 경로)을 크게 초과함을 발견한다.

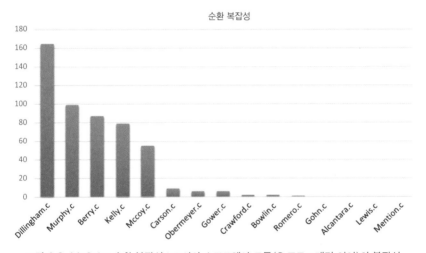

그림 9.8 McCabe 순환 복잡성으로서의 소프트웨어 모듈(C 프로그래밍 언어)의 복잡성

데이터에 따르면 실행 경로 수가 160개를 초과하는 컴포넌트가 있다. 즉 160개 이상의 테스트 사례가 필요한 경우에만 각 실행 경로를 테스트한다. 그러나 완전한 커버리지를 달성하려면 전체 부품에 대해 500개 이상의 테스트 사례가 필요하다. 양수 및 음수 사례(일명 경계 사례)로 각 경로를 테스트하려면 테스트 사례의 수를 최소한 두 배로 늘려야 한다. 동일한 데이터 집합에서 제공되는 다른 메트릭을 살펴보면 추세가 매우 유사하다는 것을 알

수 있다. 즉 수치가 이론적 복잡성 한계를 크게 초과하고 있다.

이러한 수치는 소프트웨어 시스템의 안전성을 보장하고자 소프트웨어 기능에 대한 완전한 검증을 제공하는 것이 점점 더 어렵다는 것을 나타낸다. 따라서 단순한 테스트보다 새로운 접근 방식이 필요하다.

5장에서는 시뮬레이션 모델의 관점에서 상세 설계를 살펴봤다. 연구 논문 [ASD⁺15]에 제시된 데이터 집합에서 그러한 모델의 크기는 그림 9.9와 같이 거대할 수 있다.

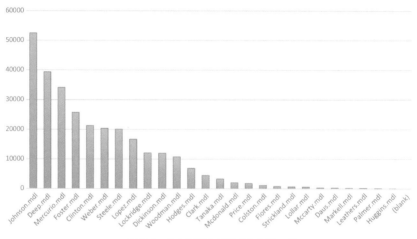

그림 9.9 데이터 집합 예제에서 모델 크기

그림에서 알 수 있듯이 일부 모델(Johnson.mdl)은 5만 개 이상의 블록이 있는 거대한 모델이며 1만 개 이상의 블록이 있는 모델도 드물지 않다. 이 데이터는 한 도메인과 한 제조업체에서만 제공된다는 점에 주목해야 한다. 그러나 이 크기의 규모는 자동차에 얼마나 많은 소프트웨어가 포함돼 있는지를 보여 준다. 또한 이러한 소프트웨어를 개발하고 테스트하는 데 필요한 노력을 보여 준다.

9.7 더 읽기

일반적으로 소프트웨어 아키텍처를 평가하는 가장 인기 있는 방법 중 일부는 ATAM[KKC00]과 같은 질적 방법을 사용하는 것이다. ATAM은 아키텍처가 시나리오나 관점을 기반으로 분석된다. 이러한 방법은 아키텍처의 품질에 대한 최종 평가에 사용되지만, 수동이기 때문에 노력이 필요하므로 지속적으로 수행할 수 없다. 그러나 많은 현대 프로젝트가 신속한 변화를 위한 방법론, 린 소프트웨어 개발[Pop07] 또는 실행 가능한 최소 제품 접근[Rie11]을 사용해 수행되고 있기 때문에 이러한 방법은 실제로 실현 가능하지 않다. 따라서 아키텍트들은 자신들의 아키텍처에 대한 피드백의 속도와 평가 품질을 교환할 의향이 있으며, 이는 소프트웨어 아키텍처의 측정 기반 평가를 보다 광범위하게 사용하게 된다.

이전 연구에서는 아키텍처 변경 모니터링에 사용되는 메트릭을 연구했다[DSH13, DSN11]. 그 결과 수정된 결합 측정지표를 사용하면 두 아키텍처의 서로 다른 릴리스 간에 아키텍처 변경이 미치는 영향에 대한 매우 좋은 추정치를 얻을 수 있다는 것을 알 수 있었다.

아키텍트의 측정 작업을 지원하는 도구와 방법 중 하나는 MetricViewer[TLTC05]다. MetricViewer[TLTC05]는 UML에서 표현되는 소프트웨어 아키텍처 다이어그램을 상속 트리의 결합, 결합 및 깊이와 같은 측정으로 강화한다. 이러한 증대는 설계에 대한 추론을 위해 중요하지만 이해관계자의 정보 요구와는 관련이 없다. 그러한 연계가 있으면 이해관계자들이 목표 달성을 모니터링할 수 있으며, 그렇지 않으면 동일한 분석을 수동으로 수행해야 한다.

태미어[Tameer] 등[VST07]과 마찬가지로 바스콘셀로스[Vasconcelos] 등은 가능한 운영체제 수 또는 보안 컴포넌트 수와 같은 소프트웨어 아키텍처의 낮은 수준의 속성을 기반으로 아키텍처를 측정하기 위한 일련의 메트릭을 제안한다. 이 작업은 사용 중인 품질이 아닌 디자인과 관련된 내부 품질 특성에 초점을 맞춤으로써 그들의 연구를 보완한다.

같은 맥락에서 데이브[Dave][Dav01]는 9장에 제시된 아키텍처 메트릭 포트폴리오를 보완하는 스케줄링 및 작업 할당 메트릭과 같은 측정값을 사용해 소프트웨어와 하드웨어를 함께 합성하는 방법에 대해 특허를 취득했다. 특허 접근 방식과 연구의 가장 큰 차이점은 특정 목표인 통합보다는 세 가지 영역과 관련 정보 요구에 초점을 맞춘다는 것이다.

또한 비록 10년이 지났지만 아키텍처 평가에 대한 기술적 권고 사항은 여전히 올바른 방법을 선택하기 위한 유용한 지침을 제공한다[ABC+97]. 특히 특정 품질이나 목표에 따라 평가를 맞춤화하는 것이 좋다. 9장에 제시된 연구의 경우 이 목표는 이해관계자가 대표하는 정보 요구의 집합이다.

아키텍처 평가에 규정된 구체적인 관점, 정보 필요성 또는 목표는 측정의 도량형 특성에 대한 도메인 콘텍스트의 특정 사례다[Abr10]. 일반적으로 소프트웨어 엔지니어링과 특히 소프트웨어 아키텍처에서는 측정의 보편적 가치(예, 두 기업이 얼마나 강하게 결합돼야 하는가)에 대한 합의가 없기 때문에 이해관계자는 제품 개발 조직에서의 경험과 위임 사항을 사용해 이를 대략적으로 추정한다[RSB+13, RSB+14, RSM+13].

소프트웨어 메트릭에 대한 정보 요구의 다른 예에 관심이 있는 독자는 마이크로소프트에서 실시한 설문 조사 연구를 참고하면 좋다. 마이크로소프트에서는 작성자가 현재 및 미래의 정보 요구 사항을 매핑하고자 100명 이상의 엔지니어, 관리자, 테스터를 인터뷰한다[BZ12].

비즈니스 인텔리전스와 기업 성과 측정을 사용하는 것은 전략적 수준의 의사결정에 관심이 있는 독자들에게 흥미로울 수 있다[Pal07, RW01, KN98].

측정 데이터의 효과적인 시각화 및 조작 메커니즘에 관심이 있는 독자는 시각 분석 분야를 탐구할 수 있다[VT07, Tel14, BOH11].

시각 분석 분야에는 선택된 소프트웨어 메트릭의 온라인 시각화에 초점을 맞춘 프로젝트 원격 분석 분야가 있다. 관심 있는 독자는 다음을 살펴보면 좋다.

- 이 분야의 예인 Hackystat와 같은 도구[Joh01, JKA+03]

- 개발 중 소프트웨어 제품의 내부 품질 모니터링을 위한 SonarQube 도구 모음[HMK10]
- 작성자가 단일 팀을 위한 대시보드 도입 경험을 설명하는 제품 개발 시각화를 위한 대시보드[FSHL13]

측정 시스템의 개념에 관심이 있는 독자는 다음 간행물을 탐색하면 좋다.

- 측정 시스템과 관련된 개념을 정의하는 ISO/IEC 15939(및 IEEE 통신원)[OC07]
- 실용적인 소프트웨어 측정[McG02]
- 펜턴^{Fenton}과 플리거^{Pfleeger}의 소프트웨어 메트릭스에 대한 고전 서적[FB14]
- 산업계에서 측정 시스템을 설계하는 프로세스[SMN08]
- 이해관계자의 정보 요구에 초점을 맞춘 측정 시스템을 설계하는 그래픽 방식[SM09]

소프트웨어 업계에서 관찰되는 추세 중 하나는 내부 품질 속성을 측정하더라도 고객에게 점점 더 집중되고 있다는 것이다. 고객 데이터로 작업하는 방법에 관심이 있는 독자는 다음과 같은 가치 작업을 찾을 수 있다.

- 배포 후 데이터[OB13]
- 객 프로필 개발[AT01]
- 고객 데이터 마이닝 및 시각화[Kei02]

이러한 고객 데이터 수집의 맥락에서 자동차 소프트웨어의 결함을 이해하는 것도 중요하다. 이전 연구에서 자동차 소프트웨어[MST12]를 대상으로 결함의 중요도를 기준으로 결함을 분류하는 방법을 개발했다. 이는 설계의 비일관성 이해 연구[KS03]와 관련이 있다.

9.8 요약

9장에서는 아키텍처 품질과 소프트웨어 설계의 특성을 지속적으로 모니터 링해야 하는 과제에 초점을 맞췄다. 이 목적을 위해 사용할 수 있는 문헌에 어떤 척도가 존재하고 어떤 척도를 지표로 사용해야 하는지에 중점을 뒀다.

9장에서는 소프트웨어 엔지니어링의 현대 측정 표준에 의해 가정된 접근 방식을 사용했다(ISO/IEC 15939 및 ISO/IEC 25000). 이 표준의 첫 번째 표준 에서는 조치를 구조화하는 방법을 제공했고 두 번째 표준에서는 측정값 목 록을 제공했다. 산업 파트너[SM16]와의 협력을 바탕으로 세 가지 관심 분 야를 파악했다. 이러한 영역에서 이해관계자의 요구를 해결하는 일련의 조 치와 지표를 식별했다.

마지막으로 이러한 지표의 레퍼런스 시각화도 제시했다.

참고 문헌

ABC+97. Gregory Abowd, Len Bass, Paul Clements, Rick Kazman, and Linda Northrop. Recommended best industrial practice for software architecture evaluation. Technical report, DTIC Document, 1997.

Abr10. Alain Abran. *Software metrics and software metrology*. John Wiley & Sons, 2010. ASD+15. Harry Altinger, Sebastian Siegl, Dajsuren, Yanja, and Franz Wotawa. A novel industry grade dataset for fault prediction based on model-driven developed automotive embedded software. In *12th Working Conference on Mining Software Repositories (MSR)*. MSR 2015, 2015.

ASH+14. Vard Antinyan, Miroslaw Staron, Jörgen Hansson, Wilhelm Meding, Per Osterström, and Anders Henriksson. Monitoring evolution of code complexity and magnitude of changes. *Acta Cybernetica*, 21(3):367–382, 2014.

ASM+14. Vard Antinyan, Miroslaw Staron, Wilhelm Meding, Per Österström, Erik Wikstrom, Johan Wranker, Anders Henriksson, and Jörgen Hansson. Identifying risky areas of software code in agile/lean software development: An industrial experience report. In *Software Maintenance, Reengineering and Reverse Engineering (CSMR-WCRE), 2014 Software Evolution Week-*

IEEE Conference on, pages 154–163. IEEE, 2014.

AT01. Gediminas Adomavicius and Alexander Tuzhilin. Using data mining methods to build customer profiles. *Computer*, 34(2):74–82, 2001.

BOH11. Michael Bostock, Vadim Ogievetsky, and Jeffrey Heer. D3 data-driven documents. *IEEE transactions on visualization and computer graphics*, 17(12):2301–2309, 2011.

BZ12. Raymond PL Buse and Thomas Zimmermann. Information needs for software development analytics. In *Proceedings of the 34th international conference on software engineering*, pages 987–996. IEEE Press, 2012.

CK94. Shyam R Chidamber and Chris F Kemerer. A metrics suite for object oriented design. *Software Engineering, IEEE Transactions on*, 20(6):476–493, 1994.

Dav01. Bharat P Dave. Hardware-software co-synthesis of embedded system architectures using quality of architecture metrics, January 23 2001. US Patent 6,178,542.

DNSH13. Darko Durisic, Martin Nilsson, Miroslaw Staron, and Jörgen Hansson. Measuring the impact of changes to the complexity and coupling properties of automotive software systems. *Journal of Systems and Software*, 86(5):1275–1293, 2013.

DSN11. Darko Durisic, Miroslaw Staron, and Martin Nilsson. Measuring the size of changes in automotive software systems and their impact on product quality. In *Proceedings of the 12th International Conference on Product Focused Software Development and Process Improvement*, pages 10–13. ACM, 2011.

DSTH14a. Darko Durisic, Miroslaw Staron, Milan Tichy, and Jorgen Hansson. Evolution of long-term industrial meta-models–an automotive case study of autosar. In *Software Engineering and Advanced Applications (SEAA), 2014 40th EUROMICRO Conference on*, pages 141–148. IEEE, 2014.

DSTH14b. Darko Durisic, Miroslaw Staron, Milan Tichy, and Jorgen Hansson. Quantifying long- term evolution of industrial meta-models-a case study. In *Software Measurement and the International Conference on Software Process and Product Measurement (IWSM- MENSURA), 2014 Joint Conference of the International Workshop on*, pages 104–113. IEEE, 2014.

FB14. Norman Fenton and James Bieman. *Software metrics: a rigorous and practical approach*. CRC Press, 2014.

FSHL13. Robert Feldt, Miroslaw Staron, Erika Hult, and Thomas Liljegren. Supporting software decision meetings: Heatmaps for visualising test and code measurements. In *Software Engineering and Advanced Applications*

(SEAA), 2013 39th EUROMICRO Conference on, pages 62–69. IEEE, 2013.

HMK10. Hiroaki Hashiura, Saeko Matsuura, and Seiichi Komiya. A tool for diagnosing the quality of java program and a method for its effective utilization in education. In *Proceedings of the 9th WSEAS international conference on Applications of computer engineering*, pages 276–282. World Scientific and Engineering Academy and Society (WSEAS), 2010.

ISO16. ISO/IEC. ISO/IEC 25023 - Systems and software engineering - Systems and software Quality Requirements and Evaluation (SQuaRE) - Measurement of system and software product quality. Technical report, 2016.

JKA+03. Philip M Johnson, Hongbing Kou, Joy Agustin, Christopher Chan, Carleton Moore, Jitender Miglani, Shenyan Zhen, and William EJ Doane. Beyond the personal software process: Metrics collection and analysis for the differently disciplined. In *Proceedings of the 25th international Conference on Software Engineering*, pages 641–646. IEEE Computer Society, 2003.

Joh01. Philip M Johnson. Project hackystat: Accelerating adoption of empirically guided soft- ware development through non-disruptive, developer-centric, in-process data collection and analysis. *Department of Information and Computer Sciences, University of Hawaii*, 22, 2001.

Kei02. Daniel A Keim. Information visualization and visual data mining. *IEEE transactions on Visualization and Computer Graphics*, 8(1):1–8, 2002.

KKC00. Rick Kazman, Mark Klein, and Paul Clements. Atam: Method for architecture evaluation. Technical report, DTIC Document, 2000.

KN98. Robert S Kaplan and DP Norton. Harvard business review on measuring corporate performance. *Harvard Business School Press, EUA*, 1998.

KPS+98. S Kalyanasundaram, K Ponnambalam, A Singh, BJ Stacey, and R Munikoti. Metrics for software architecture: a case study in the telecommunication domain. In *Electrical and Computer Engineering, 1998. IEEE Canadian Conference on*, volume 2, pages 715–718. IEEE, 1998.

KS03. Ludwik Kuzniarz and Miroslaw Staron. Inconsistencies in student designs. In *the Proceedings of The 2nd Workshop on Consistency Problems in UML-based Software Development, San Francisco, CA*, pages 9–18, 2003.

LK00. Chung-Horng Lung and Kalai Kalaichelvan. An approach to quantitative software architecture sensitivity analysis. *International Journal of Software Engineering and Knowledge Engineering*, 10(01):97–114, 2000.

LKM+13. Patricia Lago, Rick Kazman, Niklaus Meyer, Maurizio Morisio, Hausi A Müller, and Frances Paulisch. Exploring initial challenges for green software engineering: summary of the first greens workshop, at ICSE 2012. *ACM SIGSOFT Software Engineering Notes*, 38(1):31–33, 2013.

LTC03. Mikael Lindvall, Roseanne Tesoriero Tvedt, and Patricia Costa. An empirically-based process for software architecture evaluation. *Empirical Software Engineering*, 8(1):83– 108, 2003.

McC76. Thomas J McCabe. A complexity measure. *Software Engineering, IEEE Transactions on*, (4):308–320, 1976.

McG02. John McGarry. *Practical software measurement: objective information for decision makers*. Addison-Wesley Professional, 2002.

MST12. Niklas Mellegård, Miroslaw Staron, and Fredrik Törner. A light-weight software defect classification scheme for embedded automotive software and its initial evaluation. *Proceedings of the ISSRE 2012*, 2012.

OB13. Helena Holmström Olsson and Jan Bosch. Towards data-driven product development: A multiple case study on post-deployment data usage in software-intensive embedded systems. In *Lean Enterprise Software and Systems*, pages 152–164. Springer, 2013.

OC07. International Standard Organization and International Electrotechnical Commission. Software and systems engineering, software measurement process. Technical report, ISO/IEC, 2007.

Ols11. Marta Olszewska. Simulink-specific design quality metrics. *Turku Centre for Computer Science*, 2011.

oWM93. International Bureau of Weights and Measures. *International vocabulary of basic and general terms in metrology*. International Organization for Standardization, Geneva, Switzerland, 2nd edition, 1993.

Pal07. Bob Paladino. Five key principles of corporate performance management. *CMA MANAGEMENT*, 81(8):17, 2007.\

PFMM08. Kai Petersen, Robert Feldt, Shahid Mujtaba, and Michael Mattsson. Systematic map- ping studies in software engineering. In *12th international conference on evaluation and assessment in software engineering*, volume 17, pages 1–10. sn, 2008.

Pop07. Mary Poppendieck. Lean software development. In *Companion to the proceedings of the 29th International Conference on Software Engineering*, pages 165–166. IEEE Computer Society, 2007.

Rie11. Eric Ries. *The lean startup: How today's entrepreneurs use continuous innovation to create radically successful businesses*. Random House LLC, 2011.

RSB+13. Rakesh Rana, Miroslaw Staron, Christian Berger, Jörgen Hansson, Martin Nilsson, and Fredrik Törner. Increasing efficiency of ISO 26262 verification and validation by combining fault injection and mutation testing with model based development. In *ICSOFT*, pages 251–257, 2013.

RSB+14. Rakesh Rana, Miroslaw Staron, Christian Berger, Jörgen Hansson, Martin Nilsson, Fredrik Törner, Wilhelm Meding, and Christoffer Höglund. Selecting software reliability growth models and improving their predictive accuracy using historical projects data. *Journal of Systems and Software*, 98:59–78, 2014.

RSM+13. Rakesh Rana, Miroslaw Staron, Niklas Mellegård, Christian Berger, Jörgen Hansson, Martin Nilsson, and Fredrik Törner. Evaluation of standard reliability growth models in the context of automotive software systems. In *Product-Focused Software Process Improvement*, pages 324–329. Springer, 2013.

RW01. R Ricardo and D Wade. Corporate performance management: How to build a better organization through measurement driven strategies alignment, 2001.

SFGL07. Cláudio SantAnna, Eduardo Figueiredo, Alessandro Garcia, and Carlos JP Lucena. On the modularity of software architectures: A concern-driven measurement framework. In *Software Architecture*, pages 207–224. Springer, 2007.

SHF+13. Miroslaw Staron, Jorgen Hansson, Robert Feldt, Anders Henriksson, Wilhelm Meding, Sven Nilsson, and Christoffer Hoglund. Measuring and visualizing code stability – A case study at three companies. In *Software Measurement and the 2013 Eighth International Conference on Software Process and Product Measurement (IWSM- MENSURA), 2013 Joint Conference of the 23rd International Workshop on*, pages 191–200. IEEE, 2013.

SJZ14. Srdjan Stevanetic, Muhammad Atif Javed, and Uwe Zdun. Empirical evaluation of the understandability of architectural component diagrams. In *Proceedings of the WICSA 2014 Companion Volume*, page 4. ACM, 2014.

SKW04. Miroslaw Staron, Ludwik Kuzniarz, and Ludwik Wallin. Case study on a process of industrial MDA realization: Determinants of effectiveness. *Nordic Journal of Computing*, 11(3):254–278, 2004.

SM09. Miroslaw Staron and Wilhelm Meding. Using models to develop measurement systems: a method and its industrial use. In *Software Process and Product Measurement*, pages 212–226. Springer, 2009.

SM16. Miroslaw Staron and Wilhelm Meding. A portfolio of internal quality measures for software architects. In *Software Quality Days*, pages 1–16. Springer, 2016.

SMH+13. Miroslaw Staron, Wilhelm Meding, Jörgen Hansson, Christoffer Höglund, Kent Niesel, and Vilhelm Bergmann. Dashboards for continuous monitoring of quality for software product under development. *System Qualities and Software Architecture (SQSA)*, 2013.

SMHH13. Miroslaw Staron, Wilhelm Meding, Christoffer Hoglund, and Jorgen Hansson. Identi- fying implicit architectural dependencies using measures of source code change waves. In *Software Engineering and Advanced Applications (SEAA), 2013 39th EUROMICRO Conference on*, pages 325–332. IEEE, 2013.

SMKN10. M. Staron, W. Meding, G. Karlsson, and C. Nilsson. Developing measurement systems: an industrial case study. *Journal of Software Maintenance and Evolution: Research and Practice*, page 89107, 2010.

SMN08. Miroslaw Staron, Wilhelm Meding, and Christer Nilsson. A framework for developing measurement systems and its industrial evaluation. *Information and Software Technology*, 51(4):721–737, 2008.

Sta12. Miroslaw Staron. Critical role of measures in decision processes: Managerial and tech- nical measures in the context of large software development organizations. *Information and Software Technology*, 54(8):887–899, 2012.

Sta15. Miroslaw Staron. Software engineering in low-to middle-income countries. *Knowledge for a Sustainable World: A Southern African-Nordic contribution*, page 139, 2015. Tel14. Alexandru C Telea. Data visualization: principles and practice. CRC Press, 2014.

TLTC05. Maurice Termeer, Christian FJ Lange, Alexandru Telea, and Michel RV Chaudron. Visual exploration of combined architectural and metric information. In *Visualizing Software for Understanding and Analysis, 2005. VISSOFT 2005. 3rd IEEE Interna- tional Workshop on*, pages 1–6. IEEE, 2005.

VST07. André Vasconcelos, Pedro Sousa, and José Tribolet. Information system architecture metrics: an enterprise engineering evaluation approach. *The Electronic Journal Information Systems Evaluation*, 10(1):91–122, 2007.

VT07. Lucian Voinea and Alexandru Telea. Visual data mining and analysis of software repositories. *Computers & Graphics*, 31(3):410–428, 2007.

10

자동차 소프트웨어에서
기능 안전

페르 요한네센 Per Johannessen

개요 9장에서 소프트웨어 아키텍처와 설계 품질을 평가하기 위한 일반적인 방법에 대해 알아봤다. 10장에서는 소프트웨어 기능 안전이라는 관련 주제를 계속 다룬다. 기능 안전 평가는 제품 개발의 마지막 활동 중 하나다. 자동차 산업에서 기능적 안전과 함께 작동하는 방식을 설명한다. 10장의 대부분은 2011년에 처음 발표된 ISO 26262 표준을 기반으로 한다. 이 규격은 최대 3,500kg의 승용차에만 적용 가능했다. 2018년에 두 번째 표준 버전이 릴리스됐다. 이 버전은 버스, 오토바이, 트럭에도 적용된다. ISO 26262 표준의 범위는 소프트웨어 개발 그 이상이며, 이해를 돕고자 10장에서 이러한 개발 단계에 대해 간략히 설명한다. 그러나 10장에서는 ISO 26262에 따른 소프트웨어 개발에 중점을 두고 설명할 것이다. 여기서 다루는 여러 단계는 소프트웨어 계획, 소프트웨어 안전 요구 사항, 소프트웨어 아키텍처 설계, 소프트웨어 유닛 설계 및 구현, 소프트웨어 통합 및 테스트, 소프트웨어 검증이다.

10.1 소개

기능 안전은 ISO 26262에 'E/E 시스템의 오작동으로 인한 위험으로부터 불합리한 위험의 부재'로 정의돼 있다. 간단히 말해서 전자 제품이나 소프트웨어의 결함으로 인해 사람에게 어떠한 해도 끼치지 않을 것이라고 말할 수 있다. 전자 시스템과 소프트웨어가 차량 내부에 있다. 따라서 기능 안전과 관련된 작업을 할 때는 차량, 다른 차량과 보행자를 포함한 주변 교통 상황 및 관련된 것을 고려하는 것이 중요하다.

ISO 26262의 안전 생명 주기는 제품 개발 계획에서 시작해 제품 개발, 생산, 운영으로 지속되며 차량 폐기로 끝난다. ISO 26262에서 제품 개발의 기반이 항목item이다. ISO 26262의 항목은 '차량 수준에서 기능 또는 기능의 일부를 구현하는 시스템 또는 시스템 조합'으로 정의된다. 여기서 핵심 단어는 '차량 수준의 기능'으로 어떤 컴포넌트가 관련되는지 정의한다. 이는 차량이 ISO 26262가 적용되는 많은 항목으로 구성됐음을 의미하기도 한다.

ISO 26262 표준에 대한 연구는 2000년 초에 독일에서 시작됐으며 또 다른 표준인 ISO/IEC 61508 – 전기/전자/프로그래밍 가능한 전자 안전 관련 시스템의 기능 안전에 기초했다. ISO/IEC 61508 [C+99]은 공정 제어 산업에서 비롯됐기 때문에 자동차 산업에 적용할 필요가 있었다. ISO 표준화 기구 내의 작업은 2005년에 시작됐고 2011년에 ISO 26262의 초판이 발행됐다[Org11]. 이것이 승용차에 한정됨에 따라 2차 개정 작업이 바로 시작됐고 2018년 발간된 모터 달린 자전거를 제외한 모든 도로 차량에 대한 ISO 26262의 2차 개정판이 탄생했다[Org18].

자동차 업계가 오랫동안 기능적 안전으로 작업했지만 이는 업계 전반에서 작업을 표준화하기 위한 중요한 단계였다. 일반적인 표준과 마찬가지로 서로 다른 조직 간의 협업을 단순화하는 것이 가장 큰 장점이다. ISO 26262의 또 다른 장점은 전자 제품과 소프트웨어에서 어느 정도 구현되는 차량 차원의 안전기능 개발 지침으로 볼 수 있다는 점이다. 이 지침을 따름으로써 산업 전반에 걸쳐 일치된 안전 수준을 얻을 수 있으며 이 수준은 허용 가능한 것으로 간주된다.

ISO 26262를 살펴보면 그림 10.1에 12개의 항목이 있다. 10장에서는 소프트웨어 개발을 위한 파트Part 6을 중점적으로 다룬다. 동시에 이 소프트웨어가 개발되는 문맥과 이 소프트웨어가 사용되는 문맥을 이해하는 것이 중요하다. 따라서 ISO 26262에도 이러한 다른 부분에 대한 간략한 개요가 있다.

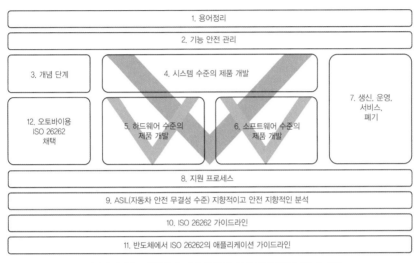

그림 10.1 [Org18]에서 채택한 ISO 26262 표준의 12개 항목

그림 10.1에서 볼 수 있듯이 파트 4에서 6은 4장에서 논의한 V 모델 제품 개발 기반이며 현재 동향 중 하나가 좀 더 애자일 개발 방식을 지향하고 있다 하더라도 자동차 업계에서 사실상의 표준이었다. 여기서 V 모델이 기초가 되더라도 표준은 실제로 여러 조직에 걸친 분산 개발, 반복 개발, 언급된 애자일 접근법 등 다양한 방식으로 적용된다는 점에 유의해야 한다. 사용된 개발 접근법에 관계없이 핵심은 기준서의 요구 사항과 목적이 적절히 이행됐다는 주장을 할 수 있다는 것이다.

앞에서는 표준의 파트 2부터 8까지에 대해 간략히 설명한다. 파트 1에는 표준에 사용된 정의와 약어가 포함돼 있다. 파트 9에 기술된 안전성 분석 방법은 파트 3에서 6까지의 활동에서 언급되기 때문에 파트 9에서만 암묵적으로 다루고 있다. 또한, 파트 10과 파트 11은 ISO 26262를 일반 및 반도체를 적용하는 방법에 대한 유용한 지침 모음이기 때문에 여기에 설명하지 않는다. 파트 12에는 모터사이클용 ISO 26262 준수 방법에 대한 요구 사항이 포함돼 있지만 소프트웨어 개발과 관련해 차이가 없기 때문에 여기서는 설명하지 않는다.

10.2 기능 안전을 위한 관리와 지원

조직이 기능적 안전을 고려해 일할 때 확립돼야 할 다른 프로세스들이 있다. ISO 26262 표준의 파트 2에서는 품질 관리 시스템에 관련된 모든 프로세스, 조직의 충분한 역량과 경험, 현장 모니터링이 확립되도록 ISO 9001 [Org15] 또는 IATF 16949[Aut16]과 같은 품질 관리 시스템을 갖춰야 하는 요구 사항이 있다. 기능적 안전 측면에서 현장 모니터링은 특히 차량 사용 시 전자 장치 및 소프트웨어의 잠재적 고장을 감지해 모든 차량을 안전하게 사용할 수 있도록 하는 데 중요하다.

제품 개발 중에는 기능 안전에 대한 적절한 책임을 할당하고, 기능 안전과 관련된 활동을 계획하며, 계획된 활동이 그에 따라 수행되는지 모니터링해야 하는 요구 사항도 있다.

또한 다음을 포함해 파트 8에 따라 적절한 지원을 받아야 하는 요구 사항이 있다.

- 분산 개발 내의 인터페이스, 개발 작업을 공유하는 서로 다른 조직 간의 책임이 명확하다. 자동차 제조업체와 공급업체 간의 작업 명세서라고 한다.
- 요구 사항 관리, 요구 사항 특히 안전 요구 사항이 적절하게 관리되도록 한다. 여기에는 요구 사항 식별, 요구 사항 추적성, 요구 사항 상태가 포함된다.
- 설정 관리configuration management, 모든 문서, 시스템, 구성 요소를 포함하는 항목이 있고 언제든지 식별 및 재생산할 수 있도록 한다. 설정 관리에 대한 다른 표준이 있다(예, ISO 10007, ISO 26262에서 참조).

- 변경 관리, ISO 26262는 항목이 변경될 때 기능 안전이 유지되도록 한다. 이는 제안된 변경 사항에 대한 분석과 해당 변경 사항에 대한 제어를 기반으로 한다. 변경 관리와 설정 관리는 일반적으로 함께 진행된다.
- 문서 관리, ISO 26262는 모든 문서가 검색 가능하고 고유 식별, 작성자, 승인자와 같은 특정 형식을 포함해 관리되도록 보장한다.
- 소프트웨어 도구 사용에 대한 확신, ISO 26262 표준 준수가 제품 개발 중에 사용되는 소프트웨어 도구의 올바른 동작에 의존할 때 수행돼야 한다(예, 코드 생성기 및 컴파일러). 첫 번째 단계는 고려 중인 도구가 중요한지 결정하기 위한 도구 분류이며, 중요한 경우 도구를 신뢰할 수 있는지 확인하고자 도구 검증이 수행된다.

이러한 요구 사항은 ISO 26262가 어떤 종류의 연결 및 관계를 유지해야 하는지에 관해 4장에서 설명한 제품 개발 데이터베이스에 요구 사항을 제기한다는 것을 뜻한다.

10.3 개념과 시스템 개발

ISO 26262에 따르면 제품 개발은 파트 3에서 설명한 개념의 개발에서 시작된다. 이 단계에서는 항목의 차량 레벨 기능이 개발된다. 또한 항목의 콘텍스트(예, 차량과 기계 및 유압 부품 같은 기타 기술)가 설명된다. 개념 단계 이후 ISO 26262 파트 4에 따른 시스템 개발 단계가 있다. ISO 26262에서 시스템은 전자 하드웨어 및 소프트웨어 컴포넌트만 포함하고 유압 및 기계 컴포넌트와 같은 다른 기술 컴포넌트는 포함하지 않는다. 이러한 다른 컴포넌트 개발은 ISO 26262에서 다루지 않는다.

개념 개발의 첫 번째 단계는 ISO 26262가 적용되는 항목을 정의하는 것이다. 이 항목의 정의에는 기능적 및 비기능적 요구 사항, 콘텍스트를 포함한 항목의 사용, 항목의 모든 관련 인터페이스 및 상호 작용이 포함된다. 이 항목 정의는 지속적인 작업의 기반이 되므로 중요한 단계가 된다.

다음 단계는 위험 식별 및 위험 분류를 포함하는 위험 분석 및 위험 평가다. ISO 26262의 위험은 잠재적 위해harm의 원천이다. 즉 개인에게 위해가 될 수 있는 항목의 오작동이다. 스티어링 칼럼 잠금 장치를 의도하거나 의도하지 않은 경우 에어백이 동작하지 않는 것이 위험의 예다. 이러한 위험은 관련 상황에서 추가로 분석된다. 예를 들어 마주 오는 차량과의 곡선 주행은 스티어링 칼럼의 의도하지 않은 잠금과 관련이 있는 상황이다. 위해를 초래할 수 있는 위험과 모든 관련 운전 상황을 합친 것을 위험 사건이라고 한다.

위험 분류 중에 이러한 위험은 자동차 안전 무결성 수준ASIL, Automotive Safety Integrity Level으로 분류된다. ASIL은 ISO 26262 특정 용어이며 ASIL A부터 ASIL D까지 네 가지가 있다. ASIL D는 ISO 26262에서 관리해야 할 위험이 가장 높은 위험 사건에 할당되고 ASIL A는 가장 낮은 위험에 해당한다. ASIL이 없는 경우 품질 관리QM, Quality Management가 할당된다. ASIL은 제어성controllability, 노출exposure, 심각도severity의 세 가지 매개 변수로 도출한다. 이러한 매개 변수는 위해성이 개인에게 위해를 초래할 수 있는 상황(노출), 그 상황과 위해성을 고려해 누군가가 위해를 회피할 수 있는 확률(통제 가능성), 위해성의 심각도(심각도)에 대한 추정치를 추정한다. 표 10.1에서는 다양한 ASIL과 사례에 대한 간략한 설명이 제시돼 있다.

표 10.1 예시와 함께 다른 ASIL 등급의 간략한 설명, 예제는 차량 유형에 의존적임

위험 분류	위험 설명	위험 사건 예시
QM	위험이 주어진 사고 확률(통제 가능성과 노출)과 사람에 대한 위해성 심각도(심각도)의 조합은 허용 가능한 위험으로 간주한다.	QM 분류의 경우 개발에 대한 ISO 26262 요구 사항이 없다. 차량을 주차 위치에 둘 때 스티어링 칼럼이 잠기지 않는다. 선루프를 열 수 없다.
ASIL A	위험이 발생할 경우 사고 확률과 사람에 대한 위해의 심각도를 조합하면 위험이 낮다.	에어백 동작 기준을 충족하는 충돌 시 에어백 동작이 없다.
ASIL B	...	주행 중 의도하지 않게 차량이 급가속한다.
ASIL C	...	차량 안정성을 유지하면서 주행 중 의도하지 않게 차량이 급제동한다.

위험 분류	위험 설명	위험 사건 예시
ASIL D	위험이 발생할 경우 사고 확률과 사람에 대한 위해의 심각도를 조합하면 위험 수준이 가장 높다.	주행 중 스티어링 칼럼 잠금 장치가 의도하지 않게 잠긴다.

ASIL은 위험의 척도가 되는 것 외에도 허용 가능한 수준으로 위험을 줄이고자 취해야 할 안전 조치에 대한 요구 사항을 제시한다. ASIL이 높을수록 더 많은 안전 조치가 필요하다. 안전성 조치의 예로는 분석, 검토, 확인 및 검증, 결함 감지 및 처리를 위해 전자 하드웨어와 소프트웨어에 구현된 안전 메커니즘 및 독립적인 안전성 평가가 있다. QM이 있다면 ISO 26262에 명시된 안전 조치에 대한 요구 사항이 없다는 것을 뜻한다. 그러나 정상적인 자동차 개발이 필요하며 여기에는 적절한 품질 관리, 검토, 분석, 확인, 검증 등을 포함한다.

ASIL이 할당된 위험 이벤트의 경우 안전 목표를 지정해야 한다. 안전 목표는 위험 이벤트를 피할 수 있는 방법을 명시하기 위한 최상위 안전 요구 사항이다. 단순화된 위험 분석 및 위험 평가는 표 10.2에 나와 있다.

표 10.2 2개의 별도 예제를 사용한 단순화된 위험 분석 및 위험 평가

기능	위험	상황	위험 사건	ASIL	안전 목표
스티어링 칼럼 잠금	의도하지 않은 스티어링 칼럼 잠금 장치	다가오는 차량으로 커브 주행	운전자가 차량을 제어하지 못하고 다가오는 차량의 차선으로 진입	D	스티어링 칼럼 잠금 장치는 주행 중에 잠겨서는 안 됨
...	...	...	...	...	...
...	...	...	...	...	...
운전자 에어백	운전석 에어백 동작 안 함	에어백이 동작해야 하는 곳에서 충돌	운전자가 에어백으로 보호되지 않음	A	운전석 에어백은 전개 기준을 충족하는 충돌 시 동작해야 함
...	...	...	...	...	...

세 번째 단계는 ASIL이 포함된 각 안전 목표를 일련의 기능 안전 요건으로 분류하고 논리적 설계에 할당하는 기능 안전 개념이다. 기능 안전 요건이

안전 목표를 달성하는 이유의 논증도 중요하다. 이러한 논증은 결함 트리 분석을 통해 뒷받침될 수 있다.

기능 안전 개념 중 그리고 나중에 안전 요건이 개선되는 동안 요건에 대한 중복성이 있는 경우 ASIL을 낮출 수 있다. 그러나 항상 중복성 사용과 그렇지 않은 것의 균형을 이룬다. 중복 컴포넌트는 비용을 증가시키고 가용성을 저하시킬 수 있다. ASIL을 낮추면 개발 비용과 개발 노력을 절약할 수 있다. 선택권은 사례별로 평가될 필요가 있다.

기능 안전 개념의 예는 그림 10.2에 나와 있다. 여기서 논리적 설계는 센서 요소 S, 의사결정 요소 D, 작동 요소 A의 세 부분으로 구성된다. 센서 소자는 S1 및 S2의 두 센서 소자의 이중화를 사용해 정교하게 조정됐다. 이러한 모든 요소에 대해 기능 안전 요건^{FSR, Functional Safety Requirement}(시퀀스 번호 및 ASIL 포함)이 할당된다. 이러한 기능 안전 요건이 안전 목표^{SG, Safety Goal} SG1을 충족하는 이유의 주장에는 상위 이벤트로 안전 목표 SG1을 위반한 결함 트리가 사용된다.

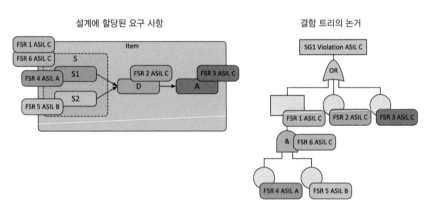

그림 10.2 기능 안전 개념의 세 부분: FSR로 언급된 기능 안전 요구 사항, 논리적 설계 요소에 대한 할당, 기능 안전 요구 사항이 SG로 표시된 안전 목표를 충족하는 이유에 대한 결함 트리의 논거

그림 10.1과 같이 파트 4에 따른 시스템 개발 중에 기능 안전 개념이 기술 안전 개념으로 다듬어진다. 기능 안전 개념과 매우 유사하지만 세부 사항은 더 구체적이다. 이 시점에서 아키텍처는 중간의 신호를 포함해 실제 시스템과 컴포넌트를 포함한다. 일반적으로 기술 안전 개념에는 인터페이스, 파

티셔닝, 모니터링이 포함된다. 기술 안전 개념에는 실제 시스템과 부품에 할당된 기술 안전 요구 사항과 기술 안전 개념이 기능 안전 개념을 충족하는 이유가 포함된다. 기술 안전 개념에 대해 가능한 한 가지 설계 수준의 단순화된 예가 그림 10.3에 나와 있다. 여기서 의사결정 요소의 설계는 마이크로컨트롤러와 ASIC로 구성된 ECU로 구성됐다. 이 두 요소에 대해 할당된 기술 안전 요구 사항(시퀀스 번호와 ASIL이 있는 TSR로 표시됨)이 있다.

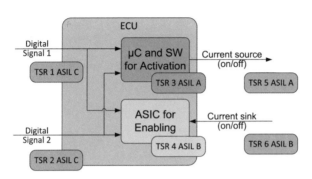

그림 10.3 기술 안전 개념은 소프트웨어(SW)를 포함한 마이크로컨트롤러(μC) 및 ASIC에 할당된 기술 안전 요구 사항이 포함된 기능 안전 개념보다 한 단계 더 상세하다.

실제 개발 중에는 기술 안전 개념의 계층 구조가 있는 것이 일반적이다. 또한 ASIL을 포함한 각 안전 목표에는 다른 기능 안전 개념과 기술 안전 개념이 있다. 안전 개념 간의 관계의 예는 그림 10.4에 나와 있다. 이 경우 상위 항목은 소프트웨어와 하드웨어로 구성된 요소(예, ECU)에 기술 안전 요건을 할당한다. 가장 낮은 항목에서는 기술 안전 요구 사항이 소프트웨어와 하드웨어에 할당된다. 이 최저 수준의 기술 안전 개념에는 하드웨어-소프트웨어 인터페이스도 있다. 설계의 다음 단계는 상세한 하드웨어 및 소프트웨어 개발이다. 10장에서는 소프트웨어 부분만 고려한다. 하드웨어 개발은 소프트웨어 개발과 비슷한 구조를 갖고 있다.

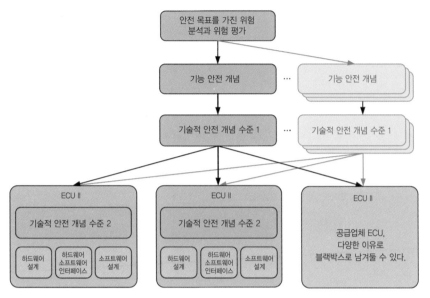

그림 10.4 하나의 기능 안전 개념에서 파생된 기술 안전 개념 계층 예. 다른 병렬 안전 개념은 그림에서 희미하게 나타난다.

10.4 소프트웨어 개발 계획

소프트웨어 개발은 계획 단계에서 시작된다. 파트 2에 따라 자원 배정 및 일정 설정을 포함한 모든 소프트웨어 활동의 계획 외에도 사용된 방법과 도구는 파트 6에 따라 결정해야 한다. 이 단계에서는 사용할 모델링 또는 프로그래밍 언어도 결정된다. 계획할 소프트웨어 활동은 그림 10.5에 나타나 있으며 10장에 자세히 설명돼 있다.

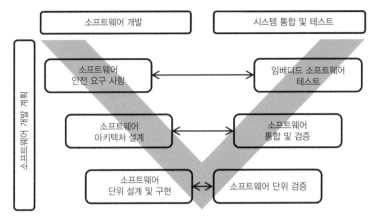

그림 10.5 [Org18]에서 채택한 ISO 26262에 따른 소프트웨어 개발 활동

ISO 26262가 폭포수 모델에 따라 수동으로 작성된 코드로 기존 맥락에서 설명되더라도 ISO 26262는 모두 자동 코드 생성을 지원하며 보다 애자일한 접근 방식에 맞게 작업 방식을 조정할 수 있다.

개발을 지원하고 일반적인 실수를 피하려면 모델링 및 코딩 지침이 있어야 한다. 이는 다음 측면을 다뤄야 한다.

- **낮은 복잡성 적용**: ISO 26262는 낮은 복잡성이 무엇인지 정의하지 않으며 충분히 낮은 수준의 복잡성을 설정하는 것은 사용자에게 달려있다. ISO 26262의 이 부분에 있는 다른 방법과의 적절한 타협이 필요할 수 있다. 사용할 수 있는 방법 중 하나는 순환 복잡성을 측정하고 무엇을 달성할 것인지에 대한 지침을 제공하는 것이다.

- **언어 하위 집합 사용**: 코딩할 때 프로그래밍 언어에 따라 모호하게 이해하거나 쉽게 실수를 할 수 있는 언어 구조가 있다. 예를 들어 C에서 코딩할 때 MISRA-C[A+08]를 사용해 그러한 언어 구조를 피해야 한다.

- **강력한 타입**type **적용**: 사용되는 프로그래밍 언어에 강력한 타입이 내재돼 있거나 코딩 지침에 이를 뒷받침하는 원칙이 추가돼야 한다. 강력한 타입의 장점은 설계와 검토 중에 소프트웨어의 동작이 명확해야 하기 때문에 그 동작을 더 잘 이해할 수 있다는 것이다. 프로그래

밍 언어에 강력한 타입이 내재돼 있는 경우 값에 타입이 있으며 해당 값으로 수행할 수 있는 작업은 값의 타입에 따라 달라진다. 예를 들어 텍스트 문자열에 숫자를 추가할 수 없다.

- **방어적 구현 기법 사용**: 방어적 구현의 목적은 예외를 포착하거나 예방하는 등 결함이나 예상치 못한 상황이 발생하더라도 코드가 계속 작동할 수 있도록 하는 것이다.
- **신뢰할 수 있는 설계 원칙의 사용**: 잘 작동하는 것으로 알려진 원리를 재사용하는 것이 목적이다.
- **명확한 그래픽 표현 사용**: 그래픽 표현(예, 데이터 흐름도)을 사용할 때는 해석을 위해 열려 있으면 안 된다.
- **스타일 가이드 사용**: 코딩할 때 좋은 스타일은 일반적으로 코드를 유지, 구성, 읽기 및 이해할 수 있게 만든다. 따라서 양호한 스타일 가이드를 사용하면 결함 가능성이 낮아진다. C에 대한 스타일 가이드의 한 예는 MISRA-C[A+08]이다.
- **이름 지정 규칙 사용**: 동일한 이름 지정 규칙을 사용하면 코드 읽기가 쉬워진다(예, 함수 이름에 대해 Title Case 사용).
- **동시성**: 목적은 소프트웨어가 순서가 맞지 않거나 부분적으로 실행될 때의 측면을 다루는 것이다. 다중 코어 및 다중 프로세서에서 올바른 결과를 보장한다.

10.5 소프트웨어 안전 요구 사항

소프트웨어에 기술 안전 요구 사항이 할당되고 소프트웨어 개발이 계획 설정되면 소프트웨어 안전 요구 사항을 지정해야 한다. 이는 하드웨어-소프트웨어 인터페이스를 고려한 기술 안전 개념과 시스템 설계 규격에서 파생된 것이다. 이 단계를 마치면 하드웨어-소프트웨어 인터페이스를 포함한 소프트웨어 안전 요구 사항이 기술 안전 개념을 실현하는지 검증해야 한다.

안전에 중요한 콘텍스트에서 소프트웨어 안전 요구 사항에 의해 지정된 소프트웨어로부터 예상되는 다음과 같은 여러 서비스가 있다.

- 의도한 기능의 정확하고 안전한 실행
- 시스템이 안전한 상태를 유지하는지 모니터링
- 시스템을 기능이 저하되거나 전혀 없는 저하된 상태로 전환하고 시스템을 해당 상태로 유지
- 진단 오류 코드 설정을 포함해 하드웨어 오류의 오류 감지 및 처리
- 결함이 발생하기 전에 결함을 찾기 위한 자가 테스트
- 생산, 서비스, 폐기와 관련된 기능. 폐기 중 에어백 보정 및 동작

10.6 소프트웨어 아키텍처 설계

소프트웨어 안전 요구 사항은 안전과 관련이 없는 다른 소프트웨어 요구 사항과 함께 소프트웨어 아키텍처에서 구현돼야 한다. 소프트웨어 아키텍처에서 소프트웨어 유닛을 식별해야 한다. 소프트웨어 유닛에 할당된 소프트웨어 안전성 요구 사항이 다르기 때문에 잠재적으로 서로 다른 ASIL을 가진 이러한 요구 사항이 동일한 소프트웨어 유닛에서 공존할 수 있는지도 고려하는 것이 중요하다. 공존을 위해 충족돼야 할 몇 가지 기준이 있다. 이러한 기준을 충족하지 못할 경우 소프트웨어는 할당된 모든 안전 요구 사항 중 가장 높은 ASIL에 따라 개발 및 테스트돼야 한다. 이러한 기준에는 메모리 보호 및 보장된 실행 시간이 포함될 수 있다.

소프트웨어 아키텍처에는 정적 측면과 동적 측면이 모두 포함된다. 정적 측면은 소프트웨어 유닛 간의 인터페이스와 관련이 있으며 동적 측면은 실행 시간 및 순서와 같은 타이밍과 관련이 있다. 간단한 소프트웨어 아키텍처의 예는 그림 10.6에 나와 있다. 이러한 두 가지 측면을 명시하고자 사용할 소프트웨어 아키텍처의 표기법은 비공식, 반형식 또는 형식적이다. ASIL이 높을수록 형식을 갖춰야 한다.

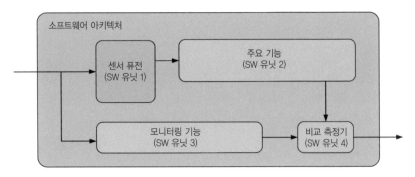

그림 10.6 4개의 소프트웨어 유닛이 포함된 간단한 소프트웨어 아키텍처의 예

소프트웨어 아키텍처에서 유지 보수 가능성과 테스트 가능성을 고려하는 것도 중요하다. 자동차 환경에서 소프트웨어는 수명이 길기 때문에 유지 보수가 가능해야 한다. ISO 26262에 따른 안전 요구 사항 이행을 주장할 때 테스트가 중요하므로 소프트웨어 아키텍처의 소프트웨어를 쉽게 테스트할 수 있어야 한다. 소프트웨어 아키텍처를 설계하는 동안 구성 가능한 소프트웨어의 사용을 고려할 수도 있으며 그것을 사용할 때 장단점이 있다.

높은 복잡성으로 인한 소프트웨어의 체계적인 결함을 방지하고자 ISO 26262는 다음을 포함해 다양한 부품에 사용해야 하는 일련의 원칙을 명시한다.

- 컴포넌트는 계층 구조, 높은 응집력을 가져야 하며 크기가 제한돼야 한다.
- 단순하고 작게 유지해야 하는 소프트웨어 유닛 간의 인터페이스. 이는 관심사의 분리로 소프트웨어 유닛 간 결합을 제한함으로써 달성할 수 있다.
- 소프트웨어 유닛의 스케줄링은 소프트웨어 유닛의 실행 시간을 보장하고자 고려돼야 한다. 일반적으로 인터럽트는 피해야 하지만 사용되는 경우 우선순위 기반이어야 한다.

소프트웨어 아키텍처 레벨에서는 서로 다른 소프트웨어 유닛 간의 오류를 탐지할 가능성이 높다. 일반적으로 다른 ASIL과 마찬가지로 ASIL이 높을수록 더 많은 메커니즘이 필요하다. 다음은 ISO 26262에서 언급된 메커니즘이며 일부는 서로 겹친다.

- **데이터 범위 검사**: 인터페이스에서 읽거나 인터페이스에 쓰는 데이터가 지정된 값 범위 내에 있는지 확인하는 간단한 방법이다. 이 범위를 벗어난 값은 잘못된 것으로 처리된다(예. 절대 영도 이하의 온도).
- **타당성 검사**: 이는 소프트웨어 장치 간 신호에 사용할 수 있는 일종의 온전성 검사다. 예를 들어 정상 차량의 경우 정지 상태에서 시속 100km로 이동하는 차량 속도 신호를 1초 안에 포착해야 한다. 그런 가속은 그럴듯하지도 않고 심지어는 가능하지도 않다. 신뢰성 검사에서는 참조 모델을 사용하거나 다른 소스의 정보를 비교해 잘못된 신호 값을 감지할 수 있다.
- **데이터 오류 감지**: 데이터 오류를 감지하는 방법에는 여러 가지가 있다 (예. 체크섬 및 중복 데이터 저장과 같은 오류 감지 코드).
- **프로그램 실행 모니터링**: 실행 중 오류를 감지하려면 외부 모니터링이 매우 효과적일 수 있다. 예를 들어 다른 마이크로컨트롤러 또는 워치독^{watchdog}에서 실행되는 소프트웨어일 수 있다.
- **제어 흐름 모니터링**: 소프트웨어 유닛의 실행 흐름을 모니터링해 건너뛴 명령 및 무한 루프에 걸린 소프트웨어를 포함한 특정 오류를 감지할 수 있다.
- **다양한 소프트웨어 설계**: 소프트웨어 설계에 다양성을 사용하는 것이 효율적일 수 있다. 접근 방식은 서로를 모니터링하는 2개의 서로 다른 소프트웨어 유닛을 설계하는 것이다. 동작이 다르면 처리해야 하는 오류가 있다. 이 방법은 소프트웨어 설계자가 비슷한 실수를 하는 경우가 드물지 않기 때문에 의문을 제기할 수 있다. 유사한 실수를 피하고자 소프트웨어 기능이 다양할수록 이러한 유형의 실수가 발생할 가능성이 낮아진다.
- **접근 제어**: 소프트웨어 또는 하드웨어에 구현된 접근 위반 제어 메커니즘을 사용해 안전 관련 리소스에 대한 접근을 허용 및 거부해 보호할 수 있다(예. 메모리 보호 장치).

오류가 감지되면 처리해야 한다. ISO 26262에 명시된 소프트웨어 아키텍처 수준의 오류 처리 메커니즘은 다음과 같다.

- **비활성화**: 일부 시스템의 경우 안전한 상태를 유지하고자 기능을 비활성화할 수 있다.

- **정적 복구 메커니즘**: 목적은 손상된 상태에서 정상 작동을 계속할 수 있는 상태로 되돌리는 것이다.

- **정상적인 성능 저하**: 이 방법은 오류가 감지되면 시스템을 정상 작동에서 안전한 작동으로 전환한다. 자동차의 일반적인 예는 경고등(예, 에어백을 사용할 수 없을 때 에어백 경고등)으로 작동하지 않는다는 것을 운전자에게 경고하는 것이다.

- **동일**homogenous **중복**: 이 유형의 메커니즘은 중복 하드웨어 장치를 사용해 하드웨어의 오류를 제어하는 데 중점을 둔다. 이 개념은 하드웨어의 동시 오류 가능성이 낮고 하나의 중복 채널이 항상 안전하게 작동해야 한다는 가정을 기반으로 한다.

- **다양한 중복성**: 이 유형의 메커니즘은 다른 소프트웨어를 사용해 소프트웨어의 설계 오류를 제어하는 데 중점을 둔다. 이 메커니즘은 하드웨어 설계 오류에도 작동한다.

- **데이터 코드 수정**: 데이터 오류의 경우 이를 수정할 수 있는 메커니즘이 있다. 이러한 메커니즘은 모두 다른 수준의 보호를 제공하고자 중복 데이터를 추가하는 것을 기반으로 한다. 중복 데이터를 많이 사용할수록 더 많은 오류를 수정할 수 있다. 예를 들어 이것은 일반적으로 CD, DVD, RAM에 사용되지만 이 영역에서도 사용할 수 있다.

소프트웨어 아키텍처 설계가 완료되면 소프트웨어 요구 사항에 대해 검증해야 한다. ISO 26262는 사용할 방법 집합을 지정한다.

- **설계 실사**: 이 방법은 소프트웨어 아키텍처 설계자가 잠재적인 문제를 탐지하기 위한 검토자 팀에 아키텍처를 설명하는 피어peer 검토 형식이다.

- **설계 검사**: 실제 검사와 달리 검사가 더 형식적이다. 계획, 오프라인 점

검, 점검 회의, 재작업, 변경 사항 후속 조치 등 여러 단계로 구성된다.

- **시뮬레이션**: 소프트웨어 아키텍처를 시뮬레이션할 수 있다면 특히 아키텍처의 동적 부분에서 결함을 찾는 데 효과적인 방법이다.
- **프로토타입 테스트**: 시뮬레이션의 경우 프로토타입은 동적 부품에 대해 매우 효율적일 수 있다. 그러나 프로토타입과 의도된 대상 간의 차이점을 분석하는 것이 중요하다.
- **형식 검증**: 수학을 사용해 정확성을 증명하거나 반증하고자 자동차 산업에서 거의 사용되지 않는 방법이다. 예상 동작을 보장하고 의도하지 않은 동작을 배제하며 안전 요구 사항을 증명하는 데 사용할 수 있다.
- **제어 흐름 분석**: 이러한 유형의 분석은 정적 코드 분석 중에 수행할 수 있다. 목적은 아키텍처 수준에서 소프트웨어를 실행할 때 안전에 중요한 경로를 찾는 것이다.
- **데이터 흐름 분석**: 이러한 유형의 분석은 정적 코드 분석 중에도 수행할 수 있다. 목적은 아키텍처 수준에서 소프트웨어 변수의 안전 임계값을 찾는 것이다.
- **스케줄링 분석**: 목적은 소프트웨어 유닛의 스케줄링이 좋은지 확인하는 것이다. 분석과 테스트를 결합해 수행할 수 있다.

10.7 소프트웨어 유닛 설계 및 구현

소프트웨어 안전 요구 사항이 지정되고 소프트웨어 유닛 수준까지의 소프트웨어 아키텍처가 준비되면 소프트웨어 유닛을 설계하고 구현할 때다. ISO 26262는 수동으로 작성된 코드와 자동으로 생성된 코드를 모두 지원한다. 코드가 생성되면 도구 분류 및 필요한 경우 도구 적격성에 의해 결정된 대로 사용 도구를 신뢰할 수 있다는 점을 고려해 소프트웨어 유닛에 대한 일부 요구 사항을 생략할 수 있다. 10.7절에서는 수동으로 작성된 코드에 초점을 맞춘다.

소프트웨어 아키텍처의 사양과 관련해 ISO 26262는 소프트웨어 유닛 설계에 사용해야 하는 표기법을 지정한다. ISO 26262에서는 적절한 표기법 조합을 사용해야 한다. 자연어는 항상 적극 권장되며 추가로 비공식 표기법, 준형식 표기법, 형식 표기법이 추가로 언급된다. 현재로서는 공식적인 표기가 필요하지 않다.

소프트웨어 유닛 구현을 위한 ISO 26262에는 많은 설계 원칙이 언급돼 있다. 일부는 개발 유형에 따라 적용되지 않을 수 있다. 많은 부분이 사용된 코딩 지침에 의해 다뤄질 수도 있다. 그러나 완전성을 위해 여기에 모두 언급돼 있다.

- **하나의 진입점과 하나의 종료점**: 이 규칙의 주된 이유 중 하나는 이해할 수 있는 코드를 갖기 위함이다. 다중 종료점은 코드를 통한 제어 흐름을 복잡하게 하므로 코드를 이해하고 유지 관리하기가 더 어렵다.
- **동적 개체 또는 변수 없음**: 동적 개체 및 변수에는 예측할 수 없는 동작과 메모리 누수라는 두 가지 주요 문제가 있다. 둘 다 안전에 부정적인 영향을 미칠 수 있다.
- **변수 초기화**: 변수를 초기화하지 않고 안전하지 않거나 잘못된 값을 포함해 그 변수에 무엇이든 넣을 수 있다. 이 두 가지 모두 안전에 부정적인 영향을 미칠 수 있다.
- **변수 이름의 다중 사용 금지**: 같은 이름의 다른 변수를 사용하면 코드 독자에게 혼란을 줄 위험이 있다.
- **전역 변수 피하기**: 전역 변수는 두 가지 측면에서 좋지 않다. 누구나 읽을 수 있고 누구나 쓸 수 있다. 안전 관련 코드로 작업할 때 두 가지 측면에서 변수를 모두 제어하는 것이 좋다. 그러나 이 위험과 관련해 사용이 정당화될 수 있는 경우 전역 변수가 선호되고 ISO 26262가 이러한 경우를 허용하는 경우가 있을 수 있다.
- **제한된 포인터 사용**: 포인터 사용의 두 가지 중요한 위험은 변수 값의 손상과 프로그램 충돌이다. 둘 다 피해야 한다.
- **암시적 유형 변환 없음**: 일부 프로그래밍 언어에서는 컴파일러에서 지

원하더라도 데이터 손실을 포함해 의도하지 않은 동작이 발생할 수 있으므로 이를 피해야 한다.

- **숨겨진 데이터 흐름 또는 제어 흐름 없음**: 숨겨진 흐름은 코드를 이해하고 유지하기 어렵게 만든다.
- **조건 없는 점프 없음**: 조건 없는 점프는 코드를 분석하고 이해하기 어렵게 만들고 추가 이점이 제한된다.
- **재귀 없음**: 재귀는 강력한 방법이다. 그러나 코드를 복잡하게 만들어 이해하고 확인하기가 더 어렵다.

10.8 소프트웨어 유닛 검증

그림 10.7과 같이 소프트웨어 유닛을 검증하는 목적은 소프트웨어 유닛이 소프트웨어 안전 요구 사항을 충족하고 원하지 않는 동작을 포함하지 않는다는 것을 입증하는 것이다. 이러한 목적을 달성하고자 필요한 네 가지 단계는 소프트웨어 유닛의 검토 및 분석, 적절한 테스트 방법 조합 선택, 테스트 사례 결정 및 실행, 테스트가 충분한 적용 범위를 제공하는 이유의 논증이다. 또한 소프트웨어 유닛 테스트에 사용되는 테스트 환경은 가능한 한 목표 환경을 나타내는 것이 중요하다(예, 4장에서 설명한 model-in-the-loop 테스트 및 hardware-in-the-loop 테스트).

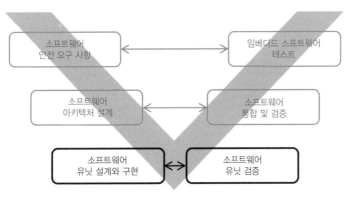

그림 10.7 소프트웨어 유닛 검증은 소프트웨어 유닛 설계 및 구현 수준에서 수행

소프트웨어 유닛을 검증할 때 하드웨어-소프트웨어 인터페이스와 소프트웨어 안전 요구 사항이 모두 충족되는지 확인해야 한다. 또한 구현이 코딩 지침을 충족하고 소프트웨어 유닛 설계가 의도한 하드웨어와 호환되는지 확인해야 한다. 이를 위해 적용 가능한 소프트웨어 안전 요구 사항의 ASIL에 따라 적절한 조합의 방법을 선택해야 한다. ISO 26262의 소프트웨어 장치 검증 방법은 다음과 같다.

- **검토**walk-through[1]
- **짝 프로그래밍**: 두 명의 프로그래머가 병렬로 작업하는 기술이다. 한 명은 코드를 작성하고 다른 한 명은 작성된 코드를 검토한다.
- **검사**inspection(각주 1 참고)
- **준 형식 검증**: 이 방법군은 사용 편의성 및 검증 결과의 강도와 관련해 검토와 같은 비공식 검증과 공식 검증 사이에 있다.
- **형식적 검증**(각주 1 참고)
- **제어 흐름 분석**(각주 1 참고)
- **데이터 흐름 분석**(각주 1 참고)
- **정적 코드 분석**: 이 분석의 기본은 소스 코드를 실행하지 않고 디버그하는 것이다. 기능이 향상된 도구가 많이 있다. 여기에는 구문 및 의미 분석, MISRA-C와 같은 코딩 지침 확인, 변수 추정, 제어 및 데이터 흐름 분석이 포함된다.
- **의미**semantic **코드 분석**: 이것은 소스 코드의 의미 측면을 고려한 정적 코드 분석의 한 유형이다. 탐지할 수 있는 예로는 변수와 함수가 제대로 정의되지 않고 잘못된 방법으로 사용되지 않는 경우가 있다.
- **요구 사항 기반 테스트**: 이 테스트 방법은 테스트 대상 소프트웨어가 적용 가능한 요구 사항을 충족하는지 확인하는 것을 목표로 한다.
- **인터페이스 테스트**: 이 테스트 방법은 테스트 대상 소프트웨어와의 모든 상호 작용이 의도한 대로 작동하는지 확인하기 위한 것이다. 또한 테스트 대상 인터페이스에서 잘못된 가정을 탐지해야 한다. 이러한

---

[1] 10.6절 참고

상호 작용은 요구 사항에 의해 명시돼야 하며 따라서 이 시험 방법은 요구 사항 기반 시험과 중복된다.

- **결함 주입 테스트**: 이 방법은 안전 관련 테스트를 위한 매우 효율적인 테스트 방법이다. 핵심 부분은 테스트 대상에 누락된 부분이 있는지 확인하는 것이다. 동작 모니터링 및 분석과 함께 다양한 유형의 결함을 주입함으로써 새로운 안전 메커니즘을 추가하는 등 해결해야 할 취약점을 찾을 수 있다.
- **리소스 사용 평가**: 이 검증 방법의 목적은 통신 대역폭, 계산 전력, 메모리와 같은 리소스가 안전한 동작을 위해 충분한지 검증하는 것이다. 이러한 유형의 테스트에서는 테스트 대상이 매우 중요하다.
- **연속 비교 테스트**: 이 방법은 모델의 동작을 구현된 소프트웨어의 동작과 비교한다. 둘 다 동일한 방식으로 자극한다. 행동의 차이는 해결해야 할 잠재적인 결함일 수 있다.

마찬가지로 ISO 26262는 소프트웨어 유닛 테스트를 위한 테스트 사례를 도출하는 일련의 방법을 제공한다. 이 방법은 다음과 같다.

- **요구 사항 분석**: 이 방법은 테스트 케이스를 도출하는 가장 일반적인 접근 방식이다. 기본적으로 요구 사항을 분석하고 적절한 테스트 사례를 명시한다.
- **등가 클래스 생성 및 분석**: 이 방법의 목적은 우수한 테스트 적용 범위를 제공하는 데 필요한 테스트 사례 수를 줄이는 것이다. 이는 동일한 조건을 테스트하는 입력 및 출력 데이터의 등가 클래스를 식별해 수행된다. 그런 다음 적절한 적용 범위를 제공하고자 대상과 함께 테스트 케이스가 지정된다.
- **경계값 분석**: 이 방법은 등가 클래스를 보완한다. 입력 데이터의 경계값을 자극하고자 테스트 사례가 선택된다. 경계값 자체, 경계에 접근 및 교차하는 값 및 범위를 벗어나는 값을 고려하는 것이 좋다.
- **오류 추측**: 이 방법의 장점은 시험 사례가 경험과 배운 교훈을 바탕으로 생성된다는 것이다.

소프트웨어 유닛 테스트의 마지막 단계는 수행된 테스트 케이스가 충분한 테스트 범위를 제공하는지 분석하는 것이다. 그렇지 않다면 더 많은 검사를 해야 한다. 커버리지 분석은 다음 세 가지 메트릭을 사용해 수행된 ISO 26262에 따른다.

- **진술**statement **범위**: 목표는 모든 진술을 포함하는 것이다(예, 실행되는 소프트웨어에서 printf("Hello World")).
- **분기 적용 범위**: 목표는 실행된 소프트웨어의 각 의사결정 문(예, if 문에서 true와 false branch)의 모든 분기를 실행하는 것이다.
- **MC/DC**Modified Condition/Decision Coverage: 이 테스트 범위의 목표는 네 가지 기준을 충족하는 것이다. 이것들은 각 진입점 및 종료점이 실행되고, 각 결정이 가능한 모든 결과를 실행하고, 결정의 각 조건이 가능한 모든 결과를 실행하고, 결정의 각 조건이 결정의 결과에 독립적으로 영향을 미치는 것으로 표시된다.

10.9 소프트웨어 통합 및 검증

모든 소프트웨어 유닛을 구현, 검증, 테스트했으면 소프트웨어 유닛을 통합하고 통합 소프트웨어를 테스트할 때다. 이 테스트의 목표는 통합 소프트웨어가 그림 10.8과 같이 소프트웨어 아키텍처 설계를 준수하는지 테스트하는 것이다. 이 테스트는 소프트웨어 유닛 테스트와 매우 유사하며 테스트 방법 선택, 테스트 사례 사양, 테스트 범위 분석의 세 단계로 구성된다. 또한 시험 환경은 최대한 대표적이어야 한다.

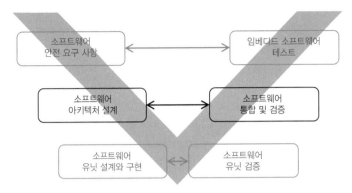

그림 10.8 소프트웨어 통합 및 검증은 소프트웨어 아키텍처 레벨에서 수행

소프트웨어 통합 및 검증 방법은 대부분 소프트웨어 유닛 검증과 동일하며 일부 추가 사항도 있다. ISO 26262에 나열된 방법은 다음과 같다.

- 요구 사항 기반 테스트[2]
- 인터페이스 테스트(각주 2 참고)
- 결함 주입 테스트(각주 2 참고)
- 리소스 사용 평가(각주 2 참고)
- 연속 비교 테스트(각주 2 참고)
- 제어 흐름 및 데이터 흐름 검증[3]: 이전에 수행한 제어 흐름 분석 및 데이터 흐름 분석(각주 3 참고)을 보완하고자 통합 소프트웨어에 대해서도 소프트웨어 통합 중에 수행한다.
- 정적 코드 분석(각주 3 참고)
- 의미 코드 분석(각주 3 참고)

소프트웨어 통합 테스트를 위한 테스트 사례 도출 방법은 10.8절에 설명된 소프트웨어 유닛 테스트와 동일하다. 즉 다음과 같다.

- 요구 사항 분석
- 등가 클래스 생성 및 분석
- 경계값 분석

---

2 10.8절 참고
3 10.6절 참고

- 오류 추측

통합 소프트웨어 테스트의 마지막 단계는 테스트 적용 범위를 분석하는 것이다. 다시 말하지만 적용 범위가 너무 낮으면 더 많은 검사를 해야 한다. ISO 26262에 따른 적용 범위 분석은 다음 방법을 사용해 수행한다.

- **기능 적용 범위**: 이 방법의 목적은 소프트웨어의 모든 기능을 실행하는 것이다.
- **호출 범위**: 이 방법의 목적은 소프트웨어에서 모든 함수 호출을 실행하는 것이다. 기능 범위와 비교했을 때 이 커버리지의 주요 차이점은 기능이 여러 곳에서 호출될 수 있으며 이상적으로는 이러한 모든 호출이 테스트 중에 실행된다는 것이다.

10.10 임베디드 소프트웨어 테스트

소프트웨어가 완전히 통합됐으면 이제 그림 10.9와 같이 소프트웨어 안전 요구 사항에 대해 소프트웨어를 검증해야 할 때다. ISO 26262는 사용할 수 있는 테스트 환경을 지정한다. 이 시점에서 사용할 환경은 개발 유형에 따라 매우 달라진다. 이러한 테스트 환경에는 다음과 같은 조합이 포함될 수 있다.

- Hardware-in-the-loop: 실제 대상 하드웨어를 가상 차량과 함께 사용하는 것이 비용 효율적인 테스트 방법이 될 수 있다. 가상 차량을 사용하는 만큼 다른 환경으로 보완해야 한다.
- **전자 제어 장치 네트워크 환경**: 외부 환경에 실제 하드웨어와 소프트웨어를 사용하는 것은 매우 일반적이다. 가상 차량에 비해 정확도가 높으며 동시에 테스트 실행 효율성이 떨어질 수 있다.
- **차량**: 이 테스트 단계에서 차량을 사용하는 것은 특히 작동 중인 소프트웨어가 있고 수정된 경우에 유용하다. 동시에 가장 비용이 많이 드는 테스트 환경이다.

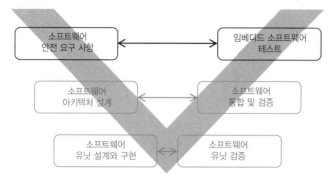

그림 10.9 내장된 소프트웨어의 테스트는 소프트웨어 안전 요구 사항에 따라 수행

10.11 소프트웨어 설계 예제

10.11절에서는 ISO 26262가 소프트웨어 설계에 어떤 영향을 미칠 수 있는지를 보여 주고자 10.10절의 몇 가지 간단한 예를 살펴본다. 그림 10.10의 예에서 ASIL D로 분류된 결함 거동에 대한 가정된 안전 목표를 갖고 있으며 다른 안전 목표는 없다. 이 예에서는 ASIL 분해를 사용해 ASIL D를 2개의 독립된 ASIL B 채널로 분할하기도 한다. 그러나 결국 comparator가 단일 결함 지점이므로 ASIL D 요구 사항을 충족해야 한다.

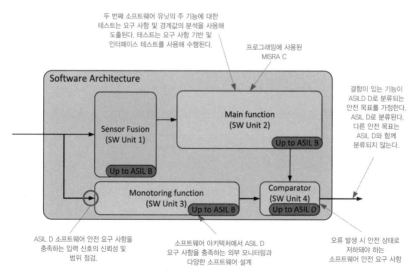

그림 10.10 ASIL D 안전 목표를 위한 소프트웨어 설계의 TA 간단한 예

계획의 초기 단계부터 그림 10.10과 같이 사용되는 프로그래밍 언어에 대한 요구 사항이 있으며 C 언어를 사용할 때 MISRA-C 표준 [A+08]이 일반적이다. 그림 10.10에서 comparator에 대한 소프트웨어 안전 요구 사항의 예는 comparator에 대해 오류가 감지된 경우 안전한 상태로 전환하는 것이다. 이 예에서 안전 상태는 기능이 없을 수 있으며, 이를 자동 실패 상태라고 한다. 그림 10.10에 의도적으로 표시된 것처럼 소프트웨어 아키텍처 설계 작업은 매우 중요하다. 이 예에서는 다양한 소프트웨어를 사용한 외부 모니터링뿐만 아니라 센서 측의 타당성 및 범위 검사를 본다. 이 모니터링 기능을 최대한 활용하려면 독립 하드웨어에 할당해야 한다. 주요 기능의 테스트를 위해서는 테스트에 대한 ASIL B 요구 사항을 충족하는 방법을 사용하는 것으로 충분하다.

10.12 통합, 테스트, 검증, 평가, 릴리스

소프트웨어 및 하드웨어의 설계 및 구현에서 기술 안전 요구 사항을 충족하고 파생 요구 사항이 충족되는지 테스트를 통해 확인했으면 하드웨어와 소프트웨어를 통합할 때다. ISO 26262에서는 하드웨어, 시스템, 차량의 세 가지 레벨에서 이 작업이 수행된다. 각 레벨에서는 통합과 테스트가 모두 필요하다. 실제 개발에서는 통합 레벨이 더 적거나 더 많은 통합 수준이 있을 수 있으며, 특히 개발 레벨이 다양한 차량 제조업체와 공급업체 간에 분산돼 있을 경우 더욱 그러하다. 각 레벨에서 테스트 사례를 도출할 수 있는 구체적인 방법과 테스트 중에 사용할 방법이 있다. 이 모든 것은 통합된 요소들이 규정된 대로 작동한다는 증거를 제공하기 위한 목적을 갖고 있다.

차량에 기능이 통합되면 안전성 검증을 완료할 수 있다. 안전성 검증의 목적은 안전 목표와 기능 안전 개념이 기능에 적절하고 달성됐다는 증거를 제공하는 것이다. 이를 통해 개발을 완료했으며, 남은 활동은 안전한 제품으로 개발됐는지 평가하고 결론을 내리는 것뿐이다.

안전성이 달성됐다는 결론과 주장을 문서화하고자 안전 사례를 작성한다. 안전 사례는 서로 다른 문서를 증거로 참조하는 이 논증으로 구성된다. 대표적인 증거에는 위험 분석 및 위험 평가, 안전 개념, 안전 요건, 검토 보고서, 분석 보고서, 시험 보고서가 포함된다. 개발 활동이 확정되기 전에 확정할 수 없더라도 제품 개발과 병행해 안전 사례를 작성하는 것이 좋다.

안전 사례가 작성되면 ASIL이 높은 항목에 대한 기능 안전 평가가 필요한 시점이다. 이 작업을 수행하는 방법에 대한 세부 사항이 많이 있지만 단순화하면 독립적인 사람이 개발된 시스템, 시스템으로 이어지는 문서화, 특히 안전 사례 및 개발 중 작업 방식을 검토해야 한다. 평가를 하는 사람이 만족하면 생산을 위해 릴리스하고 생산을 시작하는 것이 가능하다.

10.13 생산과 운영

기능적 안전은 주로 제품 개발에 초점을 맞춘다. 동시에, 개발된 것은 생산돼야 하며 차량 사용자가 사용할 수 있도록 돼 있다. ISO 26262 파트 7은 전체 표준 중 가장 작은 부분이며 생산과 운영 모두에서 필요한 사항을 설명한다. 또한 생산과 운영의 계획은 제품 개발과 병행해 이뤄져야 할 활동이다.

생산 요구 사항은 안정적인 생산 공정을 유지하고, 추적 가능성이 필요한 경우 생산 중 수행한 작업에 대한 문서화를 포함하며, 라인 종료 시험 및 교정과 같은 필요한 활동을 수행하는 것을 포함해 의도된 것을 생산하는 것으로 요약할 수 있다.

운영을 위해 운전자와 서비스 직원이 알아야 할 정보에 대한 명확한 요구 사항이 있다(예. 운전자 설명서의 지침, 서비스 지침, 분해 지침). 운영 시 핵심 요소 중 하나는 현장 모니터링 프로세스이기도 하다. 이 프로세스의 목적은 잠재적 결함을 감지하고 이러한 결함을 분석하고 필요한 경우 운영 중인 차량에 대해 적절한 활동을 시작하는 것이다.

10.14 더 읽기

10장에서는 ISO 26262의 개요와 소프트웨어별 파트에 대해 자세히 살펴봤다. 두 파트에 대한 자세한 내용을 보려면 ISO 26262 표준 자체[Org18]가 특히 소프트웨어 특정 파트에 대해 운영을 시작할 때 좋은 대안이다. 동시에, 많은 표준처럼 이 표준을 이해하는 것은 더 큰 그림과 이면에 있는 논리를 얻기 위한 기본적인 훈련으로부터 이익을 얻을 것이다. 안전 관련 소프트웨어에 대한 자세한 내용은 [HK10]의 작업을 보고 시작하는 것이 좋다.

일반적인 기능 안전에 대해 자세히 설명하자면, 이용 가능한 좋은 책들이 몇 권 있다. 다소 오래됐더라도 좋은 개요를 제공하는 고전 책 중 하나는 [Sto96]이다. 스미스[Smith] 등이 쓴 새 책 [SS10]에서는 기능 안전 기준에 대한 전반적인 개요와 IS/IEC 61508 및 IS/IEC 61511 표준을 상세히 설명한다. 비록 ISO 26262와 다르더라도 이 책은 여전히 자동차 분야에서 사용할 수 있는 좋은 통찰력을 제공한다.

기능적 안전으로 작업할 때 작업의 상당 부분이 다양한 안전 분석에 기초하고 있음은 명백하다. 자동차 분야에서 사용되는 대부분에 대한 좋은 개요를 제공하는 책으로 [E+15]가 있다.

또한 ISO 26262 및 기타 많은 안전 표준의 핵심 요소 중 하나는 안전 사례에 문서화된 안전 논증이다. 안전 사례에 대한 자세한 이해를 위해 윌슨[Wilson] 등[WKM97]에서 자세히 설명한다. 논증 부분에서 목표 구조화 표기법은 잘 알려져 있고 효과적인 접근법이다. 이것은 다른 논문에서 잘 설명돼 있다[KW04, Sta16].

10.15 결론

10장에서는 자동차 산업이 기능적 안전과 함께 동작하는 방식을 설명했으며 특히 소프트웨어 개발에 초점을 맞췄다. 10장에서 명백하게 알 수 있듯이 ISO 26262 표준은 자동차 산업에서 이를 위한 기초다. 이는 상당히 중요한 표준이며, 조직과 개인 모두 업계에 종사하기 위한 필수 조건이다.

하룻밤 사이에 배울 수 있는 표준이 아니다. 동시에 소프트웨어 엔지니어링과 같은 일부 부분에서는 매우 간단하다. 10장에서 볼 수 있듯이 ISO 26262의 소프트웨어 관련 세부 사항은 일반적인 소프트웨어 개발 관행을 따르는 추가 규칙 집합이다.

독자는 ISO 26262의 일반적인 내용을 확인하는 것도 필요하다. 답은 하나만 있는 것이 아니다. 이 표준은 자동차 산업에서 기능적 안전과 관련된 단순화된 작업 방식을 설명하는 표준이다. 다양한 개발 유형이 있기 때문에 이 표준은 각 개발 유형에 맞게 조정돼야 한다. 따라서 이 표준의 사용자는 이를 적용할 때 많은 유연성을 갖추는 동시에 소프트웨어 유닛을 테스트할 때 선택한 테스트 방법에 대해 논쟁을 벌여야 할 책임이 크다. 예를 들어 다른 국가, 차량 종류, 공급망 레벨에서 표준이 해석되는 방식에도 차이가 있다.

참고 문헌

A+08. Motor Industry Software Reliability Association et al. *MISRA-C: 2004: guidelines for the use of the C language in critical systems*. MIRA, 2008.

Aut16. Automotive Industry Action Group. IATF 16949: Quality management system require- ments for automotive production and relevant service part organizations. *Automotive Industry Action Group*, 16949, 2016.

C+99. International Electrotechnical Commission et al. ISO/IEC 61508: Functional Safety of Electrical Systems. *Electronic/Programmable Electronic Safety-Related Systems*, 1999. E+15. Clifton A Ericson et al. *Hazard analysis techniques for system safety*. John Wiley & Sons, 2015.

HHK10. Ibrahim Habli, Richard Hawkins, and Tim Kelly. Software safety: relating software assurance and software integrity. *International Journal of Critical Computer-Based Systems*, 1(4):364–383, 2010.

KW04. Tim Kelly and Rob Weaver. The goal structuring notation–a safety argument notation. In *Proceedings of the dependable systems and networks 2004 workshop on assurance cases*. Citeseer, 2004.

Org11. International Standards Organization. 26262–road vehicles-functional safety. *International Standard ISO*, 26262, 2011.

Org15. International Standards Organization. 9001: 2015 Quality management system–requirements. *Geneva, Switzerland*, 2015.

Org18. International Standards Organization. ISO 26262, 2nd edition: Road vehicles – Functional safety. *International Standard ISO*, 26262, 2018.

SS10. David J Smith and Kenneth GL Simpson. *Safety Critical Systems Handbook: A Straightforward Guide To Functional Safety, IEC 61508 (2010 Edition) and Related Standards, Including Process IEC 61511 And Machinery IEC 62061 And ISO 13849*. Elsevier, 2010.

Sta16. Miroslaw Staron. Automotive software architecture views and why we need a new one– safety view. 2016.

Sto96. Neil R Storey. *Safety critical computer systems*. Addison-Wesley Longman Publishing Co., Inc., 1996.

WKM97. SP Wilson, Tim P Kelly, and John A McDermid. Safety case development: Current practice, future prospects. In *Safety and Reliability of Software Based Systems*, pages 135–156. Springer, 1997.

11

자동차 소프트웨어 현재 동향

개요　자동차는 도입 이후 많은 발전을 해왔고 앞으로 더욱 발전할 것이다. 오늘날의 자동차는 전자 제품에 내장된 소프트웨어가 없다면 작동하지 않을 것이다. 물리적 프로세스는 1990년대 자동차(연소 엔진, 서보 스티어링)와 동일하지만 컴퓨터 플랫폼이 돼 스스로 사고하고 주행할 수 있다. 11장에서는 자동차 소프트웨어 엔지니어링을 형성하는 몇 가지 동향(자율주행, 셀프-* 시스템, 빅데이터, 새로운 소프트웨어 엔지니어링 패러다임)에 대해 살펴본다. 이러한 동향이 자동차 소프트웨어 엔지니어링의 미래를 어떻게 형성할 수 있는지 알아본다.

11.1 소개

자동차 소프트웨어는 시간이 지남에 따라 발전하며 개발 방법을 변경해야 한다. 소프트웨어의 진화는 더 많은 소프트웨어를 필요로 하는 새로운 기능을 사용할 수 있다는 것을 의미하지만 더 발전된 소프트웨어 개발 방법을 사용할 수 있다는 것도 의미한다.

자동차에 탑재된 전자 제품과 소프트웨어의 역사를 살펴보면 오늘날 큰 기술 혁신이 일어나고 있음을 알 수 있다. 오늘날의 자동차는 다양한 방법으로 사용할 수 있는 정교한 컴퓨터 플랫폼이 됐다. 파워트레인 기술은 기존의 연소 엔진에서 전기 또는 하이브리드 엔진(예, 수소 기술)으로 변화했다.

이러한 흥미로운 시대에 살면서 소프트웨어 엔지니어와 아키텍트는 많은 가능성과 잠재력을 보게 될 것이다. 그런 다음 현재의 자동차 소프트웨어 엔지니어링을 형성하는 몇 가지 동향을 살펴보겠다. 특히 다음 동향을 살펴볼 것이다.

- **자율주행** - 자율주행의 도입이 자동차 부문과 자동차를 조종하는 데 필요한 소프트웨어를 형성하는 방법
- **셀프-*** - 자가 치유 및 자가 복구 시스템을 개발하는 능력이 자동차에서 소프트웨어를 설계하는 방식에 영향을 미치는 방법
- **빅데이터** - 많은 양의 데이터를 전달하고 처리할 수 있는 능력이 자동차에서 의사결정에 대한 사고방식을 변화시키는 빙법
- **새로운 소프트웨어 개발 패러다임** - 새로운 소프트웨어 엔지니어링 방법이 자동차 시스템용 소프트웨어를 개발하는 방식에 영향을 비치는 방법

11장의 나머지 부분에서는 이러한 동향을 살펴본다.

11.2 자율주행

의심할 여지없이 자동차 소프트웨어의 주요 동향은 자율주행 소프트웨어다. 자율주행 소프트웨어는 운전자가 자동차나 일부 기능을 제어하지 않아도 된다. 미국의 NHSTA^{National Highway Safety Traffic Administration}는 다음과 같은 자동차 자율 기능 수준을 정의하고 있다[A+13].

- **레벨 0, 자동화 없음** – 차내에 차량을 주행하거나 운전자를 지원할 수 있는 기능이 없다.
- **레벨 1, 기능별 자동화** – '이 레벨에서의 자동화에는 하나 이상의 특정 제어 기능이 포함됨' 이 정의에 따라 예를 들면 어댑티브 크루즈 컨트롤과 같은 특정 기능이 자율적일 수 있음을 의미한다.
- **레벨 2, 결합된 기능 자동화** – 기능 그룹을 자동화하고 자율적일 수 있다. 그러나 운전자는 여전히 차량을 제어할 책임이 있으며, 매우 짧은 시간 내에 차량을 제어할 수 있도록 준비해야 한다. 대표적인 기능은 고속도로에서의 자율주행이다.
- **레벨 3, 제한된 자율주행 자동화** – 특정 조건에서 자동으로 주행하고 상태를 모니터링할 수 있다. 운전자가 통제력을 발휘해야 할 수도 있지만 전환 시간은 레벨 2보다 더 길다.
- **레벨 4, 완전한 자율주행 자동화** – 자동으로 전체 주행이 가능하며, 운전자는 제약 조건과 목적지만 입력한다. 이 레벨은 유인 차량과 무인 차량 모두에 적용된다.

자동차는 이미 자동화 레벨 2(복합 기능 자동화)와 레벨 3(예, 테슬라의 오토파일럿 기능, [Pas14, Kes15]) 기능을 제공하고 있음을 알 수 있다. 이러한 기능은 자동차 소프트웨어에 많은 제약을 준다.

첫째, 이는 소프트웨어의 복잡성과 그에 따른 개발, 확인, 검증, 인증 비용을 유발한다. 자율주행 기능은 안전에 매우 중요하기 때문에 구체적인 검증이 필요하다. 또한 매우 추상적인 수준의 교통 상황(예, 자동차 탑승자의 생명을 구하는 것이 더 나은지 또는 사고 당사자의 생명을 구하는 것이 더 나은지 여부)에서 복잡한 추론을 요구한다.

둘째, 이러한 기능은 처리할 대량의 데이터의 필요성을 유도하며 이는 자동차의 처리 능력을 필요로 한다. 처리 능력에는 효율적인 CPU와 높은 처리량의 전자 버스가 필요하며 이를 위해서는 진동, 습도, 온도와 같은 환경에 영향을 받기 쉬운 고급 인프라(예, 냉각 팬)가 필요하다. 이것은 특히 자동차를 위해 새로운 부품들이 개발돼야 한다는 것을 의미하며 이는 비용을 증가시킨다.

셋째, 현재 센서의 품질이 고급 시나리오에 불충분하다는 점을 이해해야 한다. 카메라는 특정 조건에서 선명하게 볼 수 있지만 사람의 눈은 여전히 모든 상황에서 인간의 뇌와 더 잘 동기화된다. 따라서 카메라는 낮은 조명이나 악천후 조건에서는 효과적으로 작동할 수 없다[KTI+05]. 고급 카메라와 정교한 장비를 사용하는 것은 비용을 증가시키고 여전히 인간의 눈과 뇌에서 나오는 것과 같은 품질을 보장하지 못할 것이다.

마지막으로, 이러한 자율 기능은 더 높은 추상화 수준에서 작동해야 한다. 가장 가까운 장애물까지의 거리에 대한 정보를 지도 보기와 비교해 특정 상황에서 최선의 행동 경로를 결정할 수 있는 세계관으로 변환해야 한다[BT16]. 이를 위해서는 휴리스틱을 기반으로 할 수 있는 고급 알고리듬이 필요하다. 그러나 이러한 휴리스틱은 모든 종류의 교통 상황에서 올바르게 작동한다는 것을 증명하기가 매우 어려우며 따라서 안전 인증에 문제가 있다.

11.3 셀프-*

자가 치유는 시스템이 자동으로 구조를 변경해 동작을 동일하게 유지할 수 있는 기능이다. 자가 치유의 예는 케로미티스Keromytis 등[Ker07]의 연구에서 볼 수 있다. 자가 복구 기능을 잘못된 실행에서 자동으로 복구할 수 있는 기능으로 정의한다.

자가 치유 시스템에 사용되는 가장 두드러진 메커니즘 중 하나는 MAPE-K(측정, 분석, 계획 및 실행 + 지식, [MNS+05])다. 어댑티브 크루즈 컨트롤 기능을 실현하는 ECU 오버워치overwatch 알고리듬으로 그림 11.1에 나와 있다.

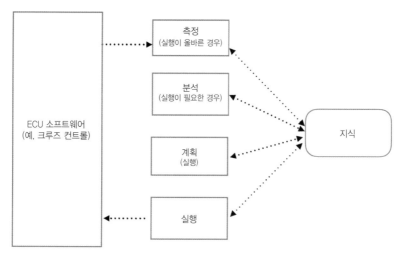

그림 11.1 ECU 소프트웨어용 MAPE-K 구현

요약하면 알고리듬은 알고리듬 실행을 모니터링해 정확성을 확인하는 것이다. 어댑티브 크루즈 컨트롤의 예에서는 레이더를 모니터링해 신뢰할 수 있는 결과를 제공하는지 확인할 수 있다(예, 왜곡 없음). 분석 컴포넌트는 고장 조건 중 하나가 감지됐는지 확인하고(예, 레이더 판독치의 노이즈가 너무 많다) 계획 컴포넌트로 신호를 전송하며, 계획 컴포넌트는 판독 및 분석을 기반으로 적절한 실행을 계획한다. 실행 중 하나는 어댑티브 크루즈 컨트롤을 비활성화하고 사용자에게 알리는 것이다. 컴포넌트가 복구 전략에 대한 결정을 내리면 실행하고 수리 전략을 실행한다(예, 사용자에게 알리고 적응형 순항 제어 알고리듬을 비활성화한다).

이러한 자가 적응 사용 동향은 오류와 장애가 발생할 때 부품의 작동을 변경할 수 있도록 하기 때문에 안전에 중요한 시스템에서 점점 더 많이 사용되고 있다. 시스템이 기능을 스스로 저하시킬 수 있는 기능을 제공할 수 있다(예, 6장에서 설명한 바와 같이 일시적으로 엔진 작동을 변경한다).

그러나 자가 적응을 자동차 시스템에 더욱 적용하려면 여전히 해결해야 할 과제가 있다. 주요 과제 중 하나는 자가 적응 중에 시스템이 '안전'하다는 것을 입증하는 능력(ISO/IEC 26262)이다. 또 다른 것은 자가 적응 알고리듬이 복잡하고 검증이 필요할 수 있지만 많은 상황에서 고장 모드를 실제로 재현할 수 없다는 것이다. 예를 들어 차량이 시속 150km로 주행할 때 어댑티브 크루즈 컨트롤의 레이더가 고장나는 상황을 안전하게 재현하기 어렵다.

그럼에도 점점 더 복잡한 자동차에서 의사결정 알고리듬을 모니터링해야 하기 때문에 자동차 시스템에 진입하는 셀프* 알고리듬을 더 많이 사용할 수 있다(예, 자율주행과 관련된다).

11.4 빅데이터

자동차가 서로 통신할 수 있는 능력과 자체 센서를 이용해 의사결정을 할 수 있는 능력으로 자동차에 사용되는 데이터 양이 기하급수적으로 증가했다. 동시에 컴퓨터 과학 분야는 발전했고 대량의 데이터의 저장, 분석, 처리와 관련된 과제를 다루기 시작했다[MCB+11, MSC13].

빅데이터 시스템의 특징은 다음의 5V로 나열할 수 있다.

- **볼륨**^{Volume} – 빅데이터 시스템에는 많은 양의 데이터(예, 테라바이트 또는 페타바이트)가 있으므로 저장 및 처리는 새로운 유형의 알고리듬이 필요한 어려운 작업이다.
- **다양성**^{Variety} – 데이터가 이기종 소스에서 제공되고 형식이 다르며 여러 의미론적 모델이 있으므로 데이터를 분석 알고리듬에 제공하기 전에 사전 처리가 필요하다.
- **속도**^{Velocity} – 데이터가 고속으로 제공되며 실시간 처리가 필요하다(예, 자동차의 여러 센서에서 안전에 중요한 결정을 내리는 데 사용해야 한다). 속도에는 큰 처리 능력이 필요하며 이는 자동차 소프트웨어와 같은 시스템에서는 사용할 수 없다.
- **가치**^{Value} – 수집된 데이터에는 특히 처리 속도 및 다음에 소개할 정확성^{Veracity}과 함께 스토리지, 개인 정보 보호, 보안 문제를 어렵게 만드는 비즈니스 가치(예, 자동차 운전 루틴에 대한 데이터)가 있다.

- **정확성** ^{Veracity} – 데이터의 품질 수준은 다양하다(예, 정확성 및 신뢰성 측면에서). 이처럼 다양한 정확도로 인해 시스템을 사용하기가 어렵다.

자동차 시스템에서 빅데이터를 사용하는 문제는 위의 모든 V와 관련이 있다. 자동차 자체 센서에서 나오는 대량의 데이터를 처리하고 자주 저장해야 하기 때문에 자동차 내 저장에 대한 요구 사항이 있다. SSD^{Solid State Disk} 기술이 대중화되기 전에는 하드 디스크를 사용해 데이터를 저장하는 것이 다소 어려웠다(진동으로 인한 내구성 문제). 이제 더 많은 데이터를 저장하고 더 많은 데이터를 처리할 수 있다.

처리 속도를 빠르게 하려면 더 많은 처리 능력, 더 효율적인 프로세서가 필요하며 더 많은 연결이 필요하다. 이는 더 효율적인 프로세서가 더 많은 인프라(안정성, 냉각)를 필요로 하기 때문에 자동차 하드웨어 비용을 증가시키며 이는 자동차 환경(습도, 진동)에서 문제가 발생하기 쉽다. (하드웨어가 싸다고 여겨지는 다른 도메인과는 달리) 자동차 도메인에서는 하드웨어 가격이 매우 중요하기 때문에 ECU당 1달러 더 비싼 하드웨어는 100달러 더 비싼 자동차를 낳을 수 있다.

많은 경우 '참' 값을 측정할 수는 없지만 계산할 수 있으므로 데이터의 정확성은 문제다. 예를 들어 겨울철 도로의 미끄러짐은 측정할 수 없지만 ABS 사용 또는 핸들 마찰에서 파생된다. 어떤 경우에는 개인 정보를 보호하고자 데이터가 난독화돼(예, 자동차의 실제 위치를 숨기기 위한 삼각 측량 알고리듬) 알고리듬이 데이터 포인트의 실제 값을 '알지' 못하게 한다[SS16].

미래에는 자율주행과 충돌 방지 및 방지를 위한 고급 알고리듬에 많은 양의 데이터가 필요하기 때문에 더 많은 빅데이터를 보게 될 것이다.

11.5 새로운 소프트웨어 개발 패러다임

자동차 시스템을 위한 소프트웨어 엔지니어링은 자동차 도메인의 속도를 진화시켰다. 따라서 오늘날 이 분야를 형성하고 잠재적으로 미래에 해당 분야를 형성할 몇 가지 동향을 살펴본다.

사양 개발에서 애자일 방법론 애자일 소프트웨어 개발은 자동차 이외의 많은 영역에서 사용돼 왔으며 이제는 자동차 영역에서 점점 더 많이 사용되고 있다는 증거가 있다. 특히 V 모델의 하위 부분에서 공급자는 요구 사항 엔지니어링 및 소프트웨어 개발에 더 애자일하게 작업한다[MS04]. 또한 완전한 차량 개발까지 확장되는 이러한 경향을 관찰할 수 있다[EHLB14][MMSB15]. 애자일 원칙의 채택이 증가함에 따라 특히 자동차 전자 제품의 동향에 점점 더 많은 상용(또는 기성품) 컴포넌트가 포함됨에 따라 소프트웨어 개발과 함께 요구 사항을 지정할 수 있는 능력이 향상될 것으로 예상할 수 있다. 오토사는 또한 전자/하드웨어의 개발이 기능/소프트웨어의 개발과 분리됨에 따라 반복적인 개발 원칙의 사용을 용이하게 하는 표준화된 개발 접근 방식을 규정한다.

추적 가능성 향상 자동차에 사용되는 소프트웨어의 양이 증가하고 안전 시스템에서 소프트웨어의 존재가 증가함에 따라 안전에 중요한 시스템에 대한 요구 사항을 추적하기 위한 프로세스가 더 엄격해졌다. ISO 26262(도로 차량 - 기능 안전)가 그 한 예다. 자동차 영역에서 이는 소프트웨어 모듈의 복잡성이 증가함에 따라 보다 세분화된 추적 관리로 이어짐을 의미한다[SRH15]. 이렇게 증가된 추적 가능성을 가능하게 하는 요소 중 하나는 도구 체인 간의 통합 증가다[BDT10][ABB⁺12].

비기능적 속성에 대한 관심 증가 능동 안전 시스템을 위한 소프트웨어 사용이 증가함에 따라 소프트웨어의 비기능적 속성에 대한 관심이 높아졌다. 차량 내 통신 버스의 트래픽 증가와 통신 버스의 용량 증가는 더 많은 동기화 및 검증을 요구한다. 제어 경로 모니터링, 안전 비트, 데이터 복잡성 제어와 같은 안전 분석은 몇 가지 예에 불과하다[Sin11]. 자동차 영역에서 요구 사항 엔지니어링 연구의 초점이 주로(또는 암시적으로) 기능적 요구 사항에 있었기 때문에 연구의 증가와 비기능적 요구 사항에 대한 강조가 증가할 것으로 예상된다.

보안 요구 사항에 대한 관심 증가 자동차가 점점 더 연결돼 해커 공격에 취약하기 때문에 전용 요구 사항 그룹은 보안 요구 사항이다[SLS⁺13][Wri11].

지프 랭글러Jeep Wrangler 차량을 오프로드에서 운전할 가능성에 대한 최근의 시연은 위협이 실제이며 자동차 및 운송 시스템의 안전과 관련이 있음을 보여 줬다. 따라서 공격을 방지하는 능력이 향후 10년 동안 자동차 소프트웨어 개발의 초점이 될 것이라고 생각한다.

11.5.1 애자일 소프트웨어 개발 시대에 아키텍처 방법

소프트웨어 개발에서 아키텍처 개발은 일반적으로 경험이 풍부한 아키텍트에 의해 수행되며 제품이 클수록 더 많은 경험이 필요하다. 각 유형의 시스템에는 특정 요구 사항이 있으므로 아키텍처 설계는 실시간 속성이나 확장성과 같은 특정 측면에 주의를 기울여야 한다. 예를 들어 통신 영역에서는 확장성과 성능이 주요 측면인 반면 자동차 영역에서는 우선순위가 안전과 성능이다. 아키텍처 개발 노력은 회사가 채택한 소프트웨어 개발 프로세스에 어느 정도 의존한다. 아키텍처 개발 방법은 V 모델과 애자일 방법론에서 다르다. V 모델에서 아키텍처 작업은 대부분 정해진 규칙대로 아키텍트 중심으로 중앙 집중화되는 반면 애자일 방법에서는 작업이 더 실질적이고 여러 자체 조직화된 팀으로 분산될 수 있다.

애자일 소프트웨어 개발 원칙이 업계에 확산되면서 아키텍처 개발도 진화했다. 애자일 개발 팀이 자체 조직화됨에 따라 아키텍처 작업이 더 분산되고 중앙에서 제어하기가 더 어려워졌다[Ric11]. 어려움은 애자일 팀이 독립성과 창의성을 중요시하는 반면[SBB+09], 아키텍처 개발에는 안정성, 제어, 투명성, 사전 조치가 필요하다는 사실에서 비롯된다[PW92]. 그림 11.2는 기능 요구 사항FR, Functional Requirement 및 비기능 요구 사항NFR, Non-Functional Requirement이 작업 패키지로 패키징되고 팀에서 기능으로 개발되는 방법에 대한 개요를 이야기한다. 각 팀은 메인 브랜치branch에 코드를 전달한다. 각 팀은 제품의 모든 컴포넌트에 코드를 전달할 수 있다.

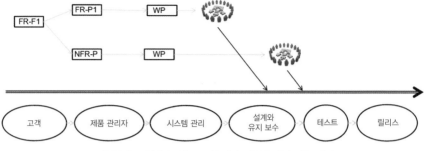

그림 11.2 린/애자일(Lean/Agile) 방법론에서 기능 개발

요구 사항은 고객으로부터 제공되며 제품 관리자[PM, Product Management]에 의해 우선 순위가 지정되고 기능으로 패키지화된다. PM은 기능이 제품 아키텍처에 어떤 영향을 미치는지에 대한 기술 측면에 대해 시스템 관리자[SM, System Management]와 이야기한다. SM은 메인 브랜치에 전달하기 전에 기능을 설계, 구현, 테스트(기능 테스트)하는 팀(DM, 테스트)과 통신한다. 메인 브랜치의 코드는 릴리스되기 전에 전용 테스트 유닛에 의해 철저하게 테스트된다 [SM11].

11.6 다른 동향

보쉬[Bosch]는 2010년대 중반[Bos16]에 소프트웨어 엔지니어링을 형성한 세가지 동향, 즉 소프트웨어 개발 속도, 생태계 및 데이터 기반 개발을 제시했다. 혁신 모델이 전통적인 기술 채택 곡선이 아닌 샤크 테일[shark's tail] 현상을 기반으로 하기 때문에 시장에 가장 먼저 나온 기업이 다른 기업보다 더 성공할 것이라고 예측했다. 특히 새롭고 혁신적인 소프트웨어 제품의 대부분은 엄청난 속도로 시장에 채택되고 있으며 기업은 시장에 대비할 준비가 돼 있어야 한다. 팔로워는 고객을 유치하는 동일한 능력이 없다[DN14]. 생태계 사고(예, 애플[Apple]의 앱 스토어[App store] 또는 구글[Google]의 플레이 스토어[Play store])는 하드웨어 영역(예, BMW 고객은 제조업체로부터 예비 부품을 구매해야 한다)에서 자동차 부문에 존재했지만 소프트웨어 영역에는 존재하지 않았다. 마지막으로 데이터 기반 개발과 고객이 제품 개발 방법에 대한 데이터를 회사에 제공하는 린 혁신 사고Lean innovation thinking[Rie11]가 있다. 커넥티드 카와 무선으로 자동차 소프트웨어를 업데이트할 수 있는 기능을 통해 향후 10년 동안 자동차 산업에서 더 많은 데이터 기반 개발을 보게 될 것이다.

가트너Gartner의 버튼Burton과 윌리스Willis는 향후 수십 년 동안 소프트웨어 엔지니어링을 형성할 잠재력이 있는 다섯 가지 메가 트렌드mega-trend를 확인했다[BW15]. 이러한 메가 트렌드는 다음과 같다.

- 많은 기대치의 정점을 향한 디지털 비즈니스
- IoT, 모빌리티, 스마트 머신이 빠르게 정점에 도달
- 디지털 마케팅 및 디지털 작업 공간의 빠른 발전
- 분석이 최고조에 달함
- 빅데이터와 클라우드는 환멸의 저점을 향해 크게 움직임

요컨대 이러한 추세는 자동차의 고급 기능에 대한 요구와 의사결정, 심지어 자동차 개발(포커스 그룹 인터뷰보다 데이터에서 요구 사항 찾기)을 위한 빅데이터 사용의 필요성을 주도할 것이다. 그러나 웨어러블(예, 스마트 워치)의 시대가 이른바 '환멸의 구덩이'에 도달해 더 이상 고객이 관심을 가질 만한 개발이 없는 상태에 이를 것이라고 예측한다.

Gartner Associates는 2016년 보고서에서 인공지능, 머신러닝, 자율성에 더욱 중점을 두고 있다. 이러한 기술을 자동차 소프트웨어 엔지니어링의 새로운 과대 광고로 인식하며, 특히 다양한 수준의 자율성 및 자가 적응 알고리듬과 결합할 경우 더욱 그렇다. 이것은 미래의 자동차에서 훨씬 더 복잡함과 소프트웨어를 의미할 것이다.

11.7 요약

11장을 마치고자 미래의 자동차가 서로 다른 제3의 회사들이 응용 프로그램을 만들 수 있는 컴퓨터 플랫폼과 더 비슷할 것이라는 추측을 해보기로

한다. 이러한 움직임의 예로 구글의 자율주행차를 볼 수 있다[Gom16].

통신 영역은 1990년대 휴대 전화의 독점 솔루션에서 2010년대 스마트폰의 표준화된 플랫폼과 에코 시스템으로 발전해 왔다. 안드로이드와 iOS는 이러한 방향으로 이 분야를 선도하고 있다. 새 휴대폰을 구입하는 고객은 원하는 앱app과 함께 로드할 수 있는 기기를 구입한다. 일부는 무료이고 일부는 유료다. 차량의 소프트웨어를 업데이트할 수 있는 기능이 유사한 경향(이미 인포테인먼트 도메인에서 볼 수 있다)으로 이어질 것임을 알 수 있다.

자동차에서 타사 소프트웨어에 대한 이러한 가능성은 미래 자동차 산업의 얼굴을 바꿀 것으로 예상된다. 응용 프로그램 수준에서 공급업체 간의 플랫폼과 이식성을 상품화하면 자동차가 훨씬 더 안전하고 재미있어질 수 있다. 자동차가 모든 종류의 장치를 위한 허브가 되고 웨어러블과 통합돼 운전자와 승객에게 오늘날보다 훨씬 더 나은 운전 경험을 제공할 것으로 기대할 수 있다. 자동차 소프트웨어의 미래가 어떻게 될지 잘 지켜볼 필요가 있다.

참고 문헌

A⁺13. National Highway Traffic Safety Administration et al. Preliminary statement of policy concerning automated vehicles. *Washington, DC*, pages 1–14, 2013.

ABB⁺12. Eric Armengaud, Matthias Biehl, Quentin Bourrouilh, Michael Breunig, Stefan Far- feleder, Christian Hein, Markus Oertel, Alfred Wallner, and Markus Zoier. Integrated tool chain for improving traceability during the development of automotive systems. In *Proceedings of the 2012 Embedded Real Time Software and Systems Conference*, 2012.

BDT10. Matthias Biehl, Chen DeJiu, and Martin Törngren. Integrating safety analysis into the model-based development toolchain of automotive embedded systems. In *ACM Sigplan Notices*, volume 45, pages 125–132. ACM, 2010.

Bos16. Jan Bosch. Speed, data, and ecosystems: The future of software engineering. *IEEE Software*, 33(1):82–88, 2016.

BT16. Sagar Behere and Martin Törngren. A functional reference architecture for autonomous driving. *Information and Software Technology*, 73:136–150, 2016.

BW15. Betsy Burton and David A Willis. Gartners Hype Cycles for 2015: Five Megatrends Shift the Computing Landscape. *Recuperado de: https://www. gartner.com/doc/ 3111522/gartners--hype--cycles--megatrends--shift*, 2015.

DN14. Larry Downes and Paul Nunes. *Big Bang Disruption: Strategy in the Age of Devastating Innovation*. Penguin, 2014.

EHLB14. Ulf Eliasson, Rogardt Heldal, Jonn Lantz, and Christian Berger. Agile model- driven engineering in mechatronic systems-an industrial case study. In *Model-Driven Engineering Languages and Systems*, pages 433–449. Springer, 2014.

Gom16. Lee Gomes. When will Google's self-driving car really be ready? It depends on where you live and what you mean by "ready" [News]. *IEEE Spectrum*, 53(5):13–14, 2016.

Ker07. Angelos D Keromytis. Characterizing self-healing software systems. In *Proceedings of the 4th international conference on mathematical methods, models and architectures for computer networks security (MMM-ACNS)*, 2007.

Kes15. Aaron M Kessler. Elon Musk Says Self-Driving Tesla Cars Will Be in the US by Summer. *The New York Times*, page B1, 2015.

KTI+05. Hiroyuki Kurihata, Tomokazu Takahashi, Ichiro Ide, Yoshito Mekada, Hiroshi Murase, Yukimasa Tamatsu, and Takayuki Miyahara. Rainy weather recognition from in- vehicle camera images for driver assistance. In *IEEE Proceedings. Intelligent Vehicles Symposium, 2005.*, pages 205–210. IEEE, 2005.

MCB+11. James Manyika, Michael Chui, Brad Brown, Jacques Bughin, Richard Dobbs, Charles Roxburgh, and Angela H Byers. Big data: The next frontier for innovation, competition, and productivity. 2011.

MMSB15. Mahshad M Mahally, Miroslaw Staron, and Jan Bosch. Barriers and enablers for shortening software development lead-time in mechatronics organizations: A case study. In *Proceedings of the 2015 10th Joint Meeting on Foundations of Software Engineering*, pages 1006–1009. ACM, 2015.

MNS+05. Edson Manoel, Morten Jul Nielsen, Abdi Salahshour, Sai Sampath K.V.L., and Sanjeev Sudarshanan. *Problem determination using self-managing autonomic technology*. IBM International Technical Support Organization, 2005.

MS04. Peter Manhart and Kurt Schneider. Breaking the ice for agile development of embedded software: An industry experience report. In *Proceedings of the 26th international Conference on Software Engineering*, pages 378–386. IEEE Computer Society, 2004.

MSC13. Viktor Mayer-Schönberger and Kenneth Cukier. *Big data: A revolution that will transform how we live, work, and think.* Houghton Mifflin Harcourt, 2013.

Pas14. A Pasztor. Tesla unveils all-wheel-drive, autopilot for electric cars. *The Wall Street Journal*, 2014.

PW92. Dewayne E Perry and Alexander L Wolf. Foundations for the study of software architecture. *ACM SIGSOFT Software Engineering Notes*, 17(4):40–52, 1992.

Ric11. Eric Richardson. What an agile architect can learn from a hurricane meteorologist. *IEEE software*, 28(6):9–12, 2011.

Rie11. Eric Ries. *The lean startup: How today's entrepreneurs use continuous innovation to create radically successful businesses.* Random House LLC, 2011.

SBB+09. Helen Sharp, Nathan Baddoo, Sarah Beecham, Tracy Hall, and Hugh Robinson. Models of motivation in software engineering. *Information and Software Technology*, 51(1):219–233, 2009.

Sin11. Purnendu Sinha. Architectural design and reliability analysis of a fail-operational brake-by-wire system from ISO 26262 perspectives. *Reliability Engineering & System Safety*, 96(10):1349–1359, 2011.

SLS+13. Florian Sagstetter, Martin Lukasiewycz, Sebastian Steinhorst, Marko Wolf, Alexandre Bouard, William R Harris, Somesh Jha, Thomas Peyrin, Axel Poschmann, and Samarjit Chakraborty. Security challenges in automotive hardware/software architecture design. In *Proceedings of the Conference on Design, Automation and Test in Europe*, pages 458–463. EDA Consortium, 2013.

SM11. Miroslaw Staron and Wilhelm Meding. Monitoring Bottlenecks in Agile and Lean Software Development Projects–A Method and Its Industrial Use. *Product-Focused Software Process Improvement*, pages 3–16, 2011.

SRH15. Miroslaw Staron, Rakesh Rana, and Jörgen Hansson. Influence of software complexity on ISO/IEC 26262 software verification requirements. 2015.

SS16. Miroslaw Staron and Riccardo Scandariato. Data veracity in intelligent transportation systems: the slippery road warning scenario. In *Intelligent*

Vehicles Symposium, 2016.

Wri11. Alex Wright. Hacking cars. *Communications of the ACM*, 54(11):18–19, 2011.

12
요약

개요 이 책에서는 자동차 소프트웨어의 소프트웨어 아키텍처 개념을 소개하고 자동차 소프트웨어에서 접할 수 있는 다양한 아키텍처 스타일을 개괄적으로 살펴봤다. 12장에서는 이 책의 주요 요점을 요약하고 해당 영역에서 추가로 읽을 내용을 이야기한다.

12.1 일반 및 자동차 소프트웨어의 소프트웨어 아키텍처 – 간략한 요약

소프트웨어 아키텍처는 소프트웨어 시스템의 높은 수준의 설계 및 조직이다. 소프트웨어, 컴포넌트, 배포의 세부 설계에 대한 지침을 제공한다. 일반적으로 소프트웨어 아키텍처 설명서에는 기능 관점, 논리적 관점 또는 배포 시점과 같은 다양한 관점이 포함돼 있다.

소프트웨어 아키텍처는 또한 소프트웨어 시스템의 상위 조직 원칙을 제공하므로 종종 다른 아키텍처 스타일을 포함한다. 일반적으로 20개 이상의 패턴을 동반하는 20개 이상의 스타일을 관찰할 수 있었다. 그러나 자동차 소프트웨어 설계에서는 이러한 스타일과 패턴 중 일부만 적용할 수 있다.

이 책에서는 아키텍처 레벨과 상세 설계 레벨 모두에서 자동차 소프트웨어 설계를 위한 가장 중요한 방법과 도구를 수집했다. 12장에서는 각 장을 간략하게 요약하고 이러한 지식이 자동차 소프트웨어 엔지니어링의 미래를 위해 중요한 이유를 간략히 설명했다.

12.2 2장 - 소프트웨어 아키텍처

이 책의 두 번째 장에서 소프트웨어 시스템의 상위 수준 구조로서의 소프트웨어 아키텍처의 개념, 그러한 구조를 생성하는 분야 및 이러한 구조의 문서화를 소개했다. 소프트웨어 컴포넌트의 개념을 도입하고 다음과 같은 자동차 소프트웨어 시스템 설계에서 공통적인 아키텍처 관점을 논의했다.

- **기능 뷰** - 차량 기능의 아키텍처와 이들 간의 종속성을 설명
- **물리 뷰** - 물리적 노드[ECU] 및 해당 연결 설명
- **논리 뷰** - 소프트웨어 컴포넌트 및 해당 조직 설명
- **배포 뷰** - ECU에 소프트웨어 컴포넌트 배포 설명

또한 자동차 부문에 존재하는 주요 아키텍처 스타일을 설명했다.

- 레이어 아키텍처
- 컴포넌트 기반 아키텍처
- 모놀리식 아키텍처
- 마이크로커널 아키텍처
- 파이프와 필터 아키텍처
- 이벤트 중심 아키텍처
- 메시지 브로커를 통한 미들웨어 아키텍처

2장에서 설명한 것은 매우 높은 수준에서 소프트웨어 시스템 설계를 시작할 수 있도록 준비하게 해준다. 준비가 더 효과적이려면 자동차 소프트웨어

개발이 수행되는 방식을 이해해야 하므로 다음 3장에서 설명한다.

12.3 3장 - 현대 소프트웨어 아키텍처: 연합 및 중앙 집중화

아키텍처 스타일을 설명할 때 각 아키텍처 스타일을 지배하는 원리에 초점을 맞춘다. 그러나 최신 소프트웨어 시스템은 여러 가지 스타일을 결합한다. 3장에서는 전체 시스템을 설계하는 원칙과 자동차 소프트웨어가 어떻게 구성되는지 살펴봤다.

3장에서는 자동차 소프트웨어에 사용되는 두 가지 아키텍처 스타일의 예를 살펴봤다. 즉 연합 소프트웨어 아키텍처와 중앙 집중식 소프트웨어 아키텍처다. 연합 아키텍처는 각 도메인이 서로 독립적인 도메인으로 구성되며 더 큰 조정 노드인 전용 도메인 컨트롤러를 가진다. 중앙 집중식 아키텍처는 아키텍처의 중심에 큰 노드가 있는 것이 특징이다. 이 노드는 소프트웨어가 안전하고 안정적이도록 이중화 메커니즘과 가상화를 사용한다. 또한 차량 네트워크 가장자리에 있는 ECU와의 통신 버스를 줄이기 위한 조정 노드를 추가해 보완한다.

이러한 스타일에 따라 시스템이 어떻게 설계되고 어떻게 발전하는지에 대한 예를 보여 준다. 3장의 끝부분에서 이 책의 목적을 위해 단순화된 실제 디자인을 기반으로 한 자동 주차 기능의 설계 예를 제공한다.

12.4 4장 - 자동차 소프트웨어 엔지니어링

자동차 소프트웨어 엔지니어링 관행을 설명할 때는 먼저 자동차 소프트웨어에 대한 구체적인 요구 사항부터 설명한다. 다음과 같은 유형의 요구 사항에 대해 논의한다.

- **텍스트 요구 사항** - 자유 텍스트 또는 테이블 형식으로 수행되는 사양

- **유스 케이스 요구 사항** – UML 유스 케이스 및 해당 시퀀스 다이어그램을 기반으로 하는 사양
- **모델 기반 요구 사항** – 공급자가 구현해야 하는 모델의 형태로 수행되는 사양

소프트웨어 확인과 검증이 이루어지는 방식을 이해하려면 요구 사항이 수행되는 방식을 이해해야 한다. 확인 및 검증은 테스트의 형태로 수행되며, 4장의 나머지 부분에서는 다음과 같은 내용을 소개했다.

- **유닛 테스트** – 개별 소프트웨어 모듈의 기능 확인
- **컴포넌트 테스트** – 소프트웨어 모듈 그룹 확인 – 컴포넌트
- **시스템 테스트** – 전체 시스템 검증(개발 과정 중 전체 기능 및 부분 기능 모두)
- **기능 테스트** – 사양에 대한 최종 사용자 기능의 검증

다양한 테스트 기술과 자동차 소프트웨어 통합 단계를 소개하고 나면 이러한 요소가 제품 데이터베이스에 어떻게 저장되는지 이야기할 수 있다.

12.5 5장 - 오토사

오늘날 자동차 소프트웨어의 주요 동향 중 하나는 오토사 표준의 도입이다. 이 표준은 자동차 소프트웨어를 구성하는 방법과 서로 통신하는 방법을 지정한다.

5장은 오토사 컨소시엄의 스웨덴 OEM 대표 중 한 명인 다르코 두리식Darko Durisic이 작성했다. 이 분야에 대한 그의 연구와 전문 지식은 소프트웨어 디자이너의 관점에서 표준에 대한 좋은 소개로 귀결된다. 5장에서는 오토사에서 제공하는 레퍼런스 아키텍처와 그 의미에 초점을 맞췄다.

12.6 6장 - 자동차 소프트웨어 상세 설계

소프트웨어의 세부 설계 방법에 대해 논의하지 않으면 자동차 아키텍처에 대한 논의가 완료되지 않을 것이다. 6장에서는 다음과 같은 다양한 방법을 소개했다.

- Simulink 모델링 - 파워트레인 및 능동 안전 또는 섀시 개발과 같은 영역에서 일반적으로 사용되고 자동차 소프트웨어의 세부 알고리듬 설계에 가장 널리 사용되는 방법
- SysML - 프로그래밍 언어의 개념에 초점을 맞춘 소프트웨어를 지정하기 위한 UML 기반 방법
- EAST-ADL - 문제 영역 개념을 프로그래밍/시스템 수준 개념과 결합해 자동차 소프트웨어를 설계하기 위한 또 다른 UML 기반 방법
- GENIVI - 현재 시장에서 점점 더 인기를 얻고 있는 프로그래밍 인포테인먼트 시스템의 표준

표기법을 아는 것과 안전에 중요한 시스템의 설계 원리를 이해하는 것은 별개의 문제다. 따라서 NASA의 연구와 우주 프로그램에 기초해서 안전에 중요한 시스템 설계 원칙을 소개했다.

12.7 7장 - 자동차 소프트웨어에서 머신러닝

현대 소프트웨어 시스템은 점점 더 많은 새로운 기술을 포함하고 있다. 이러한 기술들 중 하나는 자동차 소프트웨어에 인공지능의 힘을 갖다주는 머신러닝이다. 7장에서는 머신러닝의 주요 원칙과 이러한 비결정적 알고리듬을 나머지 소프트웨어 컴포넌트와 통합하는 방법에 대해 간략히 설명했다.

특히 이미지 인식을 위한 지도 학습 기술을 살펴보고 최적화에 사용되는 강화 학습을 개략적으로 설명했다. 또한 온보드 및 오프보드 훈련 이면에 있는 원칙에 대해서도 설명했다.

12.8 8장 - 자동차 소프트웨어 아키텍처 평가

세부 설계를 소개하면서 소프트웨어 아키텍처를 평가하는 방법에 대해서도 이야기했다. 8장에서는 정성적 평가에 기초한 방법을 제시하는 데 초점을 맞췄다. 즉 ATAM[Architecture Trade-Off Analysis Method]에 초점을 맞췄다.

국제 표준 ISO/IEC 25000에 있는 아키텍처에 대한 평가 근거를 소개하는 것으로 8장을 시작했다. 그런 다음 ATAM을 설명하고 안전에 중요한 시스템을 평가하기 위한 여러 가지 일반적인 시나리오를 제공했다.

마지막으로 간단한 아키텍처 설계에 대한 평가 사례를 제시했다.

12.9 9장 - 소프트웨어 설계 및 아키텍처 메트릭

6장에 제시된 방법을 보완하고자 소프트웨어 설계의 정량적 측정에 기초한 방법에 초점을 맞췄다. 소프트웨어 측정 프로세스를 위한 국제 표준 ISO/IEC 15939를 소개하고 다양한 메트릭의 추상화 수준에 대해 이야기했다.

소프트웨어 아키텍트가 사용하는 일련의 측정값(아키텍트 포트폴리오)과 그 시각화를 제공한다. 또한 자동차 소프트웨어의 세부 설계를 위한 일련의 메트릭을 제시했다.

9장에서 예로 자동차 중 하나에서 공개적으로 사용 가능한 산업 데이터셋의 측정 결과를 보여 줬다. 이 공개 데이터를 기반으로 크기 또는 순환적 복잡성과 같은 소프트웨어의 속성에 대해 이야기했다. 이것이 소프트웨어와 그 안전성의 검증에 의미하는 바를 추론했다.

9장은 10년 이상 이 분야에서 일해 온 에릭슨[Ericsson]의 시니어 측정 프로그램이자 팀 리더인 빌헬름 메딩[Wilhelm Meding]과 공동 저술했다.

12.10 10장 - 자동차 소프트웨어에서 기능 안전

소프트웨어가 너무 복잡해지면서 완전히 검증하지 못할 수 있는 위험을 간략히 설명한 후 자동차 소프트웨어의 주요 표준 중 하나인 ISO 26262(기능 안전)을 소개했다.

10장에서는 승용차 OEM 중 하나에 ISO 26262 표준을 도입하는 과정에서 현재 중형차와 버스에 대해 동일한 주제를 다루고 있는 페르 요한네센^{Per} ^{Johannessen}에 의해 작성됐다.

10장에서는 다양한 ASIL이 시연되는 마이크로컨트롤러의 아키텍처를 예로 이야기했다.

12.11 11장 - 현재 동향

마지막으로 자동차 소프트웨어 개발 동향에 대해 간략히 설명하면서 이 책을 마무리했다. 다음 동향을 간략히 설명했다.

- **자율주행** - 좀 더 복잡한 소프트웨어와 높은 수준의 연결성을 요구하는 동향
- **자가 치유, 자가 적응, 자가 구성 시스템** - 보다 안정적이고 스마트한 소프트웨어를 가능하게 하지만 시간이 지남에 따라 안전성 평가 측면에서 도전적인 추세
- **빅데이터** - 자동차 소프트웨어가 외부 소스의 정보 가용성을 기반으로 더 현명한 결정을 내릴 수 있도록 하는 동시에 소프트웨어 시스템의 처리 능력, 저장, 기타 특성에 대한 요구 사항을 부여하는 추세
- **소프트웨어 개발에서의 새로운 동향** - 예를 들어 소프트웨어의 지속적인 개선을 가능하게 하는 소프트웨어의 지속적인 통합 추세와 동시에 소프트웨어를 즉시 안전성 평가 및 검증에 대한 많은 요구 사항을 적용

12.12 맺음말

이 시점에서 두 번째 천년기^{millennium}의 두 번째 10년 동안 자동차 소프트웨어 개발을 통한 여정을 마친다. 자동차 부문의 소프트웨어 엔지니어링 분야가 막 성장하고 빠르게 확장되기 시작하는 매우 역동적인 시대에 살고 있다.

독자 여러분이 더 나은 소프트웨어 엔지니어가 되는 데 이 책이 도움이 되고 자동차가 더 똑똑하고, 더 좋고, 재미있고, 무엇보다 안전하게 만들어지는 데 도움이 되기를 바란다!

찾아보기

자동차 소프트웨어 아키텍처 2/e

발 행 | 2023년 1월 31일

옮긴이 | 배 창 혁
지은이 | 미로슬로브 스타론

펴낸이 | 권 성 준
편집장 | 황 영 주
편 집 | 임 지 원
디자인 | 윤 서 빈

에이콘출판주식회사
서울특별시 양천구 국회대로 287 (목동)
전화 02-2653-7600, 팩스 02-2653-0433
www.acornpub.co.kr / editor@acornpub.co.kr

책값은 뒤표지에 있습니다.